U0497732

# “互联网+”二手车贸易

INTERNET PLUS SECOND-HAND CAR TRADE

肖俊涛　肖　迢　等○编著

西南财经大学出版社
Southwestern University of Finance & Economics Press
中国·成都

图书在版编目(CIP)数据

“互联网+”二手车贸易/肖俊涛等编著.—成都:西南财经大学出版社,2017.11

ISBN 978-7-5504-3308-3

Ⅰ.①互… Ⅱ.①肖… Ⅲ.①互联网络—应用—汽车—市场交易 Ⅳ.①F766-39

中国版本图书馆 CIP 数据核字(2017)第 298721 号

“互联网+”二手车贸易

HULIANWANGJIA ERSHOUCHE MAOYI

肖俊涛 肖迢 等 编著

责任编辑:李晓嵩

助理编辑:陈佩妮

封面设计:何东琳设计工作室

责任印制:封俊川

| | |
|---|---|
| 出版发行 | 西南财经大学出版社(四川省成都市光华村街 55 号) |
| 网　　址 | http://www.bookcj.com |
| 电子邮件 | bookcj@foxmail.com |
| 邮政编码 | 610074 |
| 电　　话 | 028-87353785　87352368 |
| 照　　排 | 四川胜翔数码印务设计有限公司 |
| 印　　刷 | 四川五洲彩印有限责任公司 |
| 成品尺寸 | 185mm×260mm |
| 印　　张 | 15 |
| 字　　数 | 345 千字 |
| 版　　次 | 2017 年 12 月第 1 版 |
| 印　　次 | 2017 年 12 月第 1 次印刷 |
| 印　　数 | 1—2000 册 |
| 书　　号 | ISBN 978-7-5504-3308-3 |
| 定　　价 | 36.00 元 |

# 前言

“互联网+”代表着一种新的经济形态，指的是依托互联网信息技术实现互联网与传统产业的联合，以优化生产要素、更新业务体系、重构商业模式等途径来完成经济转型和升级。“互联网+”计划的目的在于充分发挥互联网的优势，将互联网与传统产业深入融合，以产业升级提升经济生产力，最后实现社会财富的增加。

我国“互联网+”理念的提出，最早可以追溯到2012年11月于扬在易观第五届移动互联网博览会的发言。易观国际董事长兼首席执行官于扬首次提出“互联网+”理念。2014年11月，李克强总理出席首届世界互联网大会时指出，互联网是大众创业、万众创新的新工具。其中“大众创业、万众创新”正是政府工作报告中的重要主题，被称为中国经济提质增效升级的“新引擎”。2015年3月，全国“两会”上，全国人大代表马化腾提交了《关于以“互联网+”为驱动，推进我国经济社会创新发展的建议》的议案。2015年3月5日，十二届全国人大三次会议上，李克强总理在政府工作报告中首次提出“互联网+”行动计划。李克强总理在政府工作报告中提出，制订“互联网+”行动计划，推动移动互联网、云计算、大数据、物联网等与现代制造业结合，促进电子商务、工业互联网和互联网金融（ITFIN）健康发展，引导互联网企业拓展国际市场。2015年7月4日，经李克强总理签批，国务院印发《关于积极推进“互联网+”行动的指导意见》，这是推动互联网由消费领域向生产领域拓展，加速提升产业发展水平，增强各行业创新能力，构筑经济社会发展新优势和新动能的重要举措。2015年12月16日，第二届世界互联网大会在浙江乌镇开幕。在“互联网+”论坛上，中国互联网发展基金会联合百度、阿里巴巴、腾讯共同发起倡议，成立“中国互联网+联盟”。

“互联网+”有六大特征：一是跨界融合，二是创新驱动，三是重塑结构，四是尊重人性，五是开放生态，六是连接一切。这其中的核心是跨界的全面融合，即互联网与工业、商业、金融业、服务业等各行业的全面融合；这其中的关键是创新，唯有创新融合才能产生价值。“互联网+”从某种意义上而言也是“+互联网”，即各市场主体只有主动与互联网融合，才不会在竞争中被淘汰。

众所周知，二手车贸易是我国汽车产业的重要组成部分，也是产业链中创造价值的重要环节。近几年，我国二手车贸易增长很快。2016 年，我国二手车交易量达 1 039 万辆，占全年新车销售量的 37. 1%（2016 年全年新车销量为 2 802. 8 万辆）。2016 年，二手车电商线上交易规模达 144. 4 万辆（占全年二手车交易量的 13. 9%），其中“To B”模式成交量达 60. 6 万辆，占比为 41. 97%；“To C”模式成交量达 83. 8 万辆，占比为 58. 03%。以瓜子二手车为代表的直卖模式引领了“To C”交易新方式。二手车跨区域流通的实现给终端消费者提供了更多的可选车源，与此同时二手车金融和质保服务的完善也降低了消费者的购车门槛，减少了消费者的后顾之忧，刺激了“To C”模式二手车交易量的快速提升。事实上，二手车贸易与“互联网+”融合主要体现在以下几个方面：一是二手车电商迅速崛起；二是各二手车经营主体都设立有自己的网站或网页，通过互联网宣传和推销自己的产品，进而扩大业务量；三是二手车交易的全过程逐步实现线上与线下的结合，不少交易环节可以在网络上实现。

《“互联网+”二手车贸易》一书正是顺应了以上发展要求和趋势，将二手车贸易与互联网有机融合。具体体现如下：

第一，在全面阐述我国二手车贸易发展现状的基础上，重点阐述了“互联网+”背景下我国二手车贸易变革的相关问题，如环境变革、商业模式变革等。

第二，在阐述我国传统二手车管理制度、交易模式、交易合同、鉴定评估、金融保险的基础上，全面分析了基于“互联网+”的二手车制度创新、模式创新、合同创新、鉴定评估创新、金融保险创新等问题。

第三，专门对国内外的二手车电商进行了阐述。

第四，专门分析了基于“互联网+”的二手车营销的创新。

《“互联网+”二手车贸易》一书具有如下几个特点：

第一，内容的新颖性。本书内容新颖，涉及的关于“互联网+”对二手车商业模式、交易模式、二手车金融、二手车营销的影响以及二手车电商的阐述，均是之前的相关图书所没有涉及的。本书每章后的案例也是近几年发生的一些热点问题，为组织案例教学提供了丰富的素材。

第二，结构的严谨性。本书逻辑体系严谨，基于我国二手车贸易的过程依次从贸易概况、贸易变革、国外情况、发展现状、管理制度、交易模式、交易合同、鉴定评估、交易价格、金融保险、电子商务、营销策略等几个方面进行阐述。通过本书的学习，读者可以系统掌握“互联网+”背景下二手车交易的流程和注意事项。

第三，体例的完整性。本书每一章都对重要的知识点进行了提示，指出了应当了解或掌握的重点内容；在每章结束之时，均有思考题和案例分析题，在体例上较为完整。

第四，理论与实践的融合性。本书在每一章都有相应的理论分析和实践操作，试图做到理论与实践的融合，用理论指导实践，用实践印证理论。本书通过大量图表增强了理论知识的实践可操作性和可读性。

第五，知识的前沿性。本书涉及的一些知识点，如“互联网+”背景下二手车贸易变革、交易模式、二手车电商发展、二手车金融等均涉及一些前沿知识。读者可以通过对前沿知识的了解，把握二手车发展趋势和前景。

本书前言、第一章、第八章和后记由湖北汽车工业学院肖俊涛撰写，第二章由湖北汽车工业学院周恩德撰写，第三章由湖北汽车工业学院万冰魂撰写，第四章和第十一章由湖北汽车工业学院武少玲撰写，第五章和第七章由湖北汽车工业学院徐海涛撰写，第六章由湖北汽车工业学院肖迢撰写，第九章由湖北汽车工业学院李雪涛撰写，第十章由湖北汽车工业学院郭萌萌撰写。全书由肖俊涛统稿。

本书不仅是高校二手车相关课程的教材，适用于车辆工程专业、交通运输专业、汽车服务工程专业、市场营销专业、国际经济与贸易专业等诸多专业的本科、专科以及高职学生，还适合从事二手车贸易的工作人员的培训和学习参考之用。本书也是湖北汽车工业学院市场营销（汽车营销）和国际经济与贸易（汽车贸易与汽车金融）两个湖北省本科高校专业综合改革试点项目的重要成果。

当然，由于作者水平有限，对某些内容的理解可能存在偏差，分析和阐述也可能不完全准确，对本书存在的欠妥之处，敬请读者及同行人士批评指正。

**肖俊涛**

2017 年 11 月于湖北汽车工业学院

# 目录

# 第一章 二手车及二手车贸易概论

二手车贸易已成为汽车服务业的重要构成部分。美国、德国、瑞士和日本的二手车销量分别是新车的 3.5 倍、2 倍、2 倍和 1.4 倍，2015 年，我国二手车销量为 960 多万辆，新车销量为 2 100 万辆，二手车销量是新车销量的 45.7%；2016 年，我国二手车交易过户量为 1 068 万台，新车销量为 2 800 万辆，二手车销量是新车销量的 38.1%。我国二手车业务发展潜力巨大。

通过本章的学习，学习者应重点掌握与二手车贸易相关的概念，了解二手车交易的模式、我国二手车贸易发展现状、存在的主要问题以及今后的发展趋势等内容。

## 第一节 二手车概论

何谓二手车？何谓二手车交易？何谓二手车市场？何谓二手车贸易？这些是我们学习二手车贸易应当掌握的基本概念。

### 一、何谓二手车

#### （一）二手车的定义

二手车英文为“Second Hand Vehicle”或“Used Car”，意为“第二手的汽车”或“使用过的汽车”，在中国称为“旧机动车”。“中古车”是日本对二手车的称谓。北美地区是二手车市场较为发达的地区，因为百姓购买旧车时不一定就能买到“第二手”的，而且大多是小轿车和家用的其他汽车，所以北美地区对二手车有一种通俗的称谓，即“用过的汽车”。2005 年 10 月 1 日，我国商务部、公安部、工商总局、税务总局联合发布的《二手车流通管理办法》正式实施。该办法总则的第二条对二手车的定义为：二手车是指办理完注册登记手续到达国家制度报废标准之前进行交易并转移所有权的汽车，包括三轮汽车、低速载货车、挂车和摩托车等。因此，应当从三个方面理解二手车：一是对“二手”的理解。此处的“二手”并非严格意义上的“第二手”，也可能是“第三手”或“第四手”甚至更多，其泛指“使用过的”意思。当然，这一“使用过的”车尚未达到报废标准。二是对“车”的理解。此处的车指的是“汽车”，而非“机动车”。众所周知，“机动车”的范畴大于“汽车”的范畴。例如，截至 2016 年年底，我国机动车保有量已达 2.9 亿辆，其中汽车保有量为 1.94 亿辆，汽车保有量占机动车保有量的比例为 66.9%。三是合法且手续完备的。具体言之，这是指“二手车”来源合法，交易手续完备。事实上，与“二手车”对应的是“新车”，通常情况下，所交易的汽车若非新车即可称为二手车。简言之，当购车者一旦购买新车后，该车即成为二手车。

通过以上分析可以看出，《二手车流通管理办法》中对“二手车”的界定实际上是“二手机动车”，或者是“旧机动车”。本书对“二手车”的界定是“二手汽车”。对二手车界定的理解有着重要的意义，其直接关系到车辆的范围，在某种程度上也关系到二手车交易规则和制度的设计。

（二）二手车的价值

众所周知，二手车是针对新车而言的。二手车与新车相比较而言，具有以下几方面的优势：

1. 价格优势

通常情况下，二手车的价格比新车的价格低得多，特别是一些高档的豪华轿车，二手车的价格优势更加明显。

2. 性能优势

不少人认为，新车的性能是最好的，其实不然。经过磨合期、按期保养、规范驾驶、未经修理、使用时间和行驶里程不长的汽车，其性能往往是最佳的。新车各个零部件之间尚没有很好的磨合，其性能往往达不到最优。当然，行驶里程过长、使用时间较长的汽车的性能自然会下降，因为汽车及其零部件都有产品的寿命周期，存在着折旧问题。另外，汽车不同于其他商品需要保存好，关键是要使用好。若汽车长时间不使用，其性能反而会下降。

3. 处置优势

二手车不同于新车，新车处置的方式单一，主要是销售，二手车处置的方式除了销售外还有租赁、抵押、置换、报废、回收等多种方式。

4. 牌照优势

这一优势主要是针对限制车辆牌照城市而言的，如北京、上海等城市，汽车上牌照的价格高于汽车的价格已然是常态。在此常态下，购买二手车就不会有此限制。

当然，二手车与新车相比较也有其劣势，如二手车的实际状况不易掌握；随着新车价格不断下降，二手车的价格优势不再明显；就消费者心里而言，购车者更倾向于购置新车；等等。

就汽车产业链而言，二手车是汽车产业链中的一个环节。事实上，当今汽车产业已不再仅仅是产业链条，已经构成了产业网络。链条的每一个环节都在向外辐射，特别是通过互联网及移动互联网这一载体，辐射的范围已超过汽车产业本身，辐射的速度超乎想象。二手车也不例外，二手车不仅仅只是销售能够产生价值，二手车的置换、租赁、金融、保险、评估、报废、回收等均能产生价值。这些价值链相互影响、相互渗透，形成了二手车价值网络。特别是随着二手车电商的发展和“互联网+”的融入，使得二手车的价值增长迅速。据统计，2014 年我国二手车交易额为 3 675. 65 亿元，2015 年我国二手车交易额为 5 535. 40 亿元，2016 年我国二手车交易额为 5 926. 0 亿元，增速较快。

## 二、何谓二手车交易

### （一）二手车交易的定义

交易是指一种双边交换行为，原指物物交换，后为商品买卖的统称。交易通常有两种类型：一是通过某种货币为媒介，买卖行为是关键要素；二是物物交换，即两种物品或服务之间不通过任何媒介或货币进行的交换。二手车交易通常是指关于二手车买卖的行为，具体而言，是指二手车所有人通过经销企业、拍卖企业、经纪机构和鉴定评估机构将二手车卖给买方的二手车经营行为。因此，二手车交易的主体包括二手车所有者、二手车经销商、二手车电商、二手车拍卖公司、二手车经纪公司、二手车鉴定评估机构、二手车购买者等。二手车交易包含二手车经销、拍卖、经纪、鉴定评估等经营活动环节。通常情况下，二手车交易主体在二手车交易市场中进行交易，交易的形式包括二手车经销、二手车拍卖、二手车经纪、二手车鉴定评估等，这些形式也可以称为二手车交易的环节。就二手车交易对象而言，其既包括二手车商品的交换，又包括二手车产权的交易。《二手车流通管理办法》已将二手车的交易、经营、经纪等概念进行了区分。该办法规定，二手车的交易是指二手车经营和直接交易活动，换言之，是指买主和卖主进行二手车商品交换和产权交易的活动；二手车经营是指二手车收购、销售、置换、拍卖、代理等经营活动；二手车经纪是指为二手车买卖双方提供信息咨询、撮合交易并收取佣金的中介服务活动。同时，该办法规定二手车交易市场和二手车经纪公司均不得参与二手车经营活动。该办法对交易市场、经纪公司、经营公司、鉴定评估机构的职责和经营范围进行了区分。由于政府对机动车实行严格的管理，二手车的产权只能在二手车市场中进行交易。因此，为满足二手车的产权流动而建立的二手车产权交易市场，其主要业务就是接受产权交易双方委托并撮合成交以及对二手车交易及产权转换的合法性进行审查。

### （二）二手车交易的特点

依据二手车交易的概念可知，二手车交易有其特殊性，具体如下：

1. 二手车交易的形式具有多样性

二手车交易不仅仅是二手车所有人将二手车转让给购车者的行为，在转让的过程中涉及对二手车进行鉴定评估、信息查询、产权转让等多个环节。转让本身也有谈判和拍卖等方式。这些均构成了二手车的经营活动。

2. 二手车交易具有选择性

在二手车交易众多的环节中，交易双方具有选择性。例如，交易双方可以选择对交易的二手车进行鉴定评估，也可以不进行鉴定评估。当然，也有例外，如公务车改革中，对二手公务车的交易只能采用拍卖的形式，因为其涉及对国有资产或企业资产的处置。

3. 二手车交易具有规制性

二手车交易不同于其他普通二手商品的交易。普通二手商品交易通常情况下“一手交钱，一手交货”就可以完成，二手车交易除了二手车占有权转移外，还涉及二手车产权的变更。不仅如此，二手车交易涉及的环节较多，每个环节均需法律法规的规制。

（三）二手车交易的意义

1. 二手车的交易将促进新车的销售

二手车市场是汽车二次流通的领域，是汽车第一次流通的延伸，为有车者处理旧车及再次购买新车提供了通畅的渠道。同时，二手车的购买者也是新车的潜在客户，新车市场的繁荣离不开二手车交易的支撑和二手车市场的完善。当前，通过二手车置换的方式购置新车的消费者越来越多。

2. 二手车的销量和利润将会超过新车

当汽车在一个国家或地区的保有量达到一个较高的水平，民众对新车的需求则相对稳定，此时二手车的交易量明显超过新车，二手车交易所获的利润也将高于新车交易，其风险也相对更低。以美国为例，新车销售的平均利润率为5%~6%，二手车销售的平均利润率则为10%~12%。美国的新车销售利润占汽车行业利润总额的7%，维修和配件供应利润占汽车行业利润总额的48%，二手车交易利润则占汽车行业利润总额的45%。

3. 二手车的交易将带动汽车服务业的发展

二手车交易的发达将同时带动汽车租赁、美容、维修、拍卖、评估、置换、零配件供应等一系列相关汽车服务业的发展，形成更为完善的汽车产业链。

4. 二手车的交易将推动汽车售后服务的信息化建设

二手车交易涉及评估、过户、售后服务等多个环节，这就需要汽车公司、汽车经销商、汽车维修企业不断更新客户数据，掌握客户动态，完善售后服务系统，与政府有关部门、保险公司、汽车维修企业和二手车交易市场建立信息共享和交流的平台，进而推动汽车售后服务的信息化建设。

（四）二手车交易的模式

模式通常被理解为某种样式，也指从生产经验和生活经验中经过抽象与升华提炼出来的核心知识体系。模式（Pattern）其实就是解决某一类问题的方法论。把解决某一类问题的方法总结归纳到理论高度，就形成了模式。因此，模式具有指引的功能。但是如果固守某种模式，缺乏创新，也可能导致落后。二手车交易的模式主要是指二手车交易的方式方法。目前我国的二手车交易市场已经从有形市场扩充到无形市场（即网上交易），有形市场又包括交易市场（中心）、品牌专卖、非品牌销售等多种模式，无形市场则主要是二手车电商模式。

1. 交易市场（中心）经营模式

我国当前的二手车交易模式主要是交易市场（中心）经营模式。交易市场集交易、公安、工商、税务于一体，提供一条龙式的服务。二手车的收购、审核、评估、拍卖、销售、过户、保险均在交易市场完成。这是当前我国二手车交易的主要模式。在这一交易模式中，二手车的交易过程详见图 1.1。

首先是二手车的收购，即二手车的车源，由二手车收购店或经销店收购使用者车辆。二手车的收购又涉及三方面的问题：一是收购之时可由专业的评估机构对车辆进行评估，以合理的价格收购，当然也可以不经评估，由双方协商收购的价格。二是收

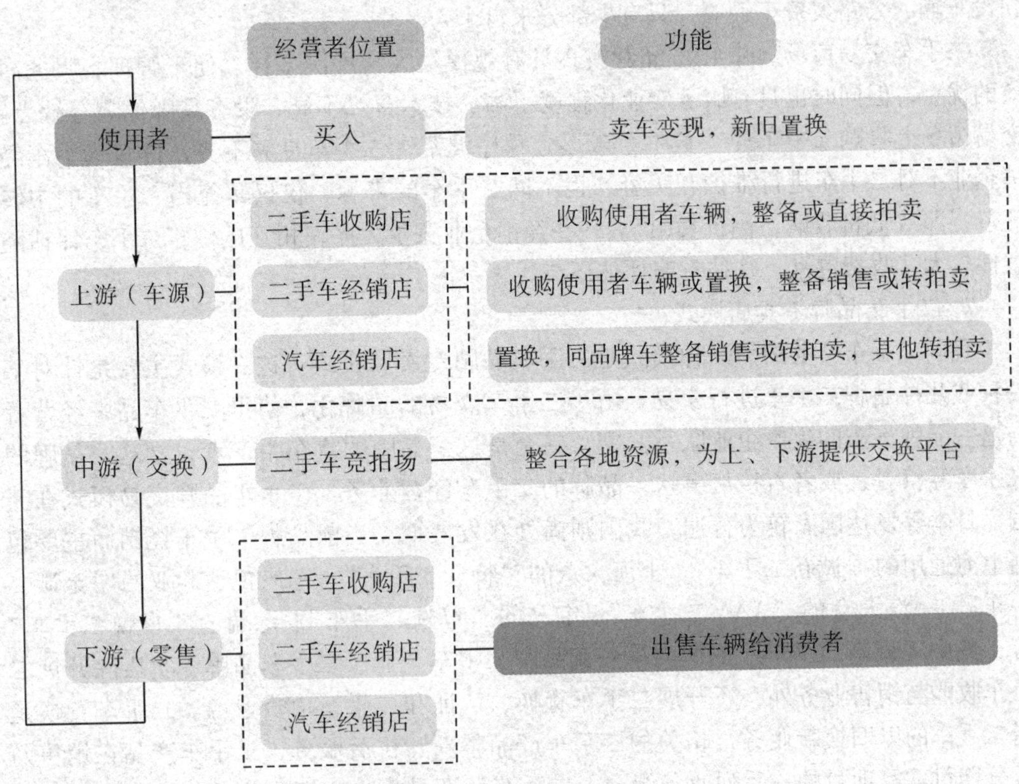


图 1.1　二手车产业流通图

购之时要对二手车信息的真实性进行审核。通过公安机关的车辆管理部门对机动车资料进行联网核查，可以杜绝走私车、拼装车、盗抢车、报废车进入市场。三是收购之后通常要对车辆进行必要的维护、整修和美容，以提升二手车的价值。

其次是二手车的交换，即二手车竞拍场，其功能是整合各地资源，为二手车的收购和销售提供一个交换的平台。我国当前二手车竞拍场尚不成熟，有的设在交易市场，为各二手车经销企业提供信息和服务，有的不设二手车竞拍场，交易市场中各经销企业各自为战。

最后是二手车的销售。二手车的销售又涉及如下几个问题：一是汽车经营公司销售经过维护、整修和美容的二手车后，由于二手车的价值得到了提升，因此可能需要再次评估，以确定其销售价格，或者无需评估，由经销企业自行确定其价格。当然，经过评估且出具相应评估报告的二手车在销售时更加具有公信力。二是销售的方式较多，既可以直接销售，也可以采取拍卖的方式销售。通常情况下，当出现多个购买者时，如对具有较高价值、收藏意义或特殊意义的二手车，就可采用拍卖的方式。《辞海》对“拍卖”解释如下：拍卖也称竞买，是商业中的一种买卖方式，卖方把商品卖给出价最高的人。《中华人民共和国拍卖法》对拍卖界定如下：以公开竞价的方式，将特定的物品或财产权利转让给最高应价者的买卖方式。二手车拍卖是指通过拍卖的方式对二手车进行交易。因此，二手车的拍卖必须由专门的机构（如拍卖公司）和专门的人员，按照法定的程序进行。目前，我国二手车拍卖车辆 70%~80% 是公务车、海关罚没车辆、公路欠费车辆等，只有少部分来自个人。

二手车交易市场（中心）经营模式具有规模较大、层次多样、便于管理、服务高效的优点，但同时也具有服务专业化程度不高、技术含量不高、没有品牌优势等缺点。交易市场上收购二手车的"黄牛"较多，秩序混乱，二手车良莠不齐，许多二手车经销企业不对二手车进行维护和美容，也不问二手车的来源，仅仅是充当二手车的中转环节，即"低价收购，高价卖出"。一些经销企业竞争无序，相互压价，二手车评估随意性较大，收费混乱，往往省略评估环节。

2. 二手车品牌专卖店模式

我国二手车交易的另一种模式是二手车品牌专卖店模式。这一模式主要是针对某一种或几种品牌二手车进行交易。由于二手车交易的品牌化，使得二手车品牌经营者与这一品牌汽车的生产企业联系紧密，甚至是这一品牌的汽车生产者设立这一品牌的二手车经营者，或者直接从事这一品牌的二手车经营业务。二手车品牌交易模式在美国、日本等发达国家较为普遍，我国则尚处在发展期。当前品牌二手车经销商主要包括上海通用的"诚新二手车"、上海大众的"特选二手车"、东风悦达起亚的"至诚二手车"、一汽大众的"AAA 二手车"、宝马的"尊选二手车"、奇瑞的"喜悦二手车"等，其中"诚新二手车"是国内第一家品牌二手车企业。二手车品牌专卖店除开展二手车收购与销售业务外，还开展二手车置换、认证和二手车信贷业务。二手车置换是指二手车的以旧换新业务，相关的二手车产品整新、售后服务，二手车产品在销售乃至分期付款等项目的一系列业务组合。二手车认证是指经汽车厂商授权的汽车经销商将收购上来的该品牌二手车进行一系列的检测、维修之后，使该车成为经品牌认证的车辆，售出之后可以给予与新车相类似的一定期间内某种程度的质量和品质保证。经认证的二手车经授权后还可以获得与新车相同利率的汽车信贷。由此可见，二手车的品牌专卖店具有专业化程度高、质量保障水平高、服务水平高等优势，同时也具有品牌较少、成本较高等劣势。另外，需要指出的是，当前我国大多数品牌 4S 店都开设有二手车业务。

3. 二手车超市模式

二手车超市云集了各种二手车品牌及二手车经销商品牌，这种云集区别于二手车交易中心，其对超市的设计和布局有着严格的要求，管理更加规范。通过二手车超市不仅可以普及二手车知识、宣传二手车文化，还可以让购车者快速了解二手车的购买流程、维修及售后服务等相关事项，增强购车者对不同品牌二手车的选择性。

4. 二手车拍卖模式

拍卖作为一种二手车商业模式，对二手车销售起着有益的补充作用，也是二手车交易体系中一个不可或缺的环节。这种买卖方法透明化和规范化程度较高，是一种较为优质的二手车买卖方法。在美国、日本等发达国家，二手车拍卖非常普遍，甚至成为二手车交易的主流方式。

5. 二手车置换模式

二手车置换是消费者用二手车的评估价值加上另行支付的车款从品牌经销商处购买新车的业务，二手车置换流程详见图 1.2。一般参加置换的厂商拥有良好的信誉和优质的服务，其品牌经销商也能够给参与置换业务的消费者带来信任感和更加透明、安全、便利的服务。现在越来越多想换新车的消费者都希望尝试这一新兴的业务。

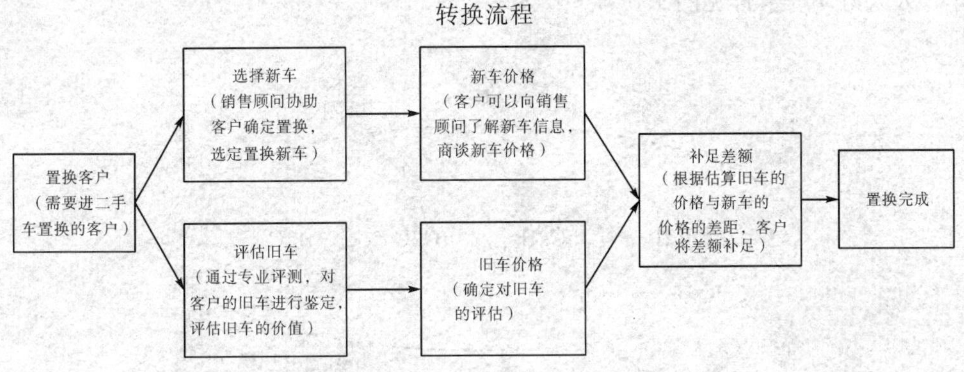


**图 1.2　二手车置换流程图**

6. 二手车租赁模式

二手车租赁为汽车租赁模式的一种。二手车租赁与新车租赁的主要区别之一是租赁的对象是二手车，而非新车，这就产生了与新车租赁完全不同的适用规则。当前，汽车租赁主要有三类：传统租车公司、汽车厂商租赁公司以及系统化管理的连锁租车公司。其中，神州租车和一嗨租车等连锁租车公司的发展较快。

7. 二手车经纪模式

经纪公司，即中介或代理公司，是为客户提供中介服务的盈利性机构。二手车经纪通过提供二手车中介服务，向客户收取一定中介费。二手车经纪公司替客户卖车，通过代买代卖赚取佣金。

8. 二手车电商模式

电商，即电子商务简而言之是利用微电脑技术和网络通信技术进行的商务活动。对电子商务的定义有广义和狭义之分，广义的电子商务是指使用各种电子工具从事商务活动；狭义的电子商务是指主要利用 互联网从事商务或活动。无论是广义的电子商务的概念还是狭义的电子商务的概念，电子商务都涵盖了两个方面：一方面是离不开互联网这个平台，没有了网络，就称不上电子商务；另一方面是通过互联网完成的是一种商务活动。联合国国际贸易程序简化工作组对电子商务的定义是：采用电子形式开展商务活动，它包括在供应商、客户、政府及其他参与方之间使用任何的电子工具。电子商务的形成与交易离不开四个要素：交易平台、平台经营者、站内经营者和支付系统。电子商务分为：ABC、B2B、B2C、C2C、B2M、M2C、B2A（即 B2G）、C2A（即 C2G）、O2O 等多种模式。

二手车电商主要是指从事二手车交易的电子商务。二手车电商的出现，一方面能够利用互联网和大数据技术逐步解决信息不透明的问题，通过专业化的检测手段实现车况的透明化；另一方面依托自身的在线交易平台属性，使得二手车交易打破地理空间的局限，使流通渠道更加扁平化，并且二手车电商可以接入更多的第三方服务，为二手车消费者提供服务保障。当前，二手车电商主要包括两大类：一类是信息提供平台，通过提供二手车信息而赚取佣金，以赶集网和58同城为代表；另一类是一些新型的二手车商业模式，如B2B、B2C、C2B、C2C等，其代表主要有优信二手车、瓜子二手车、人人好车等，详见图1.3。

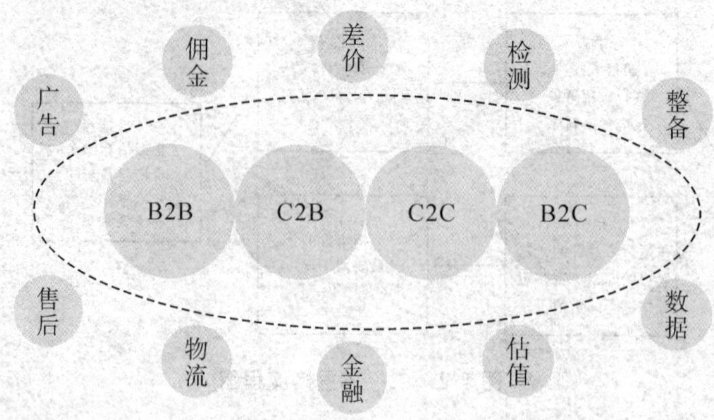


图1.3 二手车电商模式图

需要指出的是，目前我国国内二手车有形市场（相对于二手车电商而言）约占65%的市场份额，而国内二手车电商仅占10%左右的市场份额。2015年，二手车电商模式中，C2C模式的二手车电商市场发展迅速，总投资金额超过3亿美元。273二手车交易网、车猫网、人人车、优车诚品、好车无忧等二手车电商获数千万美元融资；瓜子二手车从赶集网分拆出来，并获得赶集网1亿美元的投资。2016年，二手车电商车来车往与开新二手车宣布合并。2017年，二手车电商进入整合发展时期。

## 三、何谓二手车市场

二手车市场是为二手车买卖双方提供二手车集中交易和相关服务的场所，具有中介服务商和商品经营者的双重属性，可以将二手车市场分成有形市场和无形市场。二手车交易市场的功能有：二手车鉴定评估、收购、销售、寄售、代购代销、租赁、置换、拍卖、检测维修、配件供应、美容装饰、售后服务以及为客户提供过户、转籍、上牌、保险等服务。随着二手车交易市场的发展，我国已经有多种二手车交易市场形式，常见的有二手车交易市场、二手车经营公司、二手车置换公司、二手车经纪公司和经纪人等。这一点充分体现出二手车市场具有中介服务商和商品经营者的双重属性。实际上，二手车经营公司、二手车置换公司、二手车经纪公司同时也是二手车市场的主体，但二手车经纪公司和经纪人只能在二手车市场中进行二手车的撮合成交。随着二手车市场的发展和壮大，二手车超市和二手车园区也在逐渐形成和发展。其主要功能是在一般的二手车市场的基础上，引入了汽车文化、科技、科普教育、展示、旅游、娱乐等多项功能。

## 四、何谓二手车贸易

贸易是在平等自愿的前提下进行的货品或服务交易，贸易属于商业行为。贸易是在交易市场中进行的，最原始的贸易形式是以物易物，即直接交换货品或服务。现代的贸易则普遍以一种媒介（金钱）进行贸易平等代换。两个贸易者之间的贸易称为双边贸易，多于两个贸易者之间的贸易则称为多边贸易。二手车贸易（Secondhand Vehicle Trade）是指通过正常贸易渠道将汽车的产权进行两次以上的转移。这是一个颇为宽泛的概念。在我国，一辆在车管部门刚上了牌照的新汽车，或者已到了报废期限临界点的老旧汽车，只要通过贸易途径做产权变更，都可以称为二手车贸易。二手车贸易属汽车贸易的一种，汽车贸易包括新车销售、二手车流通、汽车配件流通、汽车报废与报废汽车回收、汽车对外贸易等方面。随着汽车总量的日益增加及私家车的普及，二手车资源快速增多，二手车贸易已逐渐成为汽车贸易市场的重要组成部分，并且也将是我国发展汽车贸易的一个重要经济增长点。

二手车贸易与二手车交易的内涵是相同的，不同的是认识事物的角度不同。二手车交易侧重于从交易主体角度进行阐述，是建立在平等主体之间的市场交易行为，应当遵循交易的规则进行交易；二手车贸易侧重于从商业的角度进行阐述，其重点在于全局和整体，考量的是一个国家和地区二手车交易的整体情况。二手车交易需要在二手车市场中进行，二手车市场又是由不同的主体进行二手车交易所形成的。这一市场随着互联网的发展可以分为有形市场和无形市场。就二手车主体而言，其既可以在二手车有形市场交易，也可以在二手车无形市场交易。二手车主体、二手车市场形成了二手车交易，全部的二手车交易形成了二手车贸易。

## 第二节　二手车贸易概论

近几年，我国二手车贸易发展较快，取得了令人瞩目的成绩，但也存在一些问题。以下本书就从我国二手车贸易的现状、问题与趋势三方面进行阐述。

### 一、我国二手车贸易的现状

#### （一）二手车交易量逐年提升

2011 年，我国二手车交易量为 682 万辆，占全年汽车销量的 36.84%。2016 年，我国二手车交易量增加到 1 039 万辆，占全年汽车销量的 37.1%（详见图 1.4）。就增长率而言，近几年我国二手车交易量的增长率起伏较大。2012 年的增长率最高，达到了 16.4%，2015 年的增长率只有 2.32%，2016 年的增长率达到了 10.33%。

#### （二）二手车交易额增长迅速

2012 年，我国二手车交易额为 2 590 亿元，较 2011 年增长 23%。2013 年，我国二手车交易额为 2 916.49 亿元，比上一年增加 12.62%。2014 年，我国二手车交易额为 3 675.65亿元，比上一年增加 26.03%。2015 年，我国二手车交易额为 5 535.40 亿元，比上一年增加 50.60%。2016 年，我国二手车交易额为 5 926.0 亿元，比上一年增加 7.1%。事实上，我国二手车市场交易额每年都保持增长，平均增长率达到了两位数。需要指出的是，在二手车交易量增长不大的情况下，从二手车交易额每年的迅速增长可以看出二手车交易的平均价格提升较快。

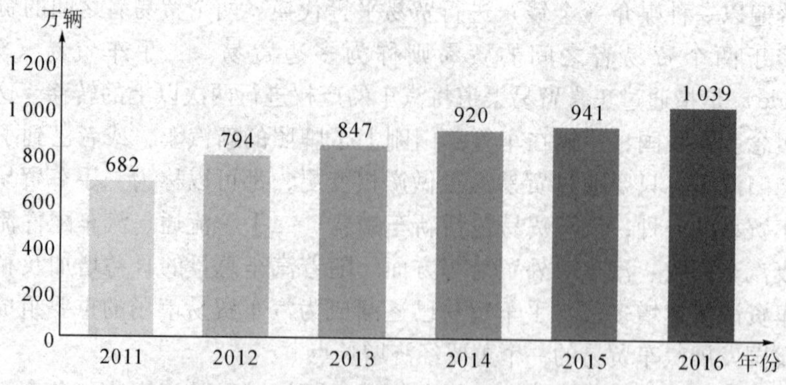


图 1.4　2011—2014 我国二手车交易量柱状图

（三）二手车交易价格主要集中在低价区间

以 2016 年为例，二手车交易价格在 5 万元以内的占比最高，占比为 33.23%；二手车交易价格为 5 万~10 万元的占比为 30.17%；二手车交易价格为 10 万~20 万元的占比为 22.5%；二手车交易价格为 20 万元以上的占比为 14.1%（详见图 1.5）。

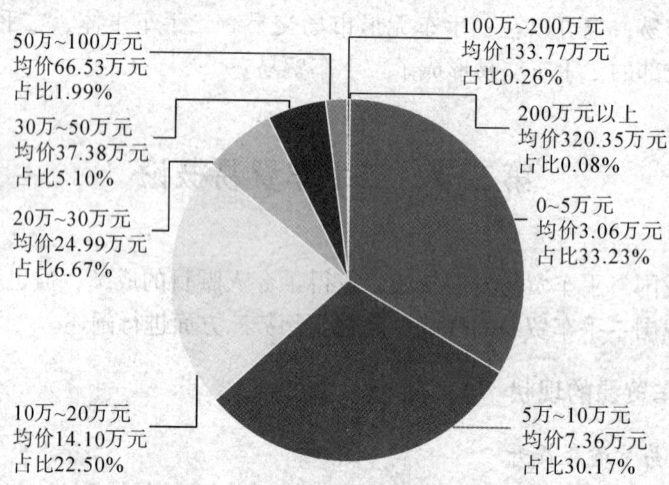


图 1.5　2016 年二手车价位空间占比图

（四）二手车交易的车龄主要集中在 2~7 年

以 2016 年为例，我国二手车使用年限在 2~7 年的交易量最多，占比为 70.85%，其中使用年限为 2 年的占比 11.39%，使用年限为 3 年的占比 12.38%，使用年限为 4 年的占比 13.18%，使用年限为 5 年的占比 12.09%，使用年限为 6 年的占比 11.20%，使用年限为 7 年的占比 10.61%。使用年限为 1 年的二手车占比 3.74%，使用年限为8~10 年的占比为 16.87%，使用年限超过 10 年的占比 8.54%（详见图 1.6）。二手车交易的车龄显示了二手车的性价比，通常情况下，使用 2~7 年的汽车性能较好，并且价位相对较低，是购车者的首选。

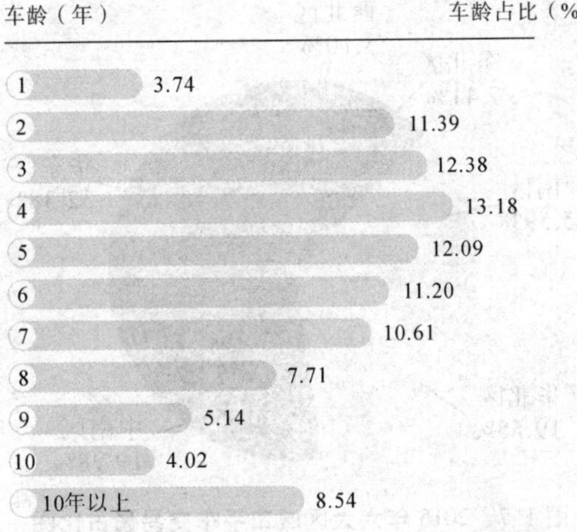


**图 1.6 2016 年交易二手车车龄占比情况图**

（五）二手车交易中国外品牌占主流，高端化趋势较为明显

近几年，我国二手车交易的主流是国外品牌的汽车。以 2016 年为例，大众品牌成交量第一，达到 89.48 万辆，占比 12.42%；第二是丰田品牌，全年二手车交易量达到 42.86 万辆，占比 5.95%；第三是本田品牌，全年二手车交易量为 40.77 万辆，占比 5.66%；第四位到第十位依次是别克品牌（全年成交量 40.11 万辆，占比 5.57%）、现代品牌（全年交易量 36.3 万辆，占比 5.04%）、宝马品牌（全年成交量 32.97 万辆，占比 4.58%）、奥迪品牌（全年成交量 30.86 万辆，占比 4.28%）、日产品牌（全年成交量 28.54 万辆，占比 3.96%）、雪佛兰品牌（全年成交量 28.02 万辆，占比 3.89%）、福特品牌（全年成交量 25.5 万辆，占比 3.54%）。前十位的二手车交易总量达到了市场总量的 54.87%。

（六）二手车交易量在区域分配上不平衡

以 2015 年为例，华东区占比最高，占比为 32.38%，其次为中南区，占比为 19.98%，华北区占比为 19.55%，西南区占比为 15.59%，东北区占比为 7.41%，西北区占比为 5.10%（详见图 1.7）。东部经济发达地区的华东区、华北区共占总交易量的 51.92%。2016 年延续了 2015 年的状况，就省份而言，交易量最大的省份是浙江省，占比 17.33%，其后依次是广东省占比 7.83%，江苏省占比 7.10%，山东省占比 6.41%，福建省占比 5.42%，河北省占比 4.19%，辽宁省占比 4.16%，四川省占比 3.96%，河南省占比 3.63%，上海市占比 3.44%，排名前十位的省份的交易量占总交易量的 63.47%。就城市而言，2016 年排名前十位的城市依次是宁波市、上海市、北京市、成都市、武汉市、厦门市、苏州市、郑州市、西安市、重庆市。据统计，2016 年全国二手车交易量排名前 20 位的重点城市二手车交易量总和占到全国二手车交易量总和的 44.68%。

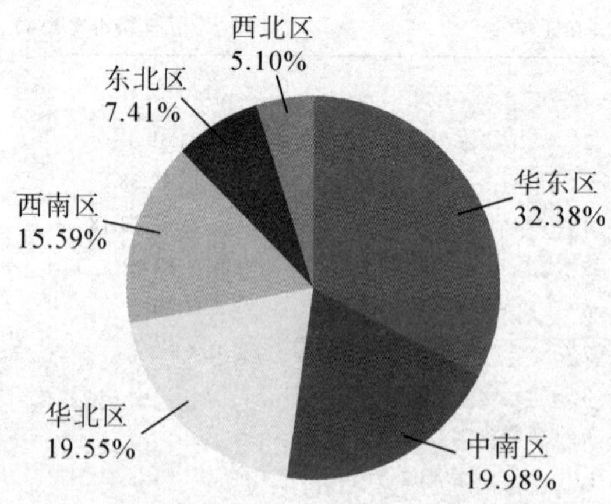


图 1.7　2015 年六大区域二手车交易量占比图

## 二、我国二手车贸易存在的主要问题

虽然近几年我国二手车市场发展较为迅速，但也存在一些问题。

### （一）二手车流通的法规和政策与当前二手车市场发展不相适应

当前，涉及二手车流通的主要法规有《二手车流通管理办法》《二手车交易规范》《报废机动车回收拆解管理条例》《汽车品牌销售管理实施办法》《机动车强制报废标准规定》等。然而，《二手车流通管理办法》是 2005 年 8 月 29 日由商务部、公安部、国家工商行政管理总局、国家税务总局等部门，于当年 10 月 1 日起实施。《二手车交易规范》是商务部于 2006 年 3 月 24 日公布并实施的。可见，这些法规发布的时间较早，其中大量规定已经不适应我国二手车市场的发展，有必要进行修订和更新。在二手车政策方面，主要问题体现在有关部门发布的文件或通知有的是部分涉及二手车的，有的是专门针对二手车的，如《汽车贸易政策》中就有关于二手车流通的规定。此外，《关于规范旧机动车鉴定评估管理工作的通知》《关于旧货和旧机动车增值税政策的通知》《关于开展二手车交易市场和汽车摩托车配件市场专项整治工作的通知》《关于统一二手车销售发票式样问题的通知》《二手车鉴定评估规范》《二手车流通企业经营管理规范》等，这些政策已不适应当前二手车市场发展新常态的要求。当然，一些地方出台的“限迁政策”被认为是目前我国二手车交易的重大阻碍，不少二手车即使车况较好，但由于排放问题而无法交易。据统计，截至 2015 年 9 月，全国共有 299 个城市对迁入机动车有排放限制。目前实施“国五”排放标准的城市有 18 个，实施“国四”排放标准的城市有 230 个，实施“国三”排放标准的城市有 44 个，实施“国二”及以下排放标准的城市有 7 个，就在这 7 个城市中还有 3 个城市要求初次登记日期不得超过 3~5 年。2016 年 4 月 1 日开始，二手车迁入实施“国五”排放标准的城市达到 105 个。“限迁政策”使得我国二手车跨区域流通受到了极大限制。

### （二）流通体制不完善制约二手车市场的发展

二手车流通是二手车市场的主要内容，二手车的流通需要在不同市场主体间流转。当前，二手车流转存在的主要问题是：

第一，信息不对称。这主要体现在对车辆信息的准确了解上，由于车辆维修记录、保养记录的信息没有实现共享，购车者很难获得购置二手车所必需的车辆信息，如车辆的合法性信息、维修信息、事故记录信息等。其结果必然是二手车市场难以取得购车者的信赖，影响了二手车的交易。实际上，大多数二手车购买者宁愿相信汽车修理厂技术工人或驾龄较长驾驶员的经验，也不愿请评估师进行评估。此外，大多数二手车评估师是经销商聘请的或与经销商有着密切的利益关系，评估难以做到公平合理。

第二，二手车交易定价随意性较大。不同的机构，甚至同一机构的不同人员对二手车评估的价格都不一样，并且相差较大。这主要是由于我国的二手车鉴定评估缺乏科学统一的标准，大多数鉴定评估机构采用简单的平均年限折旧法进行评估，没有考虑到二手车的维修保养、事故记录、是否为拼装车或盗抢车等信息，使得二手车评估价格缺乏公信力和可信度。

第三，二手车缺乏售后服务。在我国，二手车销售后几乎没有服务跟进，二手车的维修、保养、保险均是购车者的事宜。二手车售后服务的缺乏，制约了二手车市场的繁荣。

第四，政府有关部门监管力度不够。二手车在实际交易中存在不容忽视的违法行为，一些二手车经销商成为赃车、报废车、拼装车的销赃场所。对此，政府有关部门监管和处罚的力度不够。

第五，二手车流通中价值增长率低。当前，我国的二手车流通，无论是场内交易，还是网上交易，大都是一种简单的“收购-售出”的交易行为，二手车市场，包括二手车网上交易平台，仅提供了二手车交易的场所，或者提供了二手车交易的信息，二手车经销商并没有对收购的二手车进行增值的加工，使得二手车流通中价值增长率低。

### （三）二手车交易税费不合理制约二手车市场的发展

二手车交易涉及税收和费用的征收，而税和费是完全不相同的。就税收而言，二手车经营主体涉及增值税、城建税、印花税和所得税等。二手车经销企业的增值税适用2%的税率，拍卖公司的增值税则按商业企业适用4%的征收率。目前，大多数二手车经销企业从事的并非实际意义上的销售行为，其“销售”行为实质上是“经纪”行为，这使得二手车经销公司和经纪公司在从事二手车交易时，经销公司要比经纪公司多缴纳2%的增值税（经纪公司不缴纳增值税）。这显然是不公平的，不利于更多的市场主体参与到二手车经营的竞争中，同时也使得二手车企业成立经纪公司，以二手车经纪公司之名，行二手车销售之实，以规避税收。二手车拍卖公司与二手车经销公司从事的同是对二手车的销售行为，只不过销售的方式不同，两者适用的税率理应相同。实质上，较重的税赋影响了二手车拍卖的获利，二手车拍卖公司拍卖一辆车的佣金为拍卖价的5%左右，在扣除4%的增值税后几乎没有利润。4%的增值税转嫁给成交者，势必增加拍卖的成本，不利于拍卖这一交易方式的发展。目前二手车经销主体大多是个体而非企业，究其原因主要是企业的经销行为要按照销售额征收2%的增值税，而个人销售自己使用过的机动车，售价未超过原值的免征增值税。这就使得在二手车销售大多以个人名义进行，反映在交易市场上交易者数量众多但难以形成规模。

### （四）二手车电商发展无序化制约二手车市场的发展

近几年，我国二手车电商平台增加迅速。2015 年，在"互联网+"的浪潮下，二手车电商平台交易规模达 101.2 万辆，增速约 70%。资本不断涌入二手车电商业，仅瓜子二手车和优信集团便获得了近 8 亿美元的融资，还催生了包括 B2B、B2C、C2C 和 C2B2C 等模式在内多个二手车电商平台，其中人人车、优信拍、瓜子二手车、车易拍等二手车线上交易平台较为知名。2016 年，第三方检测机构"检车无忧"获 2 000 万元"Pre-A 融资"（其前身正是交易平台"嘀车网"）；交易平台"淘车无忧"获 1.2 亿元"A+融资"；交易服务平台"车易拍"获 3 亿元 E 轮融资；服务商"大搜车"获 1 亿美元 C 轮融资；B2B 平台"车到山前"获 1 亿元 B 轮融资；线上拍卖平台"天天拍车"获 1 亿美元 C1 轮融资。尽管如此，二手车电商发展的主要问题是无序化，这主要体现在如下几个方面：

第一，不诚信的现象在二手车电商平台较为普遍。例如，某些二手车电商平台推出的××项检测，实则是数字游戏，仅为了广告宣传的目的，××天退车也成了吸引客户的噱头。更有甚者，2016 年央视 3·15 晚会曝光，"车易拍"二手车交易网站采取二手车购买者和出卖者看到经过数据处理过的不同的竞拍结果，以达到欺骗消费者不收取中间差价的目的，但实际上收取了中间差价。

第二，二手车电商行业缺乏相应的法规和标准，使得成立二手车电商门槛极低。据易观智库数据显示，2015 年共有 43 家二手车电商宣告成立。二手车电商对其售出的二手车不承担质保和售后服务的责任。

第三，二手车电商缺乏监管。据统计，2015 年，至少有 15 家二手车电商网站关闭或者转型。2016 年，平安集团宣布退出二手车电商领域，关闭"平安好车"二手车电商网站。二手车电商关闭或者转型是在瞬间完成的，几乎没有涉及税收、负债及资产的处理，这实际上留下了巨大的隐患。

### （五）二手车人才缺乏制约二手车市场的发展

二手车市场的繁荣需要大量的二手车人才，其中包括二手车营销人才、二手车鉴定评估人才、二手车保险人才、二手车金融人才、二手车拍卖人才、二手车电商人才等。然而，以上人才均大量缺乏，究其原因主要有以下几个方面：

第一，二手车发展迅速，与二手车相关的产业链条较多，使得二手车产业的发展在短期内对人才的需求量大，但与此相关的人才供应却显得不足。

第二，二手车的人才培养机制没有建立起来。以二手车电商人才培养为例，其跟不上二手车电商发展的需求，市场上二手车电商人才培训机构缺乏，培训体系缺失。高校的专业设置与这方面的需求不吻合，从事二手车电商的专业人员不少是从电子商务专业中转行而来的，其缺乏对二手车相关知识的了解。

第三，二手车人才的评价机制没有真正建立。以二手车鉴定评估人才为例，虽然有二手车评估师的职业资格准入考试制度，但评估师对二手车的评估价格缺乏公信力和可信度。

## 三、我国二手车贸易的发展趋势

就二手车发展的国际经验看，我国二手车市场潜力巨大。发达国家二手车与新车流通量比例一般在 1.5 : 1 以上，按此比例并参照 2016 年数据计算，我国二手车交易量会超过 4 200 万辆，按单车 5.5 万元估算，交易额应达到 2.31 万亿元，但 2016 年我国二手车交易量仅为 1 039 万辆，交易额仅为 5 926.0 亿元。未来，我国二手车贸易的发展将会有如下趋势：

### （一）我国二手车流通的法规和政策将逐步完善

第一，《二手车流通管理办法》《二手车交易规范》等有关法规将会修订，限制二手车流通的规定将会被修改，使其更加适应二手车流通的需求。为此，我国可借鉴美国、日本和德国等国家的经验，健全完备的政策法规体系。例如，美国和日本的二手车法规中对二手车经营主体都有非常严格的准入要求，从而保证了二手车经营主体的资质条件。美国规定二手车经销商在交易时要出具"二手车信息表"，其内容涵盖了待交易车辆的基本信息、质量状况、维修历史、厂家或经销商的质量保证承诺等，并作为购车合同的重要组成部分，从而在法律上确保经销商提供的二手车信息的准确性，同时将质量保证、售后服务等承诺合同化，保证了消费者的合法权益。德国规定了二手车交易必须通过专门检测机构的认证，从而保证了鉴定评估结果的公正客观。

第二，二手车评估标准将进一步健全。我国有关部门可以要求和指导行业组织、第三方机构和二手车经销商共同健全二手车评估标准，这一标准不具有强制性，但可以在行业内加以倡导和推广。例如，在美国和日本，二手车相关协会制定二手车评估标准并定期发布二手车价格指导手册，对国内的二手车市场有整体的指导意义。此外，第三方汽车信息服务企业也会根据自己制定的评估标准发布价格指导手册，并通过出售信息的方式盈利。大型二手车经销商大多会根据自己的评估标准对待售二手车进行认证销售。由于经销商将对"认证"负有法律责任，因此企业标准通常要比协会标准或第三方标准更为严格。

第三，"限迁政策"将会取消，全国统一开放的二手车市场会逐步形成。

### （二）二手车流通体制将会改革

第一，行业内诚信机制和二手车信息登记与查询机制将会建立，确保二手车信息的完整性和真实性。

第二，二手车流通的形式将会增加，通过置换、租赁、定制等多种形式开展二手车流通业务。

第三，利用"互联网+"建立线上与线下结合的二手车流通体制，二手车的流通将会进一步繁荣。

第四，增加二手车流通的价值，对二手车进行二次维修保养和加工较为普遍。

第五，进一步公平和降低二手车交易税费，使二手车的"销售"行为与"经纪"行为在税费上相统一。

第六，对二手车交易和流通管理的监管将会加强，对违法违规行为处罚的力度将会加大，二手车交易的合法性将进一步增强，盗抢车、走私车、非法拼装车和证照与规费凭证不全的二手车将全面杜绝。

（三）二手车电商将会被鼓励和进一步规制

近几年，随着“互联网+”的应用，特别是大数据和云计算的运用，二手车电商发展迅猛。在鼓励二手车电商发展的同时，规制二手车电商的发展也已经成为当前较为重要的事宜。

规制的重点一是建立二手车电商设立和经营的规范，使二手车电商进入规范化发展的轨道，摒弃不诚信行为的发生，并按照国家的有关规定缴纳相应的税费。二是加强对二手车电商运行的监管，使其发展更加有序化，对违法违规的二手车电商除应承担相应的处罚外，还要向当事人承担民事赔偿责任。二手车电商仍是今后发展的重点和主要领域之一。

（四）二手车人才的培养将为二手车贸易的发展提供有力支撑

二手车贸易的发展与繁荣越来越需要人才的支撑。依据二手车发展的需要，未来我国将走“政产学研”合作之路，充分发挥政府引导职能、高校培养职能、中介机构培训职能，大力培养二手车营销人才、二手车鉴定评估人才、二手车保险人才、二手车金融人才、二手车拍卖人才、二手车电商人才等，尤其是注重培养二手车评估人才。二手车行业的从业人员将大幅度增加，对二手车评估师资质的考核将更加严格。未来我国将建立二手车评估师执照的有效期制度，二手车评估师对二手车的评估将承担终身的法律责任。

综上所述，未来我国二手车贸易发展的主要趋势是：二手车交易数量和交易额将不断增加；二手车贸易方面的法律、法规和规范将进一步健全；二手车电商发展将更加迅速和规范，逐步成为二手车贸易的主要模式之一；二手车发展对人才的需求更加迫切，也提供了更多从业和创业的机遇。

## 一、思考题

1. 什么是二手车？什么是二手车交易？什么是二手车市场？什么是二手车贸易？它们之间有何区别与联系？

2. 二手车交易有哪些模式？它们分别具有哪些特点？

3. 当前我国二手车贸易发展现状怎样？存在哪些问题？应当如何解决？

## 二、案例分析题

1. 网上买二手车，曾被“油改气”

随着互联网与商业的深度整合，二手车中介平台也随着网络得到快速发展，通过网络购买二手车是否放心也考验着中介平台的服务水平和诚信度。消费者钱先生于2016 年 4 月 27 日从某二手车直卖网花费 112 000 元购买了一辆福特蒙迪欧轿车，该二手车直卖网承诺此车已经过专业检测师多达 200 项的细致检查，车况良好。钱先生在使用该车过程中发现，车辆曾经被“油改气”过，后备厢和发动机舱有线路改动及打孔痕迹，而对于该情况在交易过程中钱先生一直被蒙在鼓里。发现后，钱先生要求退车，但被二手车中介拒绝，后投诉至消费者保护协会。经调查，二手车中介表示虽然会对车辆进行各类检测，但“油改气”确实没有查出来，表示愿意联系原车主与钱先生商量如何解决，但该问题并不适用退车条款。原来，签署的二手车买卖合同中，二手车中介仅保证车辆不是重大事故车、火烧车、水浸车等，但对于除此之外的各类改装现象引发的问题则由原车主承担，二手车中介出具的“车辆检测报告”也仅供参考，二手车中介不承担保证责任。

问题：通过该案例，谈谈你有何启发。

2. 二手车电商的发展

据统计，2016年上半年全国二手车交易量为477.4万辆，同比仅增长3.6%。二手车电商也因此受到影响，2016年6月份在电商平台上的交易量占比仅为7.15%。

对二手车行业的过于乐观，令二手车电商平台发展纷纷陷入困局，尤其是通过大规模投入广告提升了品牌知名度，但其在业务量上的表现却远远不及预期，显然广告的实际转化量极低。

由于在线下布局不足，致使在实际交易中，二手车电商存在着信息交流平台的嫌疑。二手车行业的特点，注定了二手车电商的发展不同于其他互联网企业。

我国二手车行业起步晚、发展时间短，特点是低频率、低密度、低利润额，整个市场发展层次低、不成熟；同时，具有一车一况、存在跨区域交易特性，导致消费者极为看重线下服务，这些对二手车电商的发展是极为不利的。

因此，二手车电商通过大量投入广告带动销量的策略难以见效。尽管消费者对二手车电商的认知度迅速提升，但是在实际交易过程中，往往并不会选择电商平台。

其中原因很多，如电商平台缺乏专业检测流程，而且售后服务无法保障，缺乏必要的服务功能，导致消费者对电商平台信任度偏低。此外，电商平台经常爆出虚假宣传、刷单造假，令消费者望而却步。

但不可否认的是，二手车市场确确实实是当下最具潜力的市场之一，逐年增长的交易量就足以说明。据《中国二手车市场竞争与企业竞争策略分析报告》数据显示，2000年，全国二手车市场交易量仅为25.17万辆，而2015年，二手车交易量已经增至960万辆左右。

可见，二手车市场的发展潜力是无疑的，但二手车电商应回归理性，业务布局和投入产出比才是发展的关键。在与互联网结合的同时，二手车电商应当重视线下服务布局，提升低成本集车、标准化评估和下游购买力的核心竞争力。

此外，“二手车后市场”正成为二手车电商新的利润增长点。“汽车后市场”有着上万亿元规模潜力，其中“二手车后市场”可以占到约20%的份额，因而成为各家电商平台下一步亮相争抢的蛋糕。未来二手车电商平台在保障二手车交易业务基础上，还将拓展至汽车金融、保险以及其他“汽车后市场”服务，强化自身造血能力。

问题：谈谈你对我国二手车电商发展的看法。

3. 二手车交易纠纷不断，这些案例给您提个醒

(1) 外观改动导致无法上牌。

2016年，黄女士在某二手车中介支付24万元购买了一辆保时捷二手车，后来发现该车无法落实过户，要求退款未果，黄女士只好向市场监管部门投诉。市场监督管理局投诉举报处置工作人员经调查发现，黄女士签订的是三方买卖合同，由于车辆外观与原始档案不一致，导致无法上牌。经调解，双方仍无法达成一致，黄女士最终选择诉讼渠道解决纠纷。

(2) 按揭细节藏猫腻。

2017年3月16日，杭州的刘先生在某二手车精品车行订购了一辆二手车，在支付1万元定金后，车行又要其支付1.5万元的按揭贷款手续费。刘先生认为不合理，要求退定金。车行表示，1.5万元是办理按揭贷款时按揭贷款公司方面收取的费用。由于按揭贷款手续尚未办理，市场监管部门的调解人员表示，消费者可以自行找按揭贷款公司，中介公司不得强行指定。

(3)"钓鱼式"营销。

广州的周先生称，2017年3月22日，其在网上看中了某二手车销售公司的一辆保时捷二手车，商家称当天可以到现场订车。经再三确认，周先生一行3人订好机票，当天上午7点从广州出发，10点赶到二手车销售公司，却被告知车已订走，只能预订另一辆车，并且两辆车的价格相差非常大。周先生认为商家虚假宣传，存在欺骗行为，要求赔偿却被拒。

(4) 合同表述模糊导致纠纷。

在二手车交易过程中，有的买卖合同中只写了诸如"无重大事故""无重大修理""非泡水车"等笼统的表述，细节不明确，遇到具体问题也容易导致纠纷。2017年2月1日，李先生投诉称，1月14日他在某车辆中介公司购买一辆别克凯越二手车，取车后第二天就发现故障，开进汽修店维修。双方交涉未果，李先生向市场监管部门投诉。市场监部门工作人员介入调解，但中介公司称，该车在交车时经检查确认无故障，对于后来出现的故障，公司不负责承担相关费用。2017年3月12日，杭州的周先生投诉称，3月份他通过某中介公司购买了一辆雪佛兰二手车，车价为62 000元，中介公司将车开到杭州交车，而拿到车后他刚开上高架桥就发生了故障。到汽修店检查后发现，该车发动机有维修过的痕迹。周先生说，购车合同上有"无大修""无泡水"的条款，因此中介公司存在欺骗行为。周先生要求退车，但被拒绝，调解失败。

二手车属于比较特殊的商品，隐藏问题不易被发现；交易过程涉及多个主体，责任难以区分。目前国家相关制度不够健全，没有规范的交易流程和检测体系，难以确保交易安全。因此，广大消费者无论是在二手车市场购买二手车，还是在网上购买二手车，均须谨慎。

问题：您认为在二手车交易中还有哪些方面需要引起注意的？导致二手车交易纠纷的原因有哪些？

# 第二章　“互联网+”背景下二手车贸易变革

随着我国汽车产业的发展，二手车市场已经成为汽车市场重要的组成部分。近些年，随着互联网的迅猛发展，二手车出现了一些新的贸易方式，与以往的二手车交易市场、二手车品牌专营、二手车置换业务、二手车拍卖、二手车自由贸易等相比，我国二手车市场开始向互联网化的方向发展，利用电商平台网上订车、线下提车，B2B、B2C、C2B、C2C、O2O 等这些创新模式的出现，为二手车市场带来了更多的活力。

通过本章的学习，学习者应了解“互联网+”背景下二手车贸易环境有哪些变革，重点掌握“互联网+”背景下二手车商业模式有哪些变革以及“互联网+”背景下我国二手车贸易的机遇有哪些，并且又面临着那些挑战。

## 第一节　“互联网+”背景下二手车贸易环境变革

近些年，随着互联网的迅猛发展，汽车产业的贸易环境也在发生改变，二手车作为汽车产业的重要组成部分，其贸易也在发生改变。“互联网+”背景下二手车贸易环境变革，使得二手车贸易形式更加多样化。

### 一、二手车贸易环境的历史状况

纵观我国二手车市场的发展历程，大致可分为四个阶段，如图 2.1 所示。

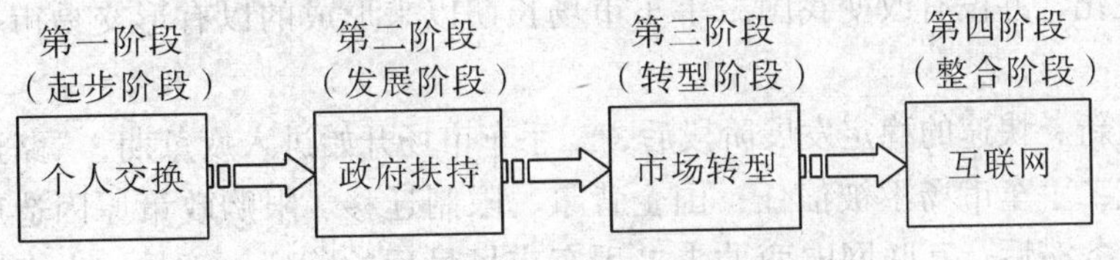


图 2.1　我国二手车市场发展四个阶段

#### （一）二手车市场起步阶段

我国的二手车市场从 20 世纪 80 年代发展至今，已经有了 30 多年的历史。1985 年以前，由于国家实行计划经济，汽车的消费群体是党政机关、军队、国有企事业单位等，汽车的产量和保有量都较低，车辆的所有权及对车辆的使用都是从购置新车开始直至报废。因此，这一时期二手车交易较少，二手车市场化没有形成。我国二手车市场真正的起步阶段是在 20 世纪 90 年代，国家经济体制由计划经济向商品经济过渡，一些人将目光转向了汽车消费，开始出现二手车需求，二手车交易量缓慢增加。二手车贸易起初基本上没有正规的二手车经销商，都是由私人自发式经营的"路边摊"形式，以车贩子"倒车"为主要方式，其中不乏走私车、盗窃车、拼装车、报废车。这种以车贩子"倒车"为主的交易方式使得二手车交易秩序混乱、诚信度较差，使得消费者很难放心地购买二手车。

（二）二手车市场发展阶段

1998年，国家贸易部发布了《旧机动车交易管理办法》。至此，我国二手车市场的第一个法规性文件诞生，标志着我国二手车流通市场开始实现由分散交易向集中交易、由无序交易向有序交易的转变。《旧机动车交易管理办法》明确提出，要设立以企业经营活动为依托，建立具有旧机动车评估定价及旧机动车收购、销售、寄售、代购、代销、租赁、拍卖、检测维修、配件供应、美容及信息服务等功能，并为客户提供过户、上牌、保险等服务为一体的二手车市场——旧机动车交易中心。由此，我国的二手车市场走向逐步规范之路。

2005年，商务部、公安部等主管部门联合发布了《二手车流通管理办法》。该管理办法的出台标志着我国二手车行业进入了全新时代，我国二手车市场开始向规范化发展。《二手车流通管理办法》出台后，我国二手车交易形式已经由原来的私下交易之后进行过户转变为二手车市场内交易为主。在这一阶段内，90%以上的二手车市场都有着国有企业背景，这些市场的盈利模式基本上都是收取交易服务费和场地租金。随着国家对于民营资本的政策放宽，越来越多的民营企业开始涌入二手车市场。

（三）二手车市场转型阶段

传统的线下二手车交易市场，长期以来一直具有几大优势：一是品牌优势；二是二手车商户集中优势；三是车价优势，市场租金等成本较低；四是服务功能强优势，一般大型的二手车交易市场都有交管局服务窗口给予验车上牌，便于购车者过户，在交易市场内即可完成一站式购车服务。

2005年以来，品牌专卖、大型超市、连锁经营等经营模式以及二手车经纪公司、二手车拍卖、二手车置换、二手车租赁业务等交易模式先后在市场上出现，但这些外部条件的变化，并没有改变我国二手车市场长期以来形成的以有形交易市场为主体的流通特征。

进入全新、快速的稳定发展阶段后，二手车市场开始进入疲惫期，"路边摊"的历史原因造成二手车市场不被信任；国企背景、限制迁移、限购政策原因造成二手车市场经营和服务滞后；互联网电商冲击二手车市场最后的阵地。于是，大多数二手车经销商均出现了亏损，二手车市场的租金也越来越便宜。二手车经销商纷纷开始通过转型来寻找新的突破口。

（四）二手车市场整合阶段

2010年之后，新车销量呈现爆发式的增长，由于中国消费者平均使用汽车年限在5~7年，二手车的更新周期到来，巨大的保有量带来了巨大的更新量。从2013年开始，二手车市场开始备受关注，越来越多的市场参与者的加入活跃了二手车市场。与以往各二手车商单打独斗相比，这一阶段的二手车市场更多的是基于资源整合的强强联合。其中最值得关注的便是经销商集团与二手车电商的联合。

在电商浪潮的不断影响与冲击下，国内二手车交易市场开始纷纷寻找新的机遇与突破口。纵观国内众多知名的二手车市场，大多都在紧锣密鼓地开展线上合作、创新，在充分利用好二手车交易中现有的传统优势的同时，选择与国内诚信度较高的二手车电商交易平台抱团、结盟、整合。

## 二、“互联网+”背景下二手车贸易环境变革

二手车贸易环境是指二手车目标市场上，除与二手车销售本身直接有关的内容之外的其他因素，通常包括政治、经济、社会总体状况、人文状况、地理状况、产业与商业状况、经济与贸易政策状况、相关法律状况等。二手车的贸易与其所处的环境息息相关。

### （一）宏观环境

1. 法规与政策环境

（1）颁布的法规与政策。《二手车流通管理办法》于 2005 年 10 月 1 日开始实施，主要涉及二手车经销、拍卖、经纪、鉴定评估等规定。这一规定的出台，有利于加快我国二手车市场发展。但这一规定没有对税收、临时产权证以及交易细则等方面做出规范。

《关于进一步规范二手车市场秩序促进二手车市场健康发展的意见》于 2009 年 10 月22 日开始实施，对规范促进二手车市场发展的总体要求和工作目标、主要任务和要求、职责分工、加强组织领导等方面提出了具体要求。这一规定的出台，有利于规范经营主体，严把市场准入关，加强监督检查，规范经营行为，查处违法违章行为，立足长效监管。但这一规定缺乏相应配套政策的保障，真正实施有一定难度。

《二手车鉴定评估技术规范》于 2014 年 6 月 1 日开始实施，涉及二手车鉴定评估机构条件和要求、鉴定评估程序、作业流程、受理鉴定评估、查验可交易车辆、签订委托书以及判别事故车、鉴定车辆技术状况、评估车辆价值等。这一规定规范了二手车鉴定评估标准与流程，并规定鉴定评估机构准入门槛，有利于二手车市场规范发展，让消费者放心购车。

除了上述法规和政策外，很多城市对二手车实行了限购、限迁的政策，导致新旧车两个方向的交易不顺畅，在一定程度上阻碍了二手车贸易的发展。

（2）面临的法规政策变革。目前，我国二手车市场的政策环境面临着变革，主要包括以下几个方面：一是限购、限迁政策已经发生改变；二是随着环保理念的深入人心，对二手车排放等管理的法律法规与政策将会进一步加强；三是《二手车鉴定评估技术规范》国家标准的贯彻将改变车况信息不对称的局面；四是二手车的“三包”政策将改变二手车经营服务观念，提升二手车经营服务水平。

2. 经济环境

近几年，我国国内生产总值持续增长，经济总量稳定增长，使得人均收入水平、人均可支配收入都有明显提高。良好的经济增长形势，必将带动汽车等昂贵日用品的销售，二手车的销量也随之增加。

（二）二手车市场环境

1. 行业规模不断扩大

权威数据表明，2020年前后，我国基本型乘用车保有量预计会超过1.5亿辆，车辆平均持有年限将从5~7年缩短至3~5年。在此背景下，二手车市场将出现更快增长。预计到2020年，二手车销量将超新车销量，二手车渠道也将逐步走向规范、成熟（详见图2.2和图2.3）。

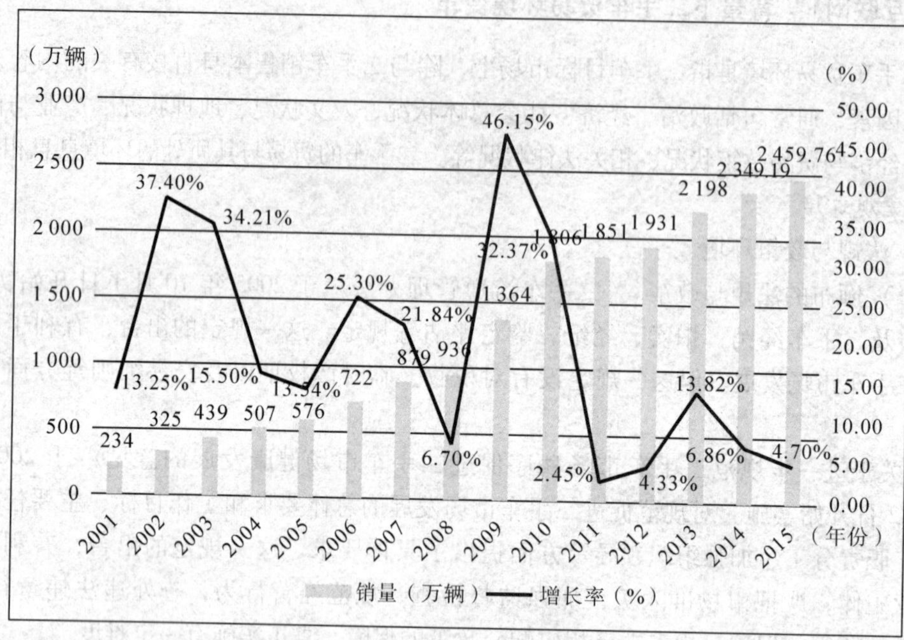


图2.2　2001—2015年汽车销量及增长率

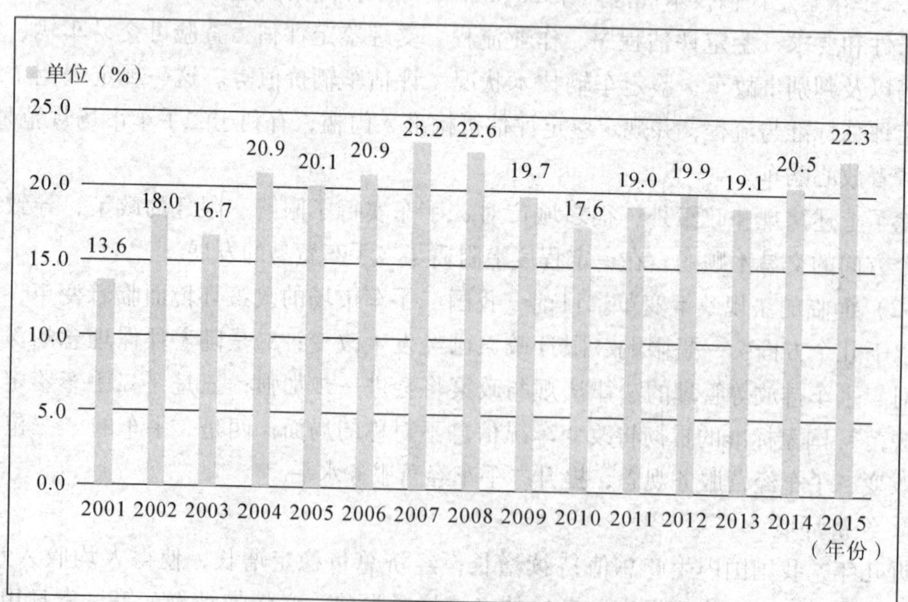


图2.3　2001—2015年二手车交易占汽车市场交易比例

2. 二手车市场潜力巨大

（1）二手车交易量大，增长率快。我国二手车交易量从 2010 年的 385 万台增加到 2016 年 1 039 万台，增长了近 1.7 倍，并且每年的增长率都在 10%以上，足以见得二手车市场发展潜力巨大。

（2）资本流入多。由于巨大的市场潜力，资本大规模进入二手车市场。据统计，2014—2015 年两年时间，总共发生了 45 起投融资事件，总投资额超过 20 亿美元。

3. 二手车贸易平台增多

传统的二手车贸易都是以二手车市场、经纪公司、二手车超市等方式进行二手车交易的，而在“互联网+”背景下，二手车贸易平台逐渐增多。近几年，电商的迅速崛起使得二手车贸易平台蓬勃发展。车易拍、优信拍、人人车、好车无忧、瓜子二手车等二手车电商平台相继出现，为整个二手车市场增添了活力。

4. 交易结构逐渐成熟

在交易结构方面，二手车市场品种构成逐渐趋于成熟和稳定，以乘用车为主的市场结构已经凸显，符合市场发展规律。2008 年以后，基本乘用车交易量占二手车交易量的总比重维持在 50%以上，并且比例持续增加。货车、客车交易量占交易总量的比例逐年缩减。我国二手车市场还是以本区域交易为主，本地交易比例占 80%以上。随着全国二手车统一交易发票的使用，异地转移登记比例逐渐上升。二手车市场以国产车为主体，国产车交易量占总交易量的 95%以上。近几年，国产车交易量占总交易的比例有所下降，成逐年递减的趋势。从车龄分布状况看，市场延续着以 3~10 年的车龄为主的特征，3~10 年的车龄占到了 70%以上。但车龄 3 年以内的比例逐渐上升，二手车市场成交车型低龄化趋势明显（详见表 2.1 和表 2.2）。

**表 2.1　2010—2013 年各车型占总交易量的份额**　单位:%

| 年份 | 乘用车 | | | | 商用车 | |
|---|---|---|---|---|---|---|
| | 基本型乘用车 | 多功能性 MPV（多用途汽车） | 运动型多用途 SUV（运动型多用途汽车） | 交叉型乘用车 | 货车 | 客车 |
| 2013 | 58.61 | 4.32 | 3.21 | 1.60 | 12.84 | 14.87 |
| 2012 | 57.01 | 3.94 | 2.31 | 1.57 | 13.67 | 16.37 |
| 2011 | 54.35 | 3.91 | 1.80 | 1.81 | 14.79 | 16.25 |
| 2010 | 54.47 | 3.86 | 1.85 | 1.79 | 15.48 | 16.18 |

资料来源：《中国汽车工业年鉴》

表 2.2　　2009—2013 年交易类型份额表

| 年份 | 直接交易比例 | 委托交易比例 | 异地转移登记比例 | 本地交易比例 | 国产车比例 | 3 年以内比例 | 3~10 年比例 | 10 年以上比例 |
|---|---|---|---|---|---|---|---|---|
| 2013 | 72. 26 | 27. 74 | 19. 59 | 80. 41 | 93. 62 | 21. 07 | 72. 53 | 6. 40 |
| 2012 | 74. 51 | 25. 49 | 16. 81 | 83. 19 | 95. 28 | 21. 33 | 71. 81 | 6. 87 |
| 2011 | 68. 73 | 31. 27 | 15. 11 | 84. 89 | 95. 39 | 18. 52 | 75. 31 | 6. 17 |
| 2010 | 70. 44 | 29. 56 | 11. 73 | 88. 27 | 95. 40 | 17. 17 | 76. 01 | 6. 82 |
| 2009 | 69. 52 | 30. 48 | 13. 37 | 86. 63 | 96. 24 | 17. 56 | 76. 85 | 5. 59 |

资料来源：《中国汽车工业年鉴》。

5. 二手车信息透明化

传统的二手车贸易大多数都是在二手车市场、经纪公司进行的，这些中介掌握了二手车的车况、定价权等重要信息，这些信息往往对消费者不公开。在"互联网+"背景下，消费者利用网络可以对二手车品牌、车况、价格、性价比等信息进行比较，有一个全面的了解，便于消费者做出正确的购买决策。电商模式解决了二手车市场"信息不透明""车商漫天要价""车贩子诚信度低"等消费痛点，避免了传统的二手车价格高、车况不明等情况的发生，提高了消费者的满意度。

6. 二手车贸易方式增多

除了传统的二手车交易市场、二手车品牌专营、二手车置换业务、二手车拍卖、二手车自由贸易，在"互联网+"的带动下，二手车企业开始加入电商大军，使得二手车贸易方式逐渐增多。目前，利用电商平台可实现线上订车、线下提车、线上预约、线下服务等功能。B2B、B2C、C2B、C2C 等模式受到青睐，利用优信二手车、瓜子二手车等应用软件（APP）购车成为年轻群体的时尚。

7. 消费者对二手车的认知增加

随着互联网的日渐普及及消费者的消费习惯逐步互联网化，未来年轻人对二手车的接受程度会越来越高。

## 三、"互联网+"背景下二手车贸易环境面临的问题

### （一）限购限迁的政策影响二手车市场的发展

我国的二手车市场面临着政策环境的变革，限购、限迁政策的负面影响导致新旧车两个方向的交易不顺畅，严重影响了二手车贸易。就目前的环境而言，更多的城市可能会实行限购政策，这也是制约一二线城市二手车发展的重要因素之一。未来，二三线城市甚至农村将成为二手车重点发展区域，但是仍需要一段时间形成交易规模和质量保障。

### （二）新车价格下降影响二手车交易

二手车车龄年轻化是未来几年的趋势之一，并且新旧车的相互负面作用力更加明显。新旧车客户资源竞争的出现，致使一线城市新车价格下降，出现了新车不贵、旧车不便宜的尴尬局面，而本城市以外的客户购买难度和成本都明显增加。

(三) 电商竞争激烈，出现恶性竞争

整个二手车行业的客户群变化明显，二手车买卖的常态化在电商的支持下开始加速，行业竞争导致的毛利率下降，也造成传统二手车和电商二手车都出现了开源难、节流难的双向发展瓶颈。在此情形下，可能会出现为了扩大市场占有率而刻意压价的恶性竞争。

(四) 诚信缺失问题仍然严重

在二手车销售的过程中，常常看到的是车况良好、价格面议之类的模糊表述，而消费者关心的车辆各重要部位的技术状况以及真实销售价格却少有企业明示。因此，消费者在购买二手车时不得不小心谨慎。虽然当前的大环境比过去改善许多，公开欺行霸市、强买强卖、故意欺骗的情况大幅度减少，但在车辆里程表上做文章、隐瞒重大碰撞修复史的情况还是时有发生。

(五) 环境保护对二手车市场的影响

随着我国环境污染问题日益突出，我国政府将生态文明建设提到了前所未有的高度，出台了最严格的环境保护法规。很多城市也针对二手车提出了“限迁”政策，这是二手车市场的重大障碍。此外，山东、江苏、吉林等省份还对车辆的使用年限做了限制，要求注册5年以上的车辆不予回收，这意味着车龄5年以上的二手车将不能流入这些区域。如此严厉的“限迁”政策对消费者、二手车流通业都造成了严重影响。

## 四、“互联网+”背景下二手车贸易环境发展趋势

(一) 诚信度提高

随着二手车贸易互联网化，二手车信息将更加公开透明，并且传播速度快，除了法律法规规范二手车贸易外，消费者的监督也非常重要。不诚信的二手车贸易行为会影响整个二手车市场的发展，诚信度缺失的二手车企业将难以立足。因此，诚信度提高是“互联网+”背景下的必然趋势。

(二) 法律完善化

“互联网+”背景下，由于二手车贸易融入电商平台而迅速发展。与此同时，二手车贸易中的问题也日益凸显。随着我国法治化进程的加速及为了维持二手车贸易的健康发展，未来与二手车有关的法律法规会更加完善。

(三) 交易模式多样化

随着我国电子商务的快速发展，出现了B2B、B2C、C2B、C2C等新的二手车交易模式。虽然这些新的交易模式在二手车贸易市场中所占的比例并不高，但随着互联网发展的更加完善，二手车交易模式也会出现更多创新，朝着多样化的方向发展。

(四) 二手车信息系统化

二手车具有“一车一况”的特点，因此完善二手车历史服务系统，利用各种资源进一步丰富和完善二手车历史信息数据就显得至关重要。在“互联网+”背景下，我们可以利用大数据，完善二手车历史数据档案，减少事故车、拼装车交易的风险；可以建立二手车鉴定评估信息系统，减少估价风险。利用互联网信息系统可以从各个方面减少消费者的购车风险，维护消费者合法利益。

（五）二手车金融业务逐渐成熟

目前，二手车金融面临一些客观的限制因素，如二手车贷款风险高、二手车单笔贷款金额小、操作成本高、收益少、二手车的不稳定性高、残值风险高等，因此二手车金融市场发展速度较为缓慢。金融服务发展缓慢已成为制约我国二手车贸易发展的主要瓶颈之一，但面对二手车这个市场，二手车金融服务领域将拥有无限的发展机遇。从长远来看，随着换车周期逐渐变短及二手车残值的提高，二手车交易对金融机构的吸引力、交易量等都会逐步增加。二手车金融市场也将得到快速发展并逐渐走向成熟。

## 第二节 "互联网+"背景下二手车商业模式变革

随着"互联网+"的发展，二手车商业模式正发生着变革，正从传统的二手车交易市场模式、二手车品牌专卖店模式、二手车超市模式以及二手车拍卖、置换、租赁、经纪模式向二手车电商模式转变。当然，这一转变并不意味着传统二手车商业模式的消亡，而是传统二手车商业模式与电商模式的融合与创新。电子商务是以信息网络技术为手段，以商品交换为中心的商务活动，是传统产业面临的新的经济环境、新的经营战略和新的运作方式。电子商务的目标是利用互联网技术，优化产品供应链及生产管理，优化用户服务体系，完成传统行业的提升与转化。

### 一、"互联网+"背景下二手车商业模式的现状

随着互联网的发展，二手车商业模式也逐渐增多。目前，主要的商业模式有 B2B、B2C、C2B、C2C 等。

（一）B2B 模式

B2B 是英文 Business-to-Business 的缩写，是指企业与企业之间通过专用网络或互联网，进行数据信息的交换、传递，开展交易活动的商业模式。B2B 模式将企业内部网，通过 B2B 网站与客户紧密结合起来，通过网络的快速反应，为客户提供更好的服务，从而促进企业的业务发展。B2B 模式可以将二手车领域的买卖双方联系起来，使公司能够实时把二手车供应商和二手车购买商融入其交易过程，可以极大地促进企业间二手车的交易金额，推动二手车贸易发展。二手车电商就是从 B2B 模式开始的。这种模式也是竞拍模式，以车易拍、优信拍、车享拍等为代表。在竞拍方式上，车易拍侧重线上拍卖，优信拍则侧重线下拍卖。

（二）B2C 模式

B2C 是英文 Business-to-Customer 的缩写，其中文称为"商对客"。B2C 模式是电子商务的一种模式，也就是通常说的直接面向消费者销售产品和服务的商业零售模式。这种形式的电子商务一般以网络零售业为主，主要借助于互联网开展在线销售活动。B2C 模式即企业通过互联网为消费者提供一个新型的购物环境——网上商店，消费者通过网络实施网上购物、网上支付等消费行为。在二手车贸易中，B2C 模式是二手车商将二手车销售给消费者，企业创设出让消费者更能接受二手车的销售渠道，消费者

有可触及的、可信任的购车渠道。这种模式以车王、澳康达为代表。新型 B2C 的代表是优信二手车和车猫，它们利用车商的库存、场地及资金向用户卖车，处在车商与用户中间，提供检测及 POS（销售终端）机刷卡等服务。

（三）C2B 模式

C2B 是英文 Consumer-to-Business 的缩写，即消费者到企业。C2B 模式是互联网经济时代新的商业模式。这一模式改变了原有生产者（企业和机构）与消费者的关系，是一种消费者贡献价值（Create Value），企业和机构消费价值（Consume Value）的模式。在二手车市场，C2B 模式即个人消费者把车放到平台上拍卖给车商。C2B 模式主要是消费者通过 4S 店或经销商进行二手车置换，C2B 模式能开拓出更多丰富的车源。这种模式主要以开新、平安好车为代表。

拍卖 C2B 模式是从个人手中获得车源信息撮合交易卖给中间商的模式。这个模式在美国的标杆是 Manheim、COPART 和 KAR。Manheim 是美国最老牌的汽车拍卖平台之一，历史超过 70 年，横跨全球。2012 年，Manheim 拥有近 800 万辆二手车，超过 500 亿美元价值的交易额。其主要的车源来自于租车公司和政府的处理车辆。COPART 是全美最大的事故车拍卖公司和最大的事故报废车连锁站，车辆主要来自于美国各保险公司的事故处理车，1994 年在纳斯达克（NASDAQ）上市，当前估值在 43 亿美元左右。KAR 主要业务集中在美国和加拿大，车辆主要来自于租车公司及保险公司的事故车，当前估值在 45 亿美元左右。

（四）C2C 模式

C2C 是英文 Consumer-to-Consumer 的缩写，指个人与个人之间的电子商务。在二手车市场，C2C 模式主要采用寄售模式，即二手车卖家将二手车放在平台上，直接卖给有购买意愿的车主。这种模式是一个创新模式，虽然有争议，但也有一定的发展空间。这种模式以人人好车、平安无忧等为代表。

C2C 模式或 P2P 模式，虽然平台不拥有车，但是通过撮合个人对个人的交易，收取佣金。在美国，整个 C2C 的交易占到 30%左右的份额。而平台介入的 C2C 二手车模式，又称 P2P 二手车模式，在美国的领导者是 Beepi，该公司也是这个模式的开创者。在 2015 年年末的一轮融资中，Beepi 获得 7 000 万美元投资，融资总额达到 1.5 亿美元，此轮融资的领投方是上汽集团；同时，Foundation Capital、Sherpa Ventures 和红点投资也参与了此轮融资。当前，Beepi 估值在 4 亿美元左右。这个模式目前在美国一家独大，未来恐怕也不会有超过两家的平台存在。

（五）平台内信息模式

平台内信息模式的主要代表是 58 同城和赶集网。58 同城和赶集网主要是本地生活服务 O2O 平台。58 同城二手车、赶集网二手车的信息模式在 C2C 市场中占有较大比例。赶集网布局二手车 O2O 市场，主要是打造消费者和消费者的撮合平台，实现真正的 C2C 网络交易与线下服务，缩短中间的交易流程，并把平台作为信用保障。在整个交流过程中，平台人员会全程陪同交易，免费代办过户。而 58 同城已经与国内外众多知名汽车厂商的认证二手车品牌达成战略合作，通过严格审核商家信息及不断发展移动端，扩展二手车业务。

## 二、“互联网+”背景下二手车商业模式面临的问题

（一）B2B 模式面临的问题

二手车 B2B 流通是资本最初青睐的市场，起初的理想是实现跨区域 B2B 流通，将车源发散地的车商销售与车源接受地的车商进行连接。这种业务模式属于高频对高频行为，有利于业务场景发生，更接近商业成功模式。然而，目前 B2B 模式转变成了 4S 店和车商间的交易，这就产生了问题：一是 4S 店进入壁垒，消耗巨大；二是交易链条打破，未达预期。因为 4S 店与属地车商之间原本就建立了深厚的交易关系，所以电商平台期望借用透明、公开的方式打破原有的交易链，以达成新的平衡关系是难以实现的。

（二）B2C 模式面临的问题

由于二手车供大于求的局面在新车不断降价的情况下更加明显，导致二手车销售端的压力增加，B 端的毛利率下降，成本提升。

（三）C2B 模式面临的问题

虽然二手车供应量整体相对越来越充足，但是“国四”排放标准的实施使得二手车数量增长有限，B 端针对这一资源的抢夺更加激烈，导致恶性竞争趋势加剧。

（四）C2C 模式面临的问题

第一，国内二手车环境，包括政策与法规的不完善、消费者对二手车的认知观念不够、车况数据查询不易等因素，增加了 C2C 模式推广的困难。第二，C2C 交易的风险较大，流程的可操纵性较低。第三，C2C 的盈利模式是否可以支撑平台的发展壮大有待检验。

# 第三节　“互联网+”背景下二手车贸易的机遇与挑战

在“互联网+”的带动下，我国二手车贸易环境出现了一系列新的变化，这些变化将为我国二手车贸易的发展带来更多的机遇，同时也提出了挑战。

## 一、机遇

（一）企业面临的机遇

1. 降低成本

在“互联网+”背景下，利用互联网信息技术，可以减少人员投入。大数据等技术可以做到精准营销，从成本、人员、管理、营销等各个方面降低费用。

2. 便于管理

建立信息系统可以实现从上游二手车供应商、个体二手车主到下游客户的现代化管理，实现信息互通与共享，提高管理效率。

3. 有利于制定合理的营销策略

互联网时代，信息具有容量大、传递快的特点。二手车企业利用互联网，可以迅

速了解竞争对手的营销策略和客户的需求，从而制定合理的营销策略。

(二) 消费者面临的机遇

1. 获取信息更加便利

(1) 获取信息的渠道增多。以前，消费者获取二手车信息主要是从报纸、杂志等传统媒体获取，随着互联网的发展，从网络获取二手车信息已经得到消费者的认可和普遍使用。在“互联网+”背景下，通过大数据进行精准推送消息、移动互联网下载手机应用软件等的应用，使得消费者有更多、更快捷的渠道获得二手车信息。

(2) 获取信息量增多。获取信息渠道的增多，消费者获取的信息量也随之增加，消费者对二手车市场有了一个更加全面的认识。在进行二手车交易时，消费者会更加理性。

2. 价格更加公开透明

以前，虽然二手车贸易融入了互联网，但融入的不够深入，二手车的定价权还是掌握在少数二手车企业手中。在“互联网+”背景下，二手车市场竞争将更加激烈，各大二手车企业都紧跟互联网发展的步伐，开展线上业务，使得二手车价格更加公开透明。同时，通过互联网，消费者与消费者之间进行信息传播，增加了价格的透明度。

3. 选择更加多样

随着二手车获取信息渠道的增多及信息量的增加，消费者可以选择更多品牌、种类以及使用年限的二手车交易，从而使得消费者的选择更加多样。

## 二、挑战

(一) 企业面临的挑战

1. 竞争压力增大

在“互联网+”背景下，由于价格公开透明，使得竞争对手较容易获取本企业的价格策略，一些企业甚至为了增加市场占有率而刻意压价，破坏市场价格，恶意竞争，增加了企业的竞争压力。

2. 风险增加

互联网时代，信息传播速度较快，二手车交易又具有不确定性，一个负面消息被互联网媒体迅速传播及放大后，这个二手车企业的形象可能会遭到毁灭性的打击。因此，二手车企业面临的风险增加，对其提出了更高的互联网风险防范和应对能力。

(二) 消费者面临的挑战

1. 购买风险增加

(1) 质量的不确定性。受二手车特性的影响，虽然传统的二手车交易融入了互联网的发展，利用电商平台提高了交易的透明度和效率，但由于二手车交易过程中都采用线上支付、线下提车的方式，这种方式有可能使得消费者购买二手车在线上看到的车况与实际不符，存在质量风险。

(2) 服务的不确定性。由于巨大的竞争压力，一些二手车企业为了一时的利益可能会出现信息不真实、虚假宣传的现象。消费者若不仔细区分，就容易上当受骗。这种服务的不确定性增加了消费者辨别的难度，也使得消费者的利益容易受到侵害。

2. 购买难度加大

由于二手车网上交易平台较多，二手车的信息量较大，消费者购买时需要甄别和筛选的信息较多，增加了购买者的难度。

## 一、思考题

1. "互联网+"背景下，我国二手车市场具有哪些特点？
2. "互联网+"背景下，我国二手车贸易模式发生了怎样的变化？
3. 简述"互联网+"背景下我国二手车贸易的机遇与挑战。

## 二、案例分析题

60 秒烧掉 3 000 万元，优信二手车的天价广告

60 秒烧掉 3 000 万元，让优信二手车这家名不见经传的公司在第四季《中国好声音》上火了一把。但值得注意的是，这家看似土豪公司的背后，是多家互联网巨头扎堆布局二手车市场的写照，从百度到赶集、京东等知名企业，似乎都看上了这块热土。

2015 年 10 月 7 日晚间，第四季《中国好声音》总决赛在北京"鸟巢"举行，在这场音乐秀的镁光灯背后，一众广告赞助商逐渐浮出，其中最为高调的、给人印象最深的无疑是优信二手车。

优信二手车市场营销总经理赵聃在接受采访时指出，第四季《中国好声音》的天价广告，是此前 8 月 28 日的《中国好声音》竞标会上，优信二手车以 3 000 万元的价格拍得决赛 60 秒广告位。公开资料显示，此广告成交价几近 2014 年的 3 倍，被誉为中国"史上最贵广告"，尤其值得一提的是，这则广告中有 11 位明星代言。

之所以花高价拍下《中国好声音》广告位，并且在《跑男》以及《金星秀》等知名综艺节目做广告，是为了让更多的人看到广告。"《中国好声音》是目前中国娱乐节目里的最热节目之一，而且受众和核心用户群很接近，都是'80 后''90 后'。"

轰炸背后是浮躁，折射出行业的虚假繁荣。

其实，除了优信二手车，其他二手车电商平台也在各种渠道进行广告轰炸。

2015 年 9 月 15 日，赶集网创始人、58 赶集联席 CEO 杨浩涌宣布"赶集好车"更名为"瓜子二手车直卖网"，并高调吆喝"个人车主直接把车卖给个人买家，没有中间商赚差价"。据透露，瓜子二手车初期广告预算 2 亿元，未来一年，将投入 10 亿元用于市场扩张。

天价广告投入的背后，凸显出中国二手车电商市场的激烈竞争。风投资本意图通过最残酷的广告战，快速聚拢用户，扩大规模，筑起高不可攀的市场门槛。大手笔广告无可厚非，但二手车电商市场作为一个非常注重线下运营的行业，天价广告能否砸出二手车电商市场的未来，这依旧有待观察。

问题：优信二手车为什么花高价拍下广告？优信二手车的资金从何而来？其预期收益又从何而来？

# 第三章　国外主要发达国家二手车贸易概况

国外一些发达国家由于汽车产业发展水平高、汽车贸易起步早，使得车辆的更新率较高。在主要发达国家，车主基本每三年换一辆车，如此高的换车频率，人人都买新车是不可取的。因此，二手车由于相对较高的性价比和低门槛成为许多人的首选，其既可以满足驾驶不同品牌车的乐趣，又可以不增加过多的花销。这就使得二手车贸易在这些国家较为发达。其中，日本、美国、德国等国家的二手车市场发育已经很成熟，相关政策法规也已经较为健全和完善。另外，英国、瑞士、意大利等国家的二手车贸易也相当普遍。这些国家二手车贸易十分活跃，办理手续简便快捷，售后服务非常完善，管理也很规范，价格市场化，同时汽车行业的中介组织十分发达。国外主要发达国家二手车贸易在其贸易形式上也较为多样，主要有二手车交易市场、二手车品牌专营、二手车置换业务、二手车拍卖批发、二手车自由贸易等。其中，特别是二手车品牌专营近年来在美国等二手车贸易成熟的国家发展得尤为迅速，这些国家中的很多二手车贸易公司通过建立二手车特许经营体系，树立了公司的品牌，大大推进了二手车贸易发展的步伐。

本章主要介绍了日本、美国、德国、英国等国外发达国家二手车的交易形式、二手车市场的主要特点和二手车电商的发展现状，通过对本章的学习，学习者可以更好地了解国外发达国家的二手车贸易概况。分析、研究、借鉴和吸收国外成熟的二手车交易模式，对进一步发展我国二手车贸易具有积极意义。

## 第一节　日本二手车贸易概况

日本二手车贸易较为发达，二手车法规体系健全，二手车交易流程完善，二手车市场发达。近几年，日本的二手车交易量与新车交易量的比例基本维持在 1.45∶1 的水平。

### 一、日本二手车市场发展历程

1970 年以前的日本二手车市场与我国 2005 年出台《二手车流通管理办法》前的二手车市场相似，市场秩序混乱，充斥着欺诈、不诚信，整个社会对二手车行业的看法就是“你骗我，我骗你”，二手车市场令人生畏。

1970—1985 年是日本二手车交易高速增长期，由 1970 年的 200 万辆猛增至 1980

年的480万辆，直至1985年二手车交易量超越新车销售量。在高速增长期内，日本二手车销售与新车销售一样，学习和引进了美国的经验与做法。例如，美国最大的二手车经销集团CARMAX公司的超市经营模式，对车辆进行“认证”，对售出车辆提供有限质保，运用计算机技术参与运营等，是当时最先进的二手车运营管理技术。

从1990年开始，日本二手车经历了一场“流通革命”。Gulliver公司首创二手车收购专门店和网络二手车经销系统。Aucnet公司首开不看现车的电子拍卖，并成功上市。丰田汽车创立Toyota T-UP二手车专门店，其他厂家也随之跟进；同时，导入卫星技术，日本二手车大批量进入发展中国家；开始市场整合，大力发展二手车经销集团。图3.1是丰田汽车和二手车国内营销流通体系图。图3.1中，五大系列销售体系主要是指对丰田系列产品的销售；车辆T-UP销售主要包括新车销售和二手车购销、车辆相关用品销售、售后服务、保养、二手车翻新等；零件共同销售店主要销售丰田汽车的补充性零件和各种汽车用品；DUO店则是指销售进口大众和奥迪的4S店。

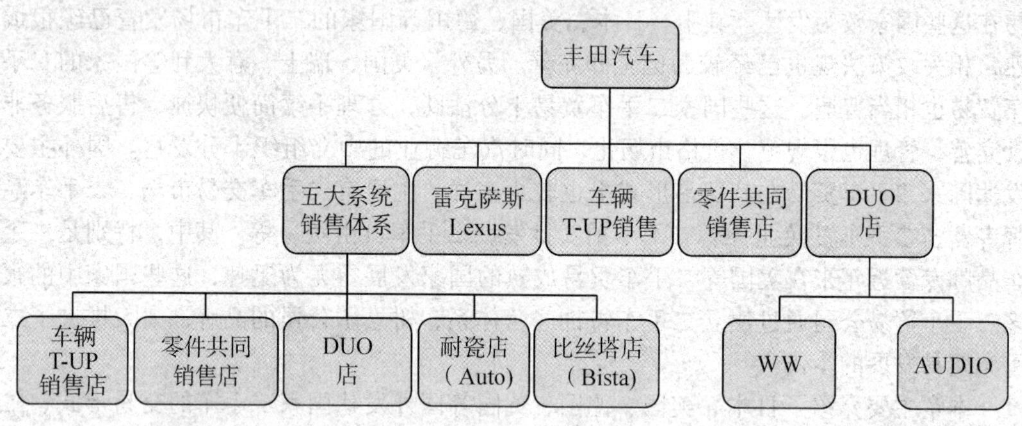


图3.1　丰田汽车和二手车国内营销流通体系图

## 二、日本二手车交易形式

日本作为亚洲二手车市场的先驱，从20世纪70年代开始起步，并飞快发展，到90年代发展到顶峰，现基本处于饱和状态，汽车保有量基本维持在7 900万辆左右。由于人均保有量大，因此日本的二手车市场比较活跃，政策也很健全，形成独具特色的二手车交易网络，不同的地区可以交叉交易，不受地域限制。拍卖会是日本二手车流通最重要的方式，日本有以会员制形式组成的大小不同的150家拍卖场。其中一家如果有拍卖会，遍布在全国各地的经销商便会赶往那里进行交易。日本对二手车有一套公正的评估制度，较好地维护了消费者的权益，让消费者买得称心，用得放心。新车和二手车市场是汽车市场的主要构成部分，而新车市场和二手车市场又是相互依存、互惠互利的两个市场。据不完全统计，日本国内近几年平均汽车销售量为1 300万辆，进入二手车市场的接近2/3。另外，日本的汽车从流通到报废，各个环节非常畅通，形成了一个强大的汽车产业链，这也促进了二手车市场的发展。日本还鼓励有能力、有资质、合法的个人和集团参与到这个行业，不断丰富二手车市场，吸引更多资金流入二手车市场。

日本的二手车主要有四种交易方式：新车经销商、二手车销售店、二手车收购店和二手车拍卖行。

（一）新车销售店

同欧美发达国家一样，日本主要的新车经销商一般都兼营二手车业务，这其中包含新车置换等。这得到了日本国内的普遍认可，在二手车市场中占有份额约为1/3，是日本二手车市场的主力军。

（二）二手车销售店

在日本，二手车销售店是二手车市场常见的一种经营模式，各种类型的城市均有分布，便于消费者交易，但是一般二手车经销店规模都比较小。据统计，日本共注册二手车经销店30 000多家，九成二手车经销店为小规模经营，平均员工数量都不足20人，流通资本不足1 000万日元（约合60万元人民币），基本没有太大的竞争能力。

（三）二手车收购店

在日本，还有一个新兴的产业，就是二手车收购店。二手车收购店主要承担的业务是面向普通消费者，进行二手车回收业务，再面向二手车销售企业批量出售回收来的二手车，而不对普通消费者进行销售。

（四）二手车拍卖行

虽然日本二手车业务起步不是很早，但是由于日本汽车产业发展迅猛，带动了二手车市场的发展，特别是二手车拍卖行业，日本已成为二手车拍卖行业开展最好的国家，不仅涵盖欧美发达国家所有的二手车拍卖行业务，而且还有许多特殊业务。

日本有注册的二手车拍卖行近200家，而且大多数都具有一定规模，不仅占地面积大，而且停放待拍车辆也比较多，足够竞拍者选购。竞拍者可以现场看车，了解车况及拍卖信息，并用电子竞拍器给出自己能够承受的价位，增加了拍卖现场的公平性、公开性和实时性，提高了拍卖行的拍卖效率，受到竞拍者的普遍欢迎。二手车拍卖场不仅接受个人和企业二手车拍卖委托，还进行二手车的回收，再进行拍卖，极大地丰富了二手车拍卖行的业务。拍卖场一般都采用实名注册，注册一般都对国内外的二手车经销商开放，形成了二手车国内市场的拓展，是对国内市场资源的一个补充和充实。拍卖场一般都是定期拍卖，信息更新也比较快，加速了二手车市场的流通速度，降低了二手车存放成本，提高了二手车更新换代速度，促进了二手车市场的繁荣。

## 三、日本二手车市场的特点

日本的二手车市场经过长时间的发展，已经形成相对成熟的市场体系，具备市场开放、管理规范、功能齐全、交易规模庞大等特点。

（一）开放的二手车市场

市场开放是日本二手车交易的一个基本特点。市场机制在作为普通商品的二手车交易中发挥着最基础的作用。对经营者而言，在市场准入方面没有特殊的限制，不仅存在多种规模、多种性质的二手车经销商，而且具有各种各样的交易方式。同时，既有二手车经销商专业开展二手车购销业务，也有许多新车零售商具有旧车回收功能，承办以旧换新业务。汽车厂家的销售机构既销售新车，也经营二手车业务。

（二）系统的二手车法规体系

日本构筑了与汽车流通直接或间接相关的公共政策体系，相应的法律制度较为系统。对交易合同规范，有民法和商法规范；对汽车买卖和债权保护，有分期付款销售法、访问销售法、旧物营业法、汽车抵押法规范；对汽车检查和登记，有道路运输车辆法规范；对驾驶执照，有道路交通法规范；对汽车税制，有消费税法、汽车重量税法、地方税法规范；对汽车保险，有汽车损害赔偿法规范；对竞争政策，有反垄断法规范；在促进流通现代化和支持中小企业方面，有大店法、振兴中小零售商业法、中小企业事业团法规范；等等。政府主要是从安全、环保、税收、反垄断等角度进行管理，其主要目的是保证公共安全与环境健康、保证国家税收、维护市场运行机制、促进市场竞争，其相关的机构设置和政策制定也主要围绕上述方面展开。市场交易中出现的纠纷与争执基本上都通过法律解决，或通过民事程序，或通过刑事程序，按照相应法律来保证市场机制的正常运行。

日本以"旧货经营法"来规范旧货交易，二手车的交易就属于旧货交易之一。所谓旧货，是指用过一次以上的物品，或者虽然没有用过，但是为了使用的目的而进行过交易的物品，或者修理过的物品。经营旧货（包括网上交易），必须得到当地公安部门（都道府县警察）的许可，并且在经营场所张挂标识。管理人员需要有3年以上经营旧货的经验，能够辨别非法物品（如盗窃物品），有能力核实旧货的来源，如果怀疑旧货来历有问题，要及时向公安部门报告，交易必须有记录而且要保管3年。

如果在经营场所以外的地方进行交易（例如到客户家里交易），称为"行商"，要进行"行商"资格登记并获得批准。必要时，公安部门可以对旧货经营进行干预、指示甚至停止其业务。

日本的消费者对汽车消费的投诉中，70%的投诉是针对二手车销售的，而投诉的内容中，改动里程表或者对车辆的维修历史有疑义的投诉又占了30%。2001年4月，日本实行了《消费者合同法》。该法规定，如果销售者有不正当的行为，违背了消费者的意志，则可以判定合同无效或者部分无效。这样就从法律上约束了销售者，其如果实施了不正当的销售行为，就要承担相应的法律责任。

（三）健全的二手车评估鉴定制度

新车有出厂标准，消费者比较容易把握，而同一型号的二手车，优与劣的车况会有很大差别，普通消费者没有专业知识，很难对车的实际价值做出准确的评估。因此，必须有一个公正的二手车评估制度。评估机构独立、公正和高效运作，使消费者不必担心车辆估价是否合理。日本在1966年成立了财团法人日本评估协会，对规范二手车的评估行为起了重要作用。

规范评估行为，就要有一个准入的问题，根据日本评估协会的规定，要想获得二手车的评估资格，首先必须是一个二手车的销售店，其次要向评估协会申请实施评估业务，经过评估协会对该店进行审查之后，合格的就发给"评估业务确认书"，并制作"评估业务实施店"的标牌挂在店内。同时，在有资格的店内，应该有通过评估协会组织的技能考试的专业评估师。在日本，这种评估师分两类，大型评估师和小型评估师。

评估师的资格有效期为3年，通过进修可以晋升。

对二手车价格的评估，在日本有一套通行的计算方法，其计算公式如下：

评估价格=基本评估价A-标准维修费用及标准杂费B-各公司调整点C-加减点D

式中：

基本评估价A是根据评估协会发行的指导手册，通过一个二手车行情信息系统推算出来的价格。

标准维修费用及标准杂费B是为让该车正常使用而进行的必要的维修费用，该数值由各公司自行设定，同时加入了约15%的毛利在其中。

各公司调整点C，该数值根据公司的保修期限、公司进货和销售能力等各自确定。

加减点D，根据评估协会制订的基准来确定加减点数。

1966年，日本成立了日本汽车鉴定协会，开始着手制定二手车鉴定标准，并推动鉴定师技能考试和注册鉴定师的进修培训，对二手车业务规范起到了至关重要的作用。目前，日本有注册二手车评估师十几万人，能够进行二手车评估的单位接近一万家。日本汽车鉴定协会还进行了二手车评估统一规范，使得二手车的业务诚信度更高。但是日本至今还没出具统一的认证标准，主要是几个第三方认证标准，如Gulliver公司的“监价标准”、AUCNET公司的“AIS”标准等。据悉，丰田、本田、日产等汽车公司都认可并使用“AIS”标准。

评估协会每月会发行一本价格指导手册，俗称“银皮书”，在书中刊登各地区（日本全国分为三个地区）的二手车零售价格。此外，在东京横滨地区还发行一本“黄皮书”，刊登二手车零售价和批发价。日本有一个《禁止垄断法》，公众可以根据这个法律来判断评估协会的做法是否真正做到了公正。

### （四）完善的售后服务系统

日本二手车售后服务系统也较为完善，极大地打消了消费者购买二手车存在的顾虑。例如，在日本，每一辆二手车都可以在全国享受1年或2.5万千米的售后维修服务。除了对厂牌、用途、行驶里程等常规性信息进行登记外，“车辆状况评价书”对车辆侧梁、低板等处的修复历史和不符合安全标准需要修复的隐患做了详细记录。消费者对二手车有任何不满意可以退货，如消费者可以在出货的10天以内或500千米以内退货。

### （五）高诚信度的二手车交易体制

目前，日本已经形成了一套高诚信度的二手车交易体制，确保了二手车交易的“诚信度”。掌握车况的真实情况是进行公平交易的前提。每次拍卖前，卖方就要签订相关协议，确定将交易完全委托给二手车交易公司。为防止车主做“手脚”，车辆都要入库。在交易结束之前，车主不能再与交易车辆进行接触。入库后，二手车交易公司作为第三方中介，由专门评估部门对车辆进行严格检查和公平中立的评价；同时，对原车进行拍照，将检查、评估内容做成数据输入电脑，进行存储，拍卖时这些数据就在大屏幕上显示。

交易之前，买方可以通过电脑网络检索到所有进行交易车辆的相关信息，查到有意向的车辆。买主在交易前将被安排对车辆进行一次实地检查，重点是避免交易结束后发生意外纠纷。为避免纠纷，日本的二手车经营公司一般都需要卖方提供各种车辆证明，如车验证、转让证明、印件证明等。日本的二手车经营公司，对一些不法分子也建立了一套相应的惩罚系统，如每次交易之前，都要调查相关交易人员的档案，一旦检查到有不良记录的会员，将阻止不良记录会员进入拍卖会场。

在销售二手车的商店里以及广告媒体上，必须明确说明的内容有车名、主要规格、第一次上牌照的时间、售价（包括各种费用的说明）、已经行驶的里程数、公用车还是私用车、私车验车的有效期、有无维修记录本、有无保修证以及保修期限、定期保养的情况、有无维修记录等，如果登载广告，必须要有彩色照片。此外，不许把行驶里程调整减少，不许隐瞒修理过的事实等。

（六）严格的里程表数据管理模式

1997 年，日本汽车协会开发了拍卖车的行驶管理系统，日本二手车销售联合会下所有的拍卖车，都要对车体号码和该车的行驶里程实行登记，建立可以查询检索的行驶里程管理系统。一旦某车在这个系统里做了登记，那么以后凡是这辆车参加二手车交易，都可以查询到其行驶里程，如果其里程表的行驶里程小于档案中的数值，就说明里程表被改动过。

在日本经济产业省（就是原通产省）的指导下，2002 年 4 月，日本机动车拍卖协会成立，拍卖协会将二手车销售联合会的管理系统和日本机动车查定协会的管理系统统一了起来。这样所有参加这个系统的机动车的里程表就接受了统一管理。2002 年 8 月，该系统向普通消费者开放，消费者可以利用这个系统查询机动车的行驶里程，查询费为每次 1 500 日元（约合人民币 100 元）。

2004 年 1 月起，利用机动车年检的机会，没有参加二手车交易的机动车要把里程表的计数在车检证上进行记载。这样除了对二手车交易有利外，对于防止由于里程表造假而使得本应定期更换的备件不能获得更换而造成重大事故等隐患有积极作用。

（七）卫星交易网络全覆盖

日本二手车交易公司的规模普遍较大，有的公司甚至拥有自己的卫星系统。在日本，二手车市场已经形成一张分布均匀、覆盖完整的交易网，各个地区、不同的地方可以交叉交易，并不受地域限制。卫星系统可以将这张网完全贯穿起来。大公司的交易市场中都设置 2~4 个大屏幕，在同一时间通过卫星将所有要进行交易的二手车信息反映在分散各地交易市场的大屏幕上。交易人员通过大屏幕，可以清晰明了地看到交易信息。只要按动手中的按钮，交易人员就可以将信息传输到电脑，由电脑再将信息传递给卫星，信息经卫星处理后反馈到大屏幕上，完成整个交易。这一过程虽然十分复杂，但只需要用短短几秒钟时间。有了这样一个卫星系统，不同市场的人员就像在同一个市场中进行交易一样便捷。

（八）交易程序便捷且人性化

日本二手车交易程序较为便捷，提供相应的文件后很快就能办理好手续。过户或上牌照等手续所需时间很短。日本消费者还可以通过网上购车，在网上订购后，消费者可以自己选取取车地点，在发出订购指令后 48 小时内在指定的经销商处试车，如果消费者不打算购买该车，其在试车前缴纳的押金将全额退还。在日本千叶县的二手车拍卖场，平均每20秒就成交一辆二手车，交易人员则不停地按动手中的红、绿按钮进行交易。从早到晚，每次拍卖会都有近1万辆二手车被竞买者买走。日本拥有世界上最大的二手车交易市场——USS二手车交易市场，该市场平均每20秒就能成交一辆二手车，每年的成交量接近300万辆。

## 四、日本主要二手车电商发展现状

### （一）日本最大的二手车B2B拍卖平台——USS

USS（Used-car System Solutions）株式会社起源于日本本州岛的爱知县，成立于1980年10月29日。据公开资料显示，USS可追溯到1969年11月，通过合并同类企业更名而来，目前在日本全国共设有17处线下拍卖会场，已提供随时随地的线上拍卖及拥有卫星拍卖方式。据其官方介绍，截至目前，USS正式员工达555名，派遣员工达1 085名。USS于1999年9月在名古屋证券交易所上市，于2000年在东京证券交易所上市。

### （二）日本最大的C2B拍卖企业——GULLIVER

GULLIVER成立于1994年4月25日，起源于东京都。GULLIVER模式是将收购的二手车进行拍卖，以获取差价为盈利点，同时GULLIVER还创立二手车收购店和互联网二手车经销系统，缩短了二手车交易的时间，简化了交易流程。据其官方网站显示，截至2015年2月28日，该公司员工总数为2 258名，在日本已经拥有了超过400家线下门店。GULLIVER于2000年在东京证券交易所上市。

### （三）日本二手车远程拍卖服务平台——AUCNET

AUCNET株式会社成立于1984年，是一家日本二手车远程拍卖服务商，起源于东京都。AUCNET于2000年在东京证券交易所上市，该平台主要采用电视拍卖和网络拍卖的形式，提供B2B的在线拍卖服务，参与拍卖的车辆均要事先由AIS公司进行检测，并将检测结果显示在拍卖屏幕上。2005年，全日本20 000家二手车经销商加入到AUCNET中，会员有7 300家，每年拍卖车辆在30万辆左右，成交量约11万辆。AUCNET的盈利模式主要是收取会员费、注册费（含检测费）、交易佣金等。截至目前，AUCNET共设有包括中国分社在内的7个分社。

### （四）日本二手车B2C经销商——CARCHS HOLDINGS

CARCHS HOLDINGS于1987年12月成立，定位于二手车B2C经销平台，同时是一家日本多品牌汽车经销集团，代理经销国产车品牌和进口车品牌。据公开资料显示，CARCHS HOLDINGS在日本国内拥有58个营业所和6个超大型展销场，以“SHOPPING MALL”的连锁方式运营，并依托汽车经销的资源优势，以规模、品种等为卖点。CARCHS HOLDINGS于1999年11月在东京证券交易所上市。

### （五）日本二手车B2C零售商——VT HOLDINGS

VT HOLDINGS成立于1983年3月22日，起源于日本爱知县。据其官方资料显示，除二手车业务外，VT HOLDINGS旗下还有新车销售、进出口汽车、车辆出租业务等众多业务类型。VT HOLDINGS最早于1998年9月在名古屋证券交易所上市，后于2000年6月在大阪证券交易所上市（2011年东京证券交易所与大阪证券交易所合并）。

2015年5月，VT HOLDINGS同时在东京证券交易所和名古屋证券交易所上市。截至2015年3月31日，VT HOLDINGS的主要股东包括有限会社、三井住友海上、日本兴亚损害保险等。

（六）日本二手车零售商B2C平台——NEXTAGE

NEXTAGE成立于1998年12月，起源于爱知县名古屋，其业务类型主要是新车销售、二手车销售、维修以及保险代理业务。NEXTAGE于2013年7月在东京证券交易所上市，2014年在名古屋证券交易所上市。为打消顾客在购买二手车时对车辆品质的顾虑，NEXTAGE在所有车辆展出前，都会对其彻底检查，将不合格的车辆排除，所有在展车辆的车况都可以查询。此外，NEXTAGE不仅注重销售汽车的总数，更注重丰富车辆种类，为了提高库存周转率，该公司所有库存车辆都是基于市场行情标价的，确保顾客能买到超值的汽车。据公开信息显示，NEXTAGE已在线下开设60家专业门店，预计到2020年，其线下门店将达到200家，商品总数达20 000辆，营业额达2 000亿日元（约合116亿元人民币）。

（七）日本二手汽车交易服务平台——Goo-NET

Goo-NET二手汽车交易平台是日本知名的二手汽车交易、询价、搜索查询、报价的网站之一，用户可以通过筛选功能来选择自己想要购买的二手车，根据不同地区、不同品牌获取超低廉的报价方案。Goo-NET是二手车情报杂志《Goo》运营的平台。Goo-NET隶属于PROTO CORPORATION。据其官方网站显示，截至2015年4月1日，Goo-NET员工总数已达782名。其定位为新车、二手车、零部件、用品等汽车相关信息以及文化、生活相关信息提供服务的供应商。PROTO CORPORATION于2001年9月在东京证券交易所上市，旗下包括Goo、Goo-NET、GooWORLD、GooBike、GooPit、GooParts、GooBikeParts、DataLine等。

（八）日本二手汽车交易服务平台——CARVIEW

CARVIEW成立于1996年9月5日，起源于东京都。CARVIEW是一个在线提供汽车信息的服务平台，通过互联网与消费者分享不同的汽车信息，更像是分类信息网站。CARVIEW于2000年5月上线二手车中介服务，于2004年2月上线二手车出口服务平台。CARVIEW于2007年6月在东京证券交易所创业板上市。

## 第二节　美国二手车贸易概况

美国由于汽车工业发展水平高，汽车贸易起步早，使得车辆的更新率较高。因此，美国二手车的贸易也相应起步较早且较为发达。

### 一、美国二手车贸易发展概况

从20世纪80年代中期开始，美国新车销量呈下降趋势，二手车销量呈上升趋势。据美国汽车零售商500强销售情况统计表明，有106家二手车销量超过新车的销量。同时，据美国两大市场调研公司CNW和NADA统计，二手车零售销量自2010年至2015年连续六年激增（见图 3.2）。2015 年至今，美国二手车的年平均销量基本上是新车的 2~3 倍。另外，根据美国最大的二手车拍卖公司 Manheim 统计，从 1995 年至 2015 年这 20 年时间里，不仅二手车销量激增，二手车的价格也大幅上涨（见图 3.3）。

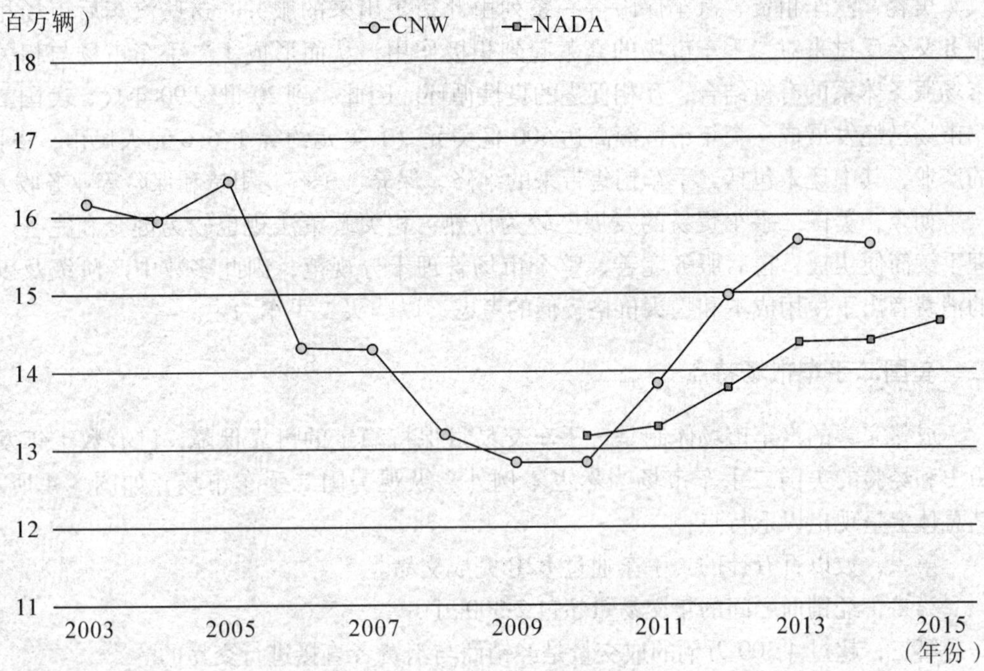


图 3.2　2003—2015 年美国二手车特许经销商零售销量（CNW 和 NADA 采用不同统计方式）

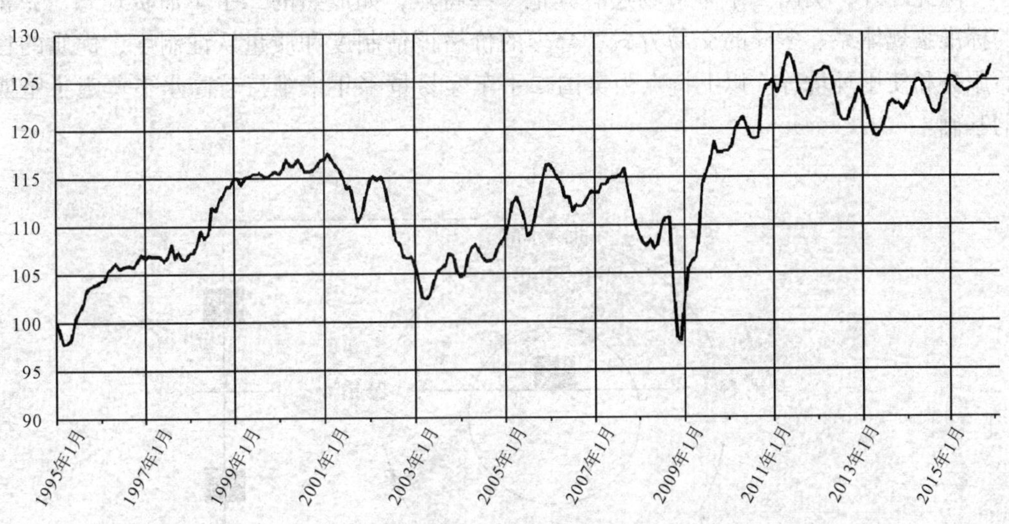


图 3.3　1995—2015 年美国二手车价格指数（以 1995 年 1 月为基期）

美国二手车销售量的增加，使汽车经销商包括一些非汽车经营企业都看好二手车行业。二手车销售给经销商带来的利润是非常具有诱惑力的。据统计，无论是平均售价增长率，还是销售平均利润率，相对于新车，二手车都具有相当大的优势。

此外，美国二手车市场还有不可忽视的间接收益，即二手车售出后对于汽车后市场的拉动作用。在这个能够容纳高达几百万从业人员的巨大市场中，仅汽车维修业的利润率就高达27%。而二手车的收益中，维修占据了很大一部分，还有汽车信息查询、汽车美容、汽车租赁、汽车保险等一系列由此衍生出来的服务。这些汽车后市场相关服务又会反过来对二手车市场的繁荣起到积极作用，从而形成了二手车市场与相关后市场服务体系的有机结合、互相促进的良性循环。因此，到20世纪90年代，美国二手车市场已经发展成一个年销售额高达500亿美元（1美元约等于6.6元人民币，下同）的产业，其中还未包括二手车销售带来的维修、保养、美容、租赁和保险等业务收入。

如今，美国二手车贸易的发展已较为成熟，相关政策法规也较为健全和完善，办理手续简便快捷，售后服务完善，整个市场管理十分规范，因此多数中产阶级及以下的消费者出于使用成本和购买价格较低的考虑，以购买二手车为主。

## 二、美国二手车市场特点

成熟完善的汽车市场体制是二手车交易量保持稳定的可靠保障，已有数十年发展历史和经验的美国二手车市场当然也不例外。纵观美国二手车市场，如图3.4所示，其总体上呈现出以下特点：

第一，数以百万计的二手车通过B2B完成交易。

第二，经销商之间的年交易量超过2 300万。

第三，超过4 300万辆的成交量是经销商与消费者直接进行交易的。

第四，私人交易量占市场总交易量的1/3。

除此之外，美国二手车市场还有其他一些特点，如成熟的二手车消费理念、完善的标准法规体系、多样的交易方式、合理的价格评估制度和质量认证制度、优质的售后服务和使用环境等。以上特点为美国二手车交易量多年来维持较高水平奠定了坚实的基础。

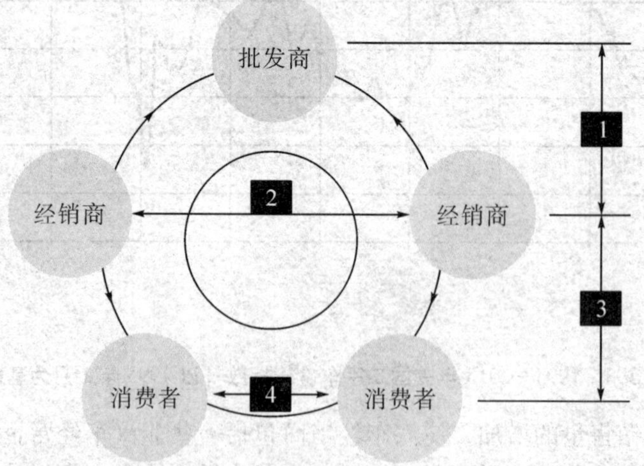


图3.4　美国二手车市场总体模式

### （一）成熟的二手车消费理念

美国消费者在购买二手车时，通常会考虑车辆的使用价值而不会过多地考虑购买价值。在一部分美国消费者看来，二手车是过渡型消费品。美国二手车消费者消费理念成熟的原因如下：

1. 成熟的梯度购车消费理念

美国二手车市场经过多年的发展，已经形成了成熟的梯度购车消费理念。梯度消费主要是指消费者按照不同的收入情况和特点，购置不同的物品，并且其消费能力主要取决于收入水平。美国消费者购买车辆时会梯度消费，学生和低收入者会选择低档旧车，一般年轻人会选择中档旧车或低档新车，而中产阶级以上群体会选择高档旧车或中档新车。

2. 二手车价格便宜

美国二手车价格较低，一般只有新车价格的一半左右，但这类车的质量并不差，再使用 2~4 年性能仍然可靠，使用后的价值损失远比购买新车小得多。这样的二手车用过后可以再次卖掉，这时车价只有新车的 20%~30%，主要流向低收入者或者没有收入的学生群体。另外，一些较旧的车价格更低，仅有新车价格的 5%~10%。购买这种二手车虽然要花费一定维修费用，但总体上使用成本较低。

3. 二手车售后服务有保障

经销商对二手车交易非常重视，对二手车的情况非常清楚，能较好地为消费者提供可靠的质量保障和用车服务。

### （二）完善的标准法规体系

一个成熟有序的汽车市场背后，必然需要一个完善的标准法规体系做保障。实际上，自 1922 年开始，美国就开始制定二手车估价标准体系，确立了二手车指导价格。在新车方面，20 世纪 80 年代末，美国商业部制定了《汽车保用法》，也就是著名的《柠檬法》。20 世纪 90 年代，美国各州制定了本州的《柠檬法》。《柠檬法》使美国汽车公司在 1983—1990 年间为其不合格的汽车质量向消费者支付了 10 亿美元的退款。因此，汽车公司提高了对汽车质量的重视程度，纷纷采用先进的技术手段进行全过程的质量管理。结果新车质量大为提高，而二手车的质量就此建立在较好的基础之上。值得一提的是，纽约州为了保护二手车消费者的合法权益，还特别制定了一项二手车《柠檬法》。该法对于纽约州所有的二手车经销商都具有约束力，其内容主要是，如果消费者购买的二手车符合下列条件：第一，由纽约州旧车经纪人购入或拥有；第二，二手车在使用 1 800 千米之后或出厂 2 年后被转卖；第三，售价在 1 500 美元以上，那么二手车累计出现 4 次故障或者累计停用 30 天，保修期内可以申请退款或换车。各种二手车在《柠檬法》中规定的保修期如表 3.1 所示。可以说，二手车《柠檬法》使消费者在享受到二手车售后服务的同时，获得了更为完善的法律保护。

**表 3.1　二手车《柠檬法》规定的保修期**

| 已行驶里程数（千米） | 保修期 |
| --- | --- |
| 1.8 万~3.6 万 | 90 天或 4 000 千米 |

表3.1(续)

| 已行驶里程数（千米） | 保修期 |
|---|---|
| 3.6 万~8.0 万 | 60 天或 3 000 千米 |
| 8.0 万~10 万 | 30 天或 1.0 万千米 |

(三) 多样的交易方式

美国二手车交易方式多样，主要有二手车品牌车行、汽车超市、二手车行、二手车拍卖行、二手车 C2C 交易等，如表 3.2 所示。其中，二手车品牌车行在美国等二手车贸易发达国家发展得尤为迅速，这些国家中的很多二手车贸易公司通过建立二手车特许经营体系，树立了公司的品牌，大大推进了二手车贸易的发展。

表 3.2 美国二手车交易方式比较

| 交易方式 | 价格 | 质量 | 选择范围 | 其他说明 |
|---|---|---|---|---|
| 品牌车行 | ↑ | ↑ | → | 品牌车行一般出售使用 3 年以内的二手车，出售前车行都要为该车进行全面的专业检测，提供规范化的质量担保 |
| 汽车超市 | ↗ | ↗ | ↑ | 大部分汽车超市可以进行二手车的以旧换新业务，买卖双方经过当场评估车况和协商价格后按差价付款即可，汽车超市再将置换来的二手车销售出去 |
| 二手车行 | ↘ | → | ↓ | 二手车行一般会对出售车辆进行常规检验及简单维护和清洗，有的还随车附带该车行提供的短期保修服务 |
| 二手车拍卖行 | ↘ | ↘ | → | 由于大多二手车拍卖行并不提供试驾服务，因此竞拍人应提前做好对目标车辆的查验工作，同时要仔细研究拍卖条款 |
| 二手车 C2C 交易 | ↘ | ↘ | → | 个人进行二手车买卖的主要方式有网上交易、登广告交易和路边交易三种类型 |

注：↑程度高，↓程度低，↗程度较高，↘程度较低，→程度适中。

美国的二手车拍卖在过去的 20 多年中发展得也较为迅速，从 20 世纪 80 年代仅占经销商收入的 10%到 2015 年占经销商收入的 46.1%，是二手车交易方式中发展最为迅速的一种。二手车拍卖的模式也从最初的现场拍卖，发展到如今的卫星拍卖和网络拍卖等（如图 3.5 所示）。近年来，随着网络经济的兴起，网上拍卖以其方便和快捷吸引了越来越多原本以传统拍卖方式进行交易的经销商。为了给汽车经销商提供网上交易的平台和拓展二手车网上拍卖业务，美国各大二手车拍卖公司纷纷开设专门的网站，比如 Manheim 公司、ADESA 公司和 Broadcasting 拍卖公司等。

与传统的二手车拍卖方式相比较，二手车网上拍卖打破了时间和地域的限制，使待售二手车的信息可以即时更新；而远程的拍卖系统使得经销商或者个人可以足不出户，参与二手车竞价。更为重要的是，网上拍卖是通过虚拟的二手车交易平台进行的，在很大程度上减少了资本投入及运营成本。此外，网上拍卖还极大地加快了二手车的流通速度。据统计，传统的拍卖方式下，二手车在拍卖场的平均停泊时间约为 8 周，

| Ⅰ | Ⅱ | Ⅲ |
| --- | --- | --- |
| 现场拍卖 | 卫星拍卖 | 网络拍卖 |
| 二手车现场拍卖会在全国范围内定期举行一次，可供会员挑选的车辆无论从车型还是使用年限上范围都很广，而且会员能够现场勘查车况。 | 会员通过与卫星联系的专用终端设备，参加位于全国的若干个现场拍卖会或离场拍卖会，收到的信息内容清晰而具体，并配有解说词和图象。 | 会员通过互联网，在个人电脑上在现场拍卖会之前预览拍卖车辆的具体信息，并可以实时跟踪拍卖情况进展。 |

**图 3.5　美国二手车拍卖模式**

而网上拍卖可以使停泊时间缩短到数天，大大节约了费用，使得交易双方均受益。

(四) 合理的价格评估制度和质量认证制度

根据美国汽车经销商协会关于购买二手车的调查报告显示，在诸多因素中，最让购买者担心的一是在价格上受到欺骗，二是买到了以次充好的二手车。因此，美国在二手车市场上通过建立合理的价格评估制度和质量认证制度来使消费者消除其购买疑虑。

1. 美国二手车价格的确定

对于价格，美国建立了完善的二手车评估体系。简言之，就是由公认的二手车参考价格加上技术状态的鉴定来决定二手车的价格，除了原车的价格和使用时间、行驶里程数等因素外，以后的使用寿命和维修成本也是重要的因素。因此，使用时间和行驶里程数基本一致的两部二手车，很可能原来售价高的反而要卖得便宜。例如，随着汽油价格持续上涨，比较省油的日本二手车就普遍比美国二手车卖得稍贵些。公认的参考价格主要是由行业协会、大公司等权威机构定期发布的各种车型的车价信息。《美国汽车经销商协会二手车价格指南》就是较为权威的一种车价信息参考。二手车交易巨头 Manheim 公司以全球最大的汽车批发市场平均 3 000 余万笔交易数据为依据，每天更新制定的二手车价格指数也是主要参考价格之一。号称买卖二手车“圣经”的《凯利蓝皮书》为美国 55%的二手车购买者提供了参考依据。大多数二手车交易双方在交易前都会查阅这些相关材料。

2. 美国二手车的质量认证制度

消费者在购买二手车时较为担心的问题之一就是二手车的质量问题。对于如何防止以次充好，美国主要采用了社会化认证的办法，建立起了二手车质量认证制度。所谓二手车质量认证制度，就是由汽车生产商或者大型经销商对二手车进行全方位的质量检测，以确保汽车的品质达到出售标准。同时，经过认证的二手车还可以在一定时期内享受与新车同样的售后保障，消费者可以放心购买经由汽车生产企业或大型经销商认证的二手车。目前，美国已经形成了几家权威的二手车车况认证机构，其设立的遍布全国的分支机构的工作人员会根据顾客的需要详细检测二手车，到车辆管理局查阅有关事故等情况的记录，向顾客提供一份详细的车况检测报告，并收取一定的费用。

美国的一些二手车公司也会对经销的二手车进行检测，给出详细的车况报告，并可代客整修。此外，一些大型豪华汽车连锁经销商则明确承诺，从不收购和出售事故二手车。如果买车人买下二手车后发现与检测报告有重大差异，可以向当地法院提出诉讼，一旦胜诉不仅可以退车，还可以获得中介机构或经销商的高额赔偿。近年来，认证二手车在美国越来越体现出其优越的竞争力。这是一种最早由汽车制造厂家推出的通过严格检测、具有一定质保期的二手车，一般是较新款（通常在5年之内）的二手车。经过认证的二手车，其周转周期比一般二手车短，认证二手车的溢价也比较高（详见图3.6）。经过认证的二手车正逐步成为美国二手车交易的主流（详见图3.7）。

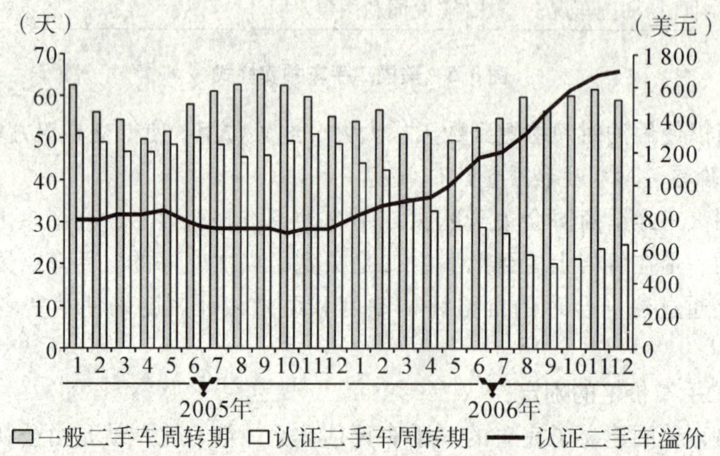


图3.6　2005—2006年美国认证二手车与一般二手车对比情况

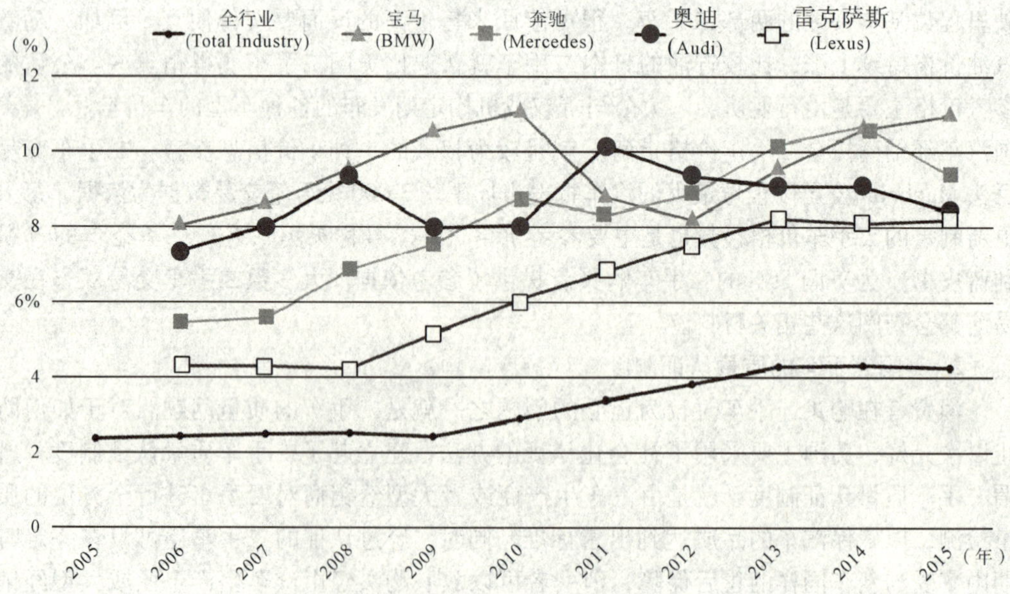


图3.7　2005—2015年美国认证二手车销量占新车销量的百分比

（五）优质的售后服务和使用环境

美国二手车贸易的发达，优质的售后服务也是一个重要的原因。美国汽车整车厂家对于销售汽车的发动机等主要部件，通常提供5年以上、至少10万千米的保修服务，高级豪华汽车的保修时间则更长，里程数也更多。宝马等整车厂家就达到7年、16万千米左右的保修服务，而且明确规定即使更换车主，没有用完的保修服务照样生效。例如，买下一辆开了4年、8万千米的二手宝马车的车主，可以继续享受剩余的3年、8万千米的保修服务。此外，像沃尔沃等某些汽车整车厂家在若干年内不仅保修发动机等主要部件，连易损件也免费保修，还有多达4~5次的免费保养服务。如果是通过品牌车行售出的二手车，一般承诺在一段时间或一定行驶里程内可以享受到与新车相同的售后服务待遇。保修期过后，车主仍可按照车行提供的“保修菜单”继续量身订购保修项目。此外，如果消费者对已购旧车表示不满，那么在确保旧车未遭损坏而行车又未满300英里（1英里等于1.609千米，下同）或购车不足3天的情况下，购车款可全额退还给消费者。

另外，美国为二手车的购买和使用提供了优越的环境。在美国，购买新车要一次缴纳8%左右的消费税，而二手车则只需要交纳一定比例的税金（通常由卖主承担），之后每年缴纳200美元左右的车牌税。二手车过户也十分便捷，只要到车辆管理机构就可以简单完成所有流程。在填好表格并缴纳相关费用后，如果没有拖欠税费或未处理完毕事故、违章等问题，过户手续即办理完毕。当然，不少经销商也会提供这种代为过户的一站式服务。

## 三、美国二手车电商发展现状

近几年，随着互联网技术的不断发展，越来越多的二手车交易通过网络进行，极大地节省了成本。美国近年来移动手机端的二手车交易量更是与日俱增。据美国最大的二手车拍卖平台Manheim的统计数据显示，2015年全年该公司通过移动手机端销售二手车数量达40 000辆。移动手机端拍卖为交易商提供了远大于Manheim公司交易网络的机会，同时扩大了买方市场基础，降低了交易成本。

（一）美国二手车电商模式

美国二手车市场已有上百年历史，互联网营销产业链成熟，2008年金融危机之前二手车电商都是卖广告和提供销售线索的模式，比如“AutoTrader.com”“Cars.com”“eBayAuto”“CraigsList”“KBB.com”等。其中，二手车定价网站“KBB.com”是通过上百年的大数据给消费者和车商提供定价服务获取流量，然后通过流量变现实现盈利。“AutoTrader.com”则是每年斥巨资做广告获取流量，再把流量变成会员费以实现盈利。2008年金融危机之后二手车电商市场发生了变化，美国的广告主（厂商和4S店）开始减少广告投放，关注营销效果。一批能够降低营销成本的公司开始崛起，代表公司有Cargigi，其通过一键发布车源到各大二手车垂直网站，按销售线索的效果收费，把单个销售线索的价格直接从20美元降到了10美元。进入电商2.0模式后，电商直接介入交易，靠金融和成交收费实现盈利的模式正式确立。目前，美国二手车电商主要有以下2个模式与4个代表公司。

1. C2C（个人对个人的二手车网络平台）模式

该模式的主要代表公司有 Shift 和 Beepi。这两家公司都来自美国西部，而且都在硅谷。Shift 建立于 2013 年，创始人阿里森（Irakly George Arison）曾是谷歌公司（Google）的产品经理。Shift 目前在旧金山和洛杉矶营业，共获得了高盛风投团队的 5 000万美元融资。Shift 把个人卖家的车直接放到网上卖给个人消费者，并收取保底价和最终卖价之间差价的一半作为佣金。整个交易完全绕过二手车商，卖家可以多卖 10%，买家可以节省 15%。Shift 允许买家进行试驾，而且雇佣了特别了解车的狂热粉丝作为"二手车导购员"或"二手车买手"，亲自送车上门并陪伴买家进行试驾促进销售。Shift 的流量策略和中国的"车 101"相同，在采集卖家的车源数据后，把车辆数据发布到"AutoTrader. com""Cars. com""Cargurus. com"以及自己的官网"Driveshift.com"上，以获取客户的电话。Beepi 公司与 Shift 公司类似，仅有些许差别，如 Beepi 公司不提供试驾服务等。C2C 模式的本质是建立一个个人对个人的二手车网络交易平台。

2. B2C（一站式交易服务）模式

该模式的主要代表公司有 Vroom 和 Carvana。Vroom 建立于 2013 年 8 月，创始人是阿隆·布洛赫（Allon Bloch）。Vroom 已完成 5 400 万美元的融资，其中包括 1 900 万美元的股权融资和 3 500 万美元的债权融资。Vroom 的投资人包括 20 个个人投资者，其中有著名的美式橄榄球运动员约翰·埃尔韦（John Elway）和前美国最大的 4S 店集团 AutoNation 的首席执行官史蒂夫·伯纳德（Steve Berrard）。和传统的车商不同，Vroom 的定位是一个线上的车商，给个人卖车者提供一口价的现金收车服务，同时给买车者提供低于市场价 8%的一口价卖车服务，并免费送车上门且 7 天无理由退换。和 C2C 的平台模式不同，Vroom 提供"白手套"一站式服务：消费者用手机应用软件上传车辆的照片和车架号，Vroom 的定价系统会给出一个在线评估价格。如果消费者同意这个收购价，Vroom 会通过联邦快递寄来收购文件和预付费凭证，把车拖到位于达拉斯面积约 1. 5 万平方米的整备修理中心进行整修。Vroom 认为购车者不需要线下的试乘试驾就可以完成交易。Vroom 的最大挑战是如何能够找到足够好的二手车源和把控车源质量。2014 年，Vroom 二手车交易量达 10 000 辆，交易金额达 1 亿美元。

Carvana 总部位于亚利桑那州首府凤凰城，成立于 2013 年，第一笔投资达到5 000 万美元，投资机构是一家 4S 店连锁集团 DriveTime。除了资金帮助之外，战略投资者 DriveTime 还把全美各地的维修车间供 Carvana 使用，使其对收购的二手车进行整备和简单维修。Carvana 拥有一个二手车金融部门，直接为购车者提供消费贷款，省去了和第三方贷款公司沟通的等待成本。和其他平台不同，Carvana 是提供采购、整备、金融贷款的一站式服务商。Carvana 的车源不限于个人消费者，还包括机构车源和美瀚这样的拍卖平台。Carvana 在线下拥有自己的整备车间和二手车自助售卖机，节省了线下连锁店的店面和销售成本。消费者从 Carvana 上买车跟这部车的"KBB.com"网站价格相比可以节省 1 500 美元左右，同时还可以获得 100 天的整车质保。Carvana 在消费者下单后 1 周内送车上门，而且 7 天内可以无理由退换。2014 年，Carvana 的交易额为4 500 万美元。

就市场规模而言，B2C的规模占比约80%以上，远远大于C2C。因为C2C面临的问题是优质车源的获取成本高。B2C模式与C2C模式一个重要的区别就是定价权的问题。C2C模式由于车辆的所有权不属于平台，因此电商平台对成交车辆的价格并不能把控，还是实行原始的撮合模式，而B2C模式由于收购了车辆，可以对车辆定价，保证车辆的成交价格低于市场价格。

（二）美国主要二手车电商平台介绍

1. 美国最大的二手车交易平台——AutoTrader

AutoTrader是美国最大的二手车交易平台，总部位于佐治亚州亚特兰大市，成立于1997年。该网站是一个为汽车消费者提供新车和二手车交易场所的在线平台，汇聚众多经销商与私人卖家及获得认证的二手车信息。AutoTrader的定位是"线上汽车超车"（Online Auto Marketplace）。据公开报道显示，AutoTrader收入大约是15亿美元，收入主要来源于二手车经销商。2012年11月，AutoTrader战略投资中国汽车互联网企业"易车网"。AutoTrader隶属于Cox集团，AutoTrader直接切入交易环节，向汽车消费者提供新车、二手车交易各个环节的服务，并通过标准化的图片展示、信息多样性等弥合买卖双方的信息不对称。

2. 美国第二大汽车分类网站——Cars.com

Cars.com是美国第二大汽车网站，仅次于AutoTrader，成立于1998年6月，总部位于芝加哥。Cars.com主要为消费者提供可靠的和透明的汽车信息来源。该平台全面的定价信息、经销商评价系统，让汽车消费者通过对比工具、图像视频等方式进行车辆对比，通过对比后来选择购买新车及二手车。

3. 美国二手车拍卖平台——Manheim

Manheim创建于1950年，是以批发转售为核心的二手车拍卖企业，隶属于Cox集团。Manheim以二手车经销商为核心，提供网络拍卖和场地拍卖等转售服务及检测、金融信贷、整备质保等增值服务，单车收益在800美元左右，单车收益率中拍卖佣金为6%左右，另有4%~9%是附加值收入。

4. 美国"共享经济"型二手车交易平台——Beepi

Beepi是一个共享经济型二手车交易平台。平台于2014年4月正式上线，致力于打破传统汽车消费信息壁垒，将一些买家和卖家从"柠檬市场"中解救出来。该平台的用户群体分成两部分：一部分是拥有优质二手车的个人卖家，一部分是想买优质二手车的买家。Beepi对整个车辆的查勘，都会在网站上以"√"和"×"逐一表示，并配以车身图示表示凹痕或是划痕位置，总共185项。所有的步骤都由Beepi派出的检修员完成，包括给车辆从各个方位拍照、写评估、试驾到放到Beepi网站上。卖主只需要给Beepi打个电话就有人上门提供服务。除了提供卖主需要的全部服务外，在该平台上可以直接完成车辆付款，还可以使用信用卡进行付费。完成交易后，Beepi会处理所有和车辆管理有关的文书工作。Beepi清洗整理完车辆，安排专门的货车将交易车辆送至买家的手中，负责的车辆检修员也会抵达现场，解答各种各样关于车辆的疑问。

5. 美国最大的二手车零售商——CarMax

CarMax是美国最大的二手车零售商和财富500强公司之一。其创始人奥斯汀·利根（Austin Ligon）在1991年创造性地将沃尔玛等零售大卖场模式引入二手车领域，在美国开了第一家线下二手车店。奥斯汀也因此被誉为是美国二手车界的"教父"。CarMax通过金融手段解决B2C零售模式带来的库存问题。其买车之后会把车作为资产，拿到银行做抵押贷款，从而盘活资金。CarMax运用大卖场薄利多销的方式提升库存周转率。CarMax一般会以比市场价高5%~15%的价格从C端车主收车，保证平台供货量；同时再以低出市场价5%~15%的价格保证车能尽快卖出去。其类似零售大卖场的"一口价"模式一方面增加了客户对平台的信任，另一方面也减少了买卖环节的沟通成本。此外，CarMax将定价权下放给采购人员，也提升了平台的活力。

## 第三节　德国二手车贸易概况

在德国只跑了两三万千米的奔驰车比新车要便宜上万欧元，因此用户购买第一辆车时，有2/3的人首选二手车。一辆普通的大众牌轿车最终的销售利润才几百欧元，而一辆二手车服务的利润远高于此。因此，经营二手车对买卖双方而言，都是有益的。然而，德国二手车市场的发达绝不仅仅与二手车市场巨大的利润和德国规模庞大的汽车生产销售市场有关，更与其某些社会制度和社会约束息息相关。在德国，处理一辆旧车至少要花费上百欧元。如果请人把车拖到处理厂则还要另外缴纳昂贵的拖车费。因此，与其将旧车丢弃还不如将其送入交易市场。正因为在德国存在着种种收费行为的约束，使得旧车进行买卖对于车主而言会获得相对较高的利润，因此二手车贸易极为发达。

### 一、德国二手车市场特点

德国的二手车市场发展至今已历经40余年的时间，当前德国每年的新车与二手车销售比例约为1∶2。德国二手车市场具有以下几个特点：

#### （一）完备的收购和销售体制

德国二手车市场已经形成了一套比较完备的收购和销售体制。政府有关部门为了规范市场价格，为所有品牌的汽车编制了一本价格总目录，定期更新，目录中包括汽车出厂的年代、品牌、型号、行驶里程等内容。用户卖车时只需提供车的产权证书、车证以及行驶里程，就可在目录中查到一个基准价。然后技术人员会负责检查车况，实际收购车价会根据车况上下浮动。在德国，所有车行出售的二手车都必须持有德国技术检测协会（TUV）的合格证书。此外，有的汽车公司还规定一定车龄内的二手车也享有不同期限的质量保证。例如，宝马公司就规定车龄7年以内的二手车有1~2年的质量保证，与新车无异。这些让顾客放心的做法正是德国二手车市场兴旺的重要原因。

#### （二）完善的相关法律法规

在德国，与二手车有关的法律法规主要有两类：一是保护交易过程的法规，规定了置换、付款等方面的内容；二是二手商品交易的法规，这类法规实际上是针对所有二手商品的，不单单指二手汽车，其规定了什么状态的汽车才能提供给用户。有了这两类法律法规的规范，二手车交易就更加规范，并能够保证交易中任何一方的利益。

（三）专业的鉴定评估认证

在德国，二手车经销商购进二手车后要对二手车进行全面检测，不仅要更换必要的零部件，还要给车重新清洗、打蜡，给予质量上的保证。德国二手车鉴定评估师资格认证是由德国认证及职业评估师协会下设的认证中心承担的，在继续教育、义务、权利、检查、质量保证等方面都有严格的规定。二手车鉴定评估这一技术手段可以让消费者了解车辆的技术状况、价格、行驶距离、修复经历等信息，从而提高用户对二手车的信任度，达到活跃二手车流通的目的。

（四）公开透明的交易模式

二手车交易主要是在消费者与经销商之间发生的，与生产厂商关联性不大。因此，经销商的信誉非常重要。特许经销商在收购二手车时，能够进行正确的评估，对该车的历史应当了如指掌，并且将这些信息全部记录在该车的档案中，特许经销商实际上就是第一个买主。如前所述，德国的汽车工业协会为了规范市场价格，为所有的品牌车编制价格总目录，定期更新。目录中包括了汽车生产的年代、品牌、型号、行驶里程等。因此，工作人员只需要根据车主提供的产权证书、车证以及行驶里程等资料，参照价格总目录就可以给出一辆二手车统一的基本价位，然后再根据其他一些因素，如是否出过事故、有无大修情况、车体有无划痕等来评估出二手车的实际价格。德国二手车的成交价是围绕基本价上下浮动的。

此外，销售的二手车也有保修期，但和新车不同，每辆二手车的保修期不同，如果该车出现了一些潜在可能出现的故障，特许经销商会承担一部分维修费用，车主自己也要承担一部分费用。特许经销商承担的这部分费用，在收购该车时就已经从上一用户的车款中扣除了，是担保费用。德国的汽车专营店常常都是某一品牌的专卖店，除了卖新车外，还要负责维修工作和买卖本汽车公司品牌的旧车。由于交易模式公开透明，消费者要卖二手车，几乎每个车行给出的收购价都是一致的。

## 二、德国二手车市场的优势

2013 年，德国的二手车交易量达 650 万辆，新车购置置换率为 80%~90%。二手车与新车交易比为 1.2∶1，二手车库存周转天数平均为 70 天。交易量和周转天数远远优于我国二手车市场情况，主要是因为其二手车市场在税收、产权登记、车辆检测、二手车品牌等方面具有较大优势。

（一）税收优势

德国对二手车交易征税的基础是进销差价，征收的税率统一为 19%。这种以进销差价为基础的征收税制和统一税率的做法使二手车交易双方税收负担较轻，又易于操作，更好地推动了德国二手车市场的发展。

（二）临时产权登记制度

在先期完成车辆使用终止手续后，通过申领临时牌照的方式以完成周转与交易，私人用户可以申请为期 5 天的临时注册牌照，一车一证，用户需要缴纳 70 欧元（约合

540元人民币）的费用；经营者可以申请有效期为1年的多次使用的注册牌照，并缴纳每张临牌175欧元（约合1 350元人民币）的费用。临时产权登记制度使德国的二手车交易变得更加活跃。

（三）二手车车辆检测制度

前已述及，德国的二手车车辆检测制度非常完善，车辆检测已成为二手车业务的重要内容之一。除检测业务外，德国还在车辆的辅助管理、车辆售后服务（车辆保险等）、工程检查、消费品检测和人员培训等多方面开展服务。

（四）品牌二手车

在德国，品牌二手车树立了品牌。例如，柏林宝马二手车中心2013年的二手车交易规模达到1.45万辆，二手车存量可达2 000辆，展示车辆超过1 000辆，车源的90%来自租赁公司，交易的车辆全部是宝马品牌汽车，该二手车中心还开展以旧换新业务。注重品牌已成为德国二手车交易的一大优势。

## 第四节　其他发达国家二手车贸易概况及对我国的启示

除日本、美国、德国外，其他发达国家的二手车贸易也较为发达，以下介绍英国、瑞士、意大利等国家的二手车贸易情况以及对我国的启示。

### 一、英国二手车贸易概况

英国作为一个老牌资本主义国家，其具有一个成熟的汽车市场，二手车每年销售量已经超过新车的3倍。二手车业务的开展也带动了新车市场的繁荣，而新车市场活跃又促进了二手车市场的发展，两者实现共赢。英国现行法规规定，一辆新车从下线到报废，整个生命周期通常为11年。而市场调查显示，英国车辆更新周期仅为4年，这就为二手车市场发展提供了广阔的空间。

在英国，二手车交易如买家电一样便捷，没有繁琐的程序，几分钟就可以开走心仪的车辆。而这一切都要归功于英国的车辆管理部门。英国每辆机动车都有车管局颁发的登记证书，登记证书上除了标明车辆品牌、型号、牌照号、底盘号、发动机号、生产日期等信息外，还专门设交易栏以供二手车交易使用。

英国有超过1 500家从事二手车销售和服务的汽车修理厂，英国消费者可选的二手车品牌多达50余种。英国的二手车市场已经形成了品牌经销商、汽车超市、二手车行、拍卖行、个人交易并存的多元化经营局面。

（一）品牌经销商

品牌经销商是英国二手车行业的领头羊，其通常归属于某汽车公司，并有固定的新车销售平台，同时还兼营该品牌二手车的回收和销售业务。客户在这些车行可以买到固定品牌的二手车，并享有特定的二手车质保服务。这些车都经过系统的专业检测，消费者可以放心使用。在保修期后，消费者还可以申请保修项目。因此，品牌经销商为消费者提供了方便、专业、便捷的服务，但是由于附加项目较多，因此销售价位通常较高。

(二) 汽车超市

汽车超市作为一个大型的客户自主选择的平台，得到了消费者的认可。在英国，汽车超市更为盛行，而且大规模汽车超市层出不穷。例如，Cargiant 的经营场地规模达到 90 000 万多平方米，展位有 2 000 多个，并拥有 5 000 辆以上二手车库存，可供客户选择。这些汽车超市一般采用明码标价，通常不支持议价，而且这些汽车超市大都提供二手车置换业务，同新车置换一样，在征得客户同意的前提下，补足差价就可以得到想要的二手车。这些汽车超市可以将旧车翻新和维修，但通常价位较高。

(三) 二手车行

二手车行主要针对低收入群体。这类车行最大的优点就是二手车价位比较低，但这些车行一般经营不规范，对车辆的回收和出售没有完善的监督机制，易出现以次充好、以假乱真的现象。这些二手车行往往没有专业的评估师、维修技术人员，因此对出售的车辆只是简单维护。这些车行通常分布在城乡接合部及乡村，在车辆出售时会赠送一些短期的服务。由于价位低，所以市场比较活跃，但是这些车行经营单一，消费者的权益难以得到保障。

(四) 拍卖行

拍卖行也是英国二手车市场的一种重要模式，其分布在英国的各大中城市。据不完全统计，英国全国有拍卖行约 60 家。参加竞拍的消费者需要提前对有意向的二手车加以全面了解，一般会对车辆进行全面检测，确定车辆是否符合拍卖行的检测结果，若不符合，则可以维权。

(五) 个人交易

英国允许个人进行二手车交易。这种交易也是无处不在的，网络、市场、街道等均可以成为个人交易的场所。个人交易通常风险比较大，首先要确认所售车辆是否是违法车辆，并在能保证自身安全的前提下，进行多次接触后，才稳妥地进行交易。在验车过程中需要请懂行的专家进行指导，以免受骗。这种交易最大的优点是价位低，但安全和质量难以保证。

## 二、瑞士、意大利二手车贸易概况

瑞士和意大利这两个国家的二手车市场有诸多相似之处，两国二手车市场的经营理念和管理模式借鉴并融合了二手车起步较早的美、日两国二手车市场的一些先进经验和制度，因此这两个国家的二手车发展迅速。瑞士、意大利二手车经营和管理有以下几个特点：

(一) 二手车交易市场比新车市场活跃

瑞士日内瓦大约有 165 万人口，一般情况有 26 万辆二手车在市场上流通，年新车销售量约为 28 万辆，二手车的销售量约为 56 万辆，二手车的销售量是新车销售量的 2 倍。瑞士二手车交易的车辆主要是德国、日本的二手车，其次是法国、意大利、美国的二手车。就经营效益而言，二手车的利润大约在 18%~20%，而新车的利润只有 9%。

意大利的二手车交易比较活跃，以波查诺市为例，该市人口约为 45 万人，汽车拥有量约为 12 万辆，汽车销售量每年在 1.2 万~1.8 万辆，二手车交易量超过新车的 30%。

（二）二手车的使用年限以技术检测为主要依据

在瑞士，新车 5 年之内免检，5 年之后，每 3 年年检一次。在意大利，新车行驶 4 年之后，每 2 年年检一次。一般情况下，车辆行驶 8 年就会进行处理；如果行驶超过 10 年，直接由指定的拆解企业进行回收。这两个国家都以技术检测为依据来确定二手车的使用年限。

（三）具有科学、完善、权威的二手车评估体系

瑞士有一个较为科学的二手车评估系统，即"优诺泰斯"评估系统。这个系统是由二手车协会来制定，任何二手车的估价必须遵循这一套评估系统来确定。一辆二手车销售价格的确定，首先要由技术检测部门的技术人员进行认定，列出测试清单，然后做出该车的估价；其次是销售商根据二手车的估价和原销售价格，确定二手车实际售价。意大利也是如此。

（四）完善的二手车的销售服务体系

在瑞士，凡是购买二手车的车主都可以得到一张保修单，享受 2 年的保修期，这种承诺不仅在瑞士有保证，而且在全欧洲都有保证。如果 2 年之内车主将该车转卖，保修期还可以随车主的更换而转移。

（五）鼓励汽车更新，建立了完善的汽车拆解体系

瑞士和意大利均鼓励汽车的更新，对不符合环保要求的汽车进行报废，并给予相应的补贴。同时，瑞士和意大利均要求及时将报废车辆送到政府指定的拆解企业进行拆解，拆解下来的零部件只允许汽车经销商经营。完善的汽车拆解体系促进了二手车贸易的发展。

## 三、国外二手车市场发展状况对我国的启示

应当讲，国外发达国家的二手车贸易起步较早，车辆更新率较高，二手车交易量较大，二手车贸易较为发达。这一方面得益于其汽车产业的发展和汽车保有量较大，另一方面得益于为促进本国二手车市场发达所出台的法律法规及一系列较为成熟和完善的措施。这些都为我国发展二手车贸易提供了借鉴。

（一）健全的法律法规是促进二手车发展的保障

无论是日本、美国、德国，还是瑞士和意大利，都有着较为完善的二手车交易法律法规。这些法律法规不仅形成体系，而且比较全面、细致。尤其是对二手车经营者的约束和对二手车消费者的保护，打消了二手车购买者对二手车的疑虑和不信任，有效保障了二手车的健康快速发展。

（二）有效的监管确保了二手车的健康发展

二手车市场监管的目标是通过监管，进一步规范二手车经营行为，保障二手车交易双方的合法权益，促进二手车流通健康发展。具体是由二手车市场监管主体在各自的职责范围内采取有效措施，加强对二手车交易市场经营者和经营主体的监督管理，依法查处违规违法行为，维护市场秩序，保护消费者的合法权益。

发达国家的二手车交易量大，没有有效的监管则无法规范二手车市场的秩序。成熟的二手车市场往往是监管有效的二手车市场，缺乏监管的二手车市场是得不到健康发展的。

（三）科学的二手车鉴定、评估和认证制度是二手车贸易得以发展的根本

国外二手车交易过程中大都建立了一套专业的评估认证制度，经过专门评估认证的二手车价格得到了交易双方的认同，从而提高了用户对二手车的信任度，达到活跃二手车流通的目的。例如，在日本，二手车拍卖之前，卖方就要签订相关协议，确定将交易完全委托给二手车交易公司。二手车交易公司作为第三方中介，由专门评估部门对车辆进行严格检查和公平中立的评估。

（四）诚信机制的建立是二手车贸易的内在要求

市场经济要求诚信的经济。市场机制应建立在诚信的基础上。二手车交易也不例外。国外发达国家在二手车交易过程中普遍建立了一套诚信机制。例如，美国已经建立了完善的个人信用体制。日本为确保二手车交易的“诚信度”，都需要卖方提供各种车辆证明，每次交易之前，都要调查相关交易人员的档案，一旦检查到有不良记录的会员，将阻止不良记录会员进入拍卖会场。

（五）完善的二手车售后服务体系是二手车贸易的应有之义

二手车的售后服务不应当弱于新车。发达国家在二手车交易时往往从两个角度对二手车的售后服务做出规定：一是从汽车生产者的角度做出规定，只要是在厂家规定的保修期内，二手车享有与新车同等的售后服务；二是对二手车经销商而言，有些经销商做出了消费者在一定期间内，若对购置的二手车不满意，可以无条件退车的承诺，这些规定和承诺极大地促进了二手车贸易的发展。

## 一、思考题

1. 日本二手车交易主要有哪些形式？
2. 美国二手车的流通模式主要有哪些？
3. 德国二手车市场交易特点有哪些？
4. 国外发达国家二手车交易形式、市场特点和二手车电商发展状况对我国二手车市场发展有何启示？

## 二、案例分析题

Beepi 是一个创新的二手车交易平台。该平台位于美国加利福尼亚州，在 2014 年 4 月正式上线，团队只有 14 个人，现在只能在加利福尼亚州提供服务。但是其网站刚上线没有多久，就吸引了不少投资人的追捧。

很多人会想，Beepi 是个二手车交易平台，用户不就是二手车的卖家和买家吗？其实 Beepi 独特的地方就是，这个二手车交易平台将其用户进行了更进一步的细分，把二手车卖家和买家中最有价值的用户细分了出来。Beepi 的用户分成两类：一类是拥有优

质二手车的个人卖家，另一类是想买优质二手车的买家。

市场上很多卖家都认为二手车交易存在较多问题，因此即使手头有很好的二手车，也很难卖到一个理想的价格。如果卖家直接将车卖给二手车行的话，价格肯定要被压低，因为车行有租金成本、人工成本，二手车行（中介）就是靠低买高卖才能够生存。如果卖家不想卖给车行，则只有放到一些分类网站上直接卖给个人，或者直接在车上贴售卖标签。不管用什么方式来直接卖给个人，对卖主来说都是很麻烦的事情，因为个人用户会有很多要求，比如试车、不断砍价等。卖主把车直接卖个个人，不但麻烦，有时候还非常危险。曾经在加拿大就发生过一起谋杀二手车卖家的案件，而美国的社会治安不比加拿大好，因此有好二手车的卖主在美国一般也不敢直接把车卖给个人，可卖给车行又很不甘心。

不论买家从二手车车商那里，还是从分类网站上买车，其实并不知道自己买的到底是"柠檬"还是"桃子"（Lemon or Peach）。二手车只有被买来并驾驶一段时间之后才会发现瑕疵，而卖家知道这辆车的问题和瑕疵却不会告诉买家。因此，要买辆好的二手车，有时候完全就是碰运气。

针对二手车卖家，Beepi 提供的创新服务如下：

第一，设置门槛，精选出优质的二手车卖家。只有出厂时间少于 6 年、驾驶里程数小于 10 万千米，并且之前被易手不超过两次的汽车才符合规定。

第二，在前期调查符合条件后，Beepi 会派公司的验车师去验车。整个验车时间大约 2 小时，从车灯、空调、发动机、把手是否正常工作到车辆的每一处擦伤都会在 Beepi 网站上以"√"或"×"逐一表示，并配以车身图示表示凹痕或是划痕位置，总共 185 项，最后生成一份评估报告。

第三，为车辆全方位拍照，同时将卖家卖车的原因、试驾体验以及照片和评估报告等上传到 Beepi 网站。只要二手车符合 Beepi 的审核条件，卖主只需要给 Beepi 打个电话就有专业人员上门全程服务。因此，对卖家而言，几乎无需操心，十分便捷。

第四，Beepi 还有一项极为吸引卖主的服务，即将二手车挂在 Beepi 上售卖后，如果 30 天内无人购买，Beepi 则会直接将二手车从车主手中买下，并且价格会比市场上其他二手车行所给的价格高 20% 以上。

针对二手车买家，Beepi 提供的创新服务如下：

第一，让买家在网上买一部车的体验像买一双鞋一样简单。在 Beepi 网站上可以直接完成车辆付款，还可以使用信用卡进行付费。Beepi 还和第三方银行，比如摩根大通，一起为买主提供分期付款服务，利率比汽车经销商的低，通常在 2%~3%。这项服务尤其对于初来美国、没有信用记录的国际学生而言，具有相当大的诱惑力，可以使其直接通过信用卡完成购车。据统计，Beepi 目前完成的交易中有 80% 是通过信用卡付款完成的。绝大部分买家很喜欢 Beepi 的购车体验，不仅马上能买到车，还能有大量信用卡积分换机票等优惠活动。

第二，让用户尖叫的购车体验。完成交易后，Beepi 会处理所有和车辆管理部门的文件工作，清洗整理车辆，安排专门的货车将交易车辆送至买家的手中。车辆送达时，还会有巨大的礼花绑在车上，负责车辆检修的验车师也会抵达现场，详细解答用户关于车辆的各类问题。这些人性化的用户体验，让买家非常乐意分享到社交媒体上，无形中对 Beepi 又是一个非常好的宣传。

第三，不满意可以退货。买主享有10天的试驾期，这10天只要买主买的车没有任何损失，用户可以随时退车。这就把购车的体验变得和在美国购买所有其他商品的体验几乎一致了。

第四，购车价格低于二手车行的价格。Beepi 网站上的车都会以低于经销商价格 1 000~2 000 美元的价格卖给用户，因为没有场地租金，不需要庞大的销售团队，Beepi 网站上的二手车价格可以做到比其他经销商同类车的价格更低，价格优势比较明显。

Beepi 销售给购车者的价格如此优惠，其主要盈利来自哪里呢？其主要盈利来自于向二手车卖家收取 9%的卖车分成。

问题：

（1）根据以上材料分析 Beepi 成功的原因。

（2）Beepi 模式能否复制到中国？如果可以，思考应该做出的改进和调整。

（3）Beepi 的成功给我们哪些启示？

# 第四章　我国二手车市场发展概况

近几年，我国二手车市场发展较快，特别是涌现出了一批互联网二手车贸易平台。通过本章的学习，学习者应了解我国二手车市场发展历史、我国二手车市场主要特点、基于"互联网+"的我国二手车市场发展前景，把握"互联网+"发展为国内二手车市场带来的无限商机。

## 第一节　我国二手车市场发展历史

我国二手车市场从20世纪80年代初开始起步，相对西方发达国家起步较晚，但国民经济迅速发展和社会购买力日益增强，为我国汽车市场发展提供契机。二手车贸易作为汽车市场的重要组成部分，实现了从无到有、从小到大的发展历程。"互联网+"又使得二手车的发展面临新的机遇，其不仅要求传统的二手车行业与"互联网+"深度融合，还创新出了新的二手车交易模式。

前已述及，回顾我国二手车市场发展历程，大体上可分为四个阶段：起步阶段（1985年以前）、发展阶段（1985—1992年）、转型阶段（1993—1998年）和整合阶段（1998年以后）。①

2015年，我国二手车销量约为941.47万辆，比上一年增加2.32%，新车销量约为2 459.76万辆，二手车交易量占新车销量的比重约为38.27%，占汽车保有量（17 200万辆）的比重为5.47%。近几年，我国二手车销售价格整体呈现上涨态势，从2009年的4.46万元/辆增长到2015年的5.88万元/辆。根据有关机构数据统计分析，2016年全国二手车交易过户量1 068万辆，2016年全年二手车交易量相比2015年增长了2.24%。

就近几年数据而言，我国二手车与新车年销量之比约为1∶3，而美国等成熟的汽车市场中，两者比例大约在3∶1。将两者对比，假设中国千人汽车保有量达到美国的一半，新旧车销量能到达1∶1，二手车平均价格以6万元计，结合两国人口数量对比，估计中国二手车市场有近2万亿元的市场空间。

最初的二手车交易市场大多是由国家职能部门与企业共同兴办的。在国家有关政企分离政策指导下，大多数企业已与政府职能部门脱钩，实现了自主经营。但由于历

① 详见本书第二章"互联网+"背景下二手车贸易变革第一节"互联网+"背景下二手车贸易环境变革第一部分二手车贸易环境的历史状况。

史原因，二手车一直被当成特殊商品进行管理，因此二手车流通管理涉及的政府部门比较多，主要有商务管理部门、工商管理部门、公安交通部门、治安管理部门、税务部门、城管部门、环保部门等。这些政府职能部门多以监管方式为主，其主要职能是确定交易双方的主体地位和合法性，验证交易合同，监督管理二手车经纪公司的经纪活动；对进行交易二手车辆的合法性进行确认，核查车辆的档案和车辆来源，防止非法车辆进入市场，并根据交易凭证办理车辆注册登记手续；根据交易凭证负责税收的征稽工作；维护市场秩序，打击违法犯罪活动；确保市场、车辆的消防安全；维护市场周边环境；执行环保相关规定，并进行监督；负责养路费征收、变更以及过户；等等。为加强二手车流通管理，规范二手车经营行为，保障二手车交易双方的合法权益，促进二手车流通健康发展，我国于 2005 年 8 月出台了《二手车流通管理办法》。2016 年 3 月，国务院发布了《关于促进二手车交易的若干意见》，而这一政策的出台改变了二手车交易中不合理的规定。2016 年年底，商务部、环境保护部联合下发《关于加强二手车环保达标监管工作的通知》，要求各地严格执行《国务院办公厅关于促进二手车便利交易的若干意见》，同时推动各地尽快取消二手车限迁政策，确保加快活跃二手车市场政策真正落地。

目前我国二手车交易中，正常水平的跨区域流通比例约为 20%左右。然而由于各地的限迁政策，这个比例被人为地压缩。据公安部披露的数据显示，2012 年二手车交易量 720 万辆，转籍 117 万辆，转籍比例为 16. 25%；2013 年二手车交易量 770 万辆，转籍 128 万辆，转籍比例 16. 62%；2014 年随着全国大面积限迁，这个比例出现了明显的下降，二手车交易量 955 万辆，转籍 119 万辆，转籍比例下降至 12. 46%。

就北京二手车外迁情况而言，随着各地实施限迁政策，二手车外迁比例明显下降。据亚运村汽车交易市场发布的数据显示，北京在 2012 年、2013 年、2014 年、2015 年二手车迁出比例分别为 52%、40%、38%和 35%。

综上所述，我国二手车市场发展较快，交易量和交易金额逐年增加，各种制度正逐步完善，但也存在着动力不足、限迁政策阻碍二手车发展等不利因素。实际上，我国二手车市场发展与政策息息相关，其发展历史就是相关政策完善的历史。

## 第二节　我国二手车市场主要特点

2016 年我国二手车交易量为 1 039 万辆，同比增长 10. 33%。虽然从增长率上来说还不是很高，但却是近年来首次突破了千万辆大关。随着二手车的市场活力恢复增长，2017 年二手车交易量有望突破 1 250 万辆。2016 年 12 月，环境保护部、商务部联合印发了《关于加强二手车环保达标监管工作的通知》，统一了取消二手车限迁政策的标准，明确当地允许跑的车，就必须允许迁入。

据预测，我国二手车交易市场的成长期至少需要 20 年时间，在成长阶段，二手车的交易递增速度会保持在每年 15%以上。我国二手车交易流通的硬件已基本具备，足以支撑现行市场的运行及适应潜在扩张的需要。

当前，我国二手车市场具有以下几个特点：

## 一、二手车交易的法规逐步完善

从1998年《旧机动车交易管理办法》出台，到2016年3月国务院办公厅印发《关于促进二手车便利交易的若干意见》（国办发〔2016〕13号），有关二手车政策法规的数量达到几十种之多，这些政策法规越来越完善，越来越科学，对规范和促进二手车的发展起到了巨大的推动和保障作用。

## 二、二手车交易量逐年递增

前已述及，自2010年以来，我国二手车的年交易量始终是增长的。2017年，随着各地二手车限迁政策的松绑，2017年3月，全国二手车交易量达107.98万辆，同比增长21.59%；整个2017年一季度，全国共交易二手车279.12万辆，同比大幅增长22.17%，交易金额也实现同比增长39.79%。据中国汽车流通协会预测，2017年二手车市场将保持20%的增速，全年交易量将达1 250万辆以上，交易额有望突破7 000亿元。以一辆车5%的利润率保守计算，全国二手车总利润额度将达350亿元。

## 三、交易相对集中，流向趋势明显

我国二手车交易主要集中在经济发达、汽车保有量大的大中型城市，并且流向趋势明显。其中，北京、上海两地二手车交易市场是我国启动最早、交易量最大的两个市场，其交易量占全国交易量的20%左右。二手车流向正呈现四大趋势：一是从城市流向乡镇；二是从东部流向西部；三是从经济发达地区流向经济相对落后地区；四是从高收入者流向中低收入者。

## 四、二手车交易市场功能日趋完善

二手车交易市场是我国现阶段二手车流通的主要渠道，这种集贸市场形式比较符合国人的消费习惯，经过多年的培育和发展，已初具规模。其主要有以下几方面的优势：

第一，为供需双方提供集中交易场所，使消费者在一个交易市场内就能够对本地二手车市场行情一目了然。

第二，政府相关职能部门统一现场办公，为二手车认证、评估、过户、转籍等提供"一站式"服务，为消费者提供方便。

第三，市场制定相关的管理办法和交易程序，保证入场交易车辆的合法性。

第四，市场通过加强对经纪公司的管理，规范经纪公司的交易行为，在一定程度上有效地保护了消费者的权益。

## 五、二手车经纪公司活跃了市场

一批具有较高文化层次的二手车执业者通过考核获得了经纪人资质，组成了具有法人资格的经纪公司，变为有组织、有章程、有法则的经纪行为。二手车经纪人由于长期从事二手车交易活动，掌握着大量的信息资源，为买卖双方通过经纪公司的中介服务，实现二手车所有权的转移。经纪公司充当了买卖双方的桥梁，活跃了市场。

### 六、二手车拍卖越来越受到青睐

二手车竞价拍卖以其交易成本低、交易周期短、兑现快的优势赢得了批量售车企业和消费者的青睐。由于通过定期和不定期地组织二手车现场拍卖与网络竞价，提高了二手车交易的速度，降低了二手车交易成本，限制了人为因素导致的不正常交易行为，使售车单位和个人快捷地实现了由商品向货币的转化。

### 七、二手车置换业务开始起步

1999 年 4 月，国家国内贸易局首次在上海组织召开了汽车置换研讨会，来自全国 33 家二手车交易市场和 11 家品牌汽车企业的代表以及国家经贸委、国家工商总局、国家机械局等部委的有关领导参加了这次会议。会后，上海汽车工业销售总公司、天津汽车工业销售有限公司等企业成立了汽车置换公司。至此，我国汽车置换业务开始起步。2000—2003 年，许多品牌汽车企业相继成立了二手车销售部或特殊业务销售部。2002 年 9 月，上海通用汽车有限公司首次在上海、北京、广州、深圳等城市授权当地有条件的经销商推出汽车置换业务。2003 年，上海大众、一汽大众、广州本田、北京现代、长安铃木等品牌轿车企业也陆续开展了汽车置换业务。目前，全国超过 300 家授权二手车经销商已开展二手车置换业务。

### 八、“互联网+”成为二手车行业发展助推力

当前，二手车行业业态的最新变化就是基于互联网、大数据的信息技术，特别是互联网金融、电商对传统二手车行业及车商的冲击和影响。基于互联网技术的创新、资本融入成本和经营以及与供应链金融、消费金融、融资租赁、质保延保等业务的结合，形成了行业发展的助推力量，也为我国二手车市场的繁荣注入了活力。

## 第三节　基于“互联网+”的我国二手车市场发展前景

2016 年《政府工作报告》提出“活跃二手车市场”。2016 年 3 月 25 日，国务院办公厅正式发布《关于促进二手车便利交易的若干意见》。为了促进该意见尽快实施，2016 年 6 月 8 日，商务部等 11 部委联合下发了《关于促进二手车便利交易加快活跃二手车市场的通知》。活跃二手车市场的主要助推因素之一就是充分运用互联网整合二手车贸易。当前，二手车线上交易份额约为 10%，如何将传统的二手车贸易融入“互联网+”是今后我国二手车市场发展的主要前景。

### 一、二手车电商的发展会逐步回归理性

近几年，国内二手车电商发展较快，其显著特点之一是融资力度大。然而，在高

额的融资背后，却是虚高的繁荣。所谓的“没有中间商赚差价”也在一定程度上存在着欺诈消费者的嫌疑。随着二手车电商的发展，人们逐渐认识到“人人车”“优信二手车”“瓜子二手车”等二手车电商的主要功能是为二手车网上交易提供平台，有了这一平台，买卖双方可以获得较为公平的信息，从而提高二手车交易的透明度。但是也不能过分扩大二手车电商平台的功能，更不应该盲目融资扩股，二手车电商的发展应更加理性。

## 二、二手车有形市场将与无形市场深度融合

虽然当前国内主要的二手车交易是在有形市场完成的，但不可否认的是，二手车的信息主要是从网络上获取的。随着互联网的发展和广泛应用，人们在有形市场上进行二手车交易也越来越需要无形市场的支撑，如网上预约、网上申请办证、网上过户与转籍、网上支付、网上订立合同等。二手车有形市场与无形市场的融合就是指有形市场充分运用互联网加大宣传，提高效率与便捷性，对二手车信息进行综合管理和运用的过程。与此同时，二手车电商也需要有形市场的支撑。二手车电商中有一类不仅是为二手车交易提供平台，还直接从事二手车交易，从事二手车收购、翻新、检测、认证、销售等业务，而二手车的翻新、存放、物流、检测认证等环节均需要在有形市场完成。

## 三、“互联网+”将为消费者购车提供全方位服务

“互联网+”不仅有助于二手车经营者经营二手车，将有形市场与无形市场融合，还可以为消费者购车提供全方位的服务。这主要体现在以下几点：

第一，消费者通过互联网可以了解到更多二手车和二手车市场信息，实现信息相对对称。

第二，消费者可以通过互联网观察和体验二手车。

第三，消费者可以在线交易二手车。

第四，消费者可以通过互联网了解到二手车的售后服务信息。

第五，消费者可以通过互联网出售或求购二手车。

第六，消费者可以通过互联网投诉二手车及二手车经营者。

根据中国汽车市场指数研究所预计，到 2020 年，中国二手车市场交易量有望达到 4 000 万辆，市值将会突破 1 万亿元，通过互联网交易的二手车将达到 30%以上。

## 四、国家对二手车互联网交易的监管将逐步加强

随着二手车互联网交易量的增加和占比的上升，“互联网+”与二手车贸易的融合会催生更多的价值增长点，如有偿获取二手车的信息、有偿通过互联网对二手车估价、有偿提供二手车交易双方的信息、有偿对二手车认证等。这些均需要相关法律法规进行规范。国家对二手车互联网交易的法律法规及政策也会趋于完善，对二手车互联网交易的监管也会加强。诚信交易、合法交易将成为二手车贸易的主流。

## 一、思考题

1. 当前我国二手车市场发展有哪些特点？为什么会有这些特点？
2. 基于“互联网+”的我国二手车发展具有怎样的前景？

## 二、案例分析题

1. 搜狐二手车与北京花乡旧车市场达成战略合作协议

在汽车行业，二手车信息不透明、交易繁杂、服务不完善等问题同样造成了市场混乱，使得消费者无法放心购买，二手车经销商无法形成商誉，甚至造成“劣币驱逐良币”的现象，阻碍中国二手车市场规模的扩大和机制的完善。

2013 年 6 月 26 日，搜狐二手车与北京市旧机动车交易市场有限公司（以下简称北京花乡旧车市场）在搜狐媒体大厦签订战略合作协议，双方将建立中国二手车领域全新的 O2O 合作机制，在信息检索、达成交易、服务保障等二手车买卖环节进行独家的信息共享、数据对接、质量监督和服务整合，通过双方倾力打造的“线上+线下”新平台，消费者可以便捷、放心地选购到优质、实惠的二手车；商户可以更快地卖车，更好地提升口碑和形象。“买得放心，卖的开心”是新平台追求的目标。

2013 年，有两个产品的诞生让人们明确看到互联网改善生活状态、提升资源配置效率的能力——打车软件和网上挂号，两者面对的行业都存在资源紧张、信息不对称等问题，而互联网一旦成功打通线下资源，这些难题将被一一破解。

北京花乡旧车市场位于丰台区花乡地区，在业内以“花乡二手车市场”著称，占地 33 万平方米，现有驻场二手车商户近 600 家，日均库存车辆上万辆，配备 5 400 平方米现代化交易大厅和有 1 386 个席位的多功能拍卖大厅。10 800 平方米的二手名车汇展厅日常展售 70 万元以上高档二手车近 400 辆，是目前国内重要的高档二手车集散销售中心之一。

搜狐汽车成立于 2000 年 6 月，是国内领先的汽车导购和用车服务网站。搜狐汽车秉持“专注车 只为你”的理念，设立了覆盖全国的直营城市站，每月为 7 000 万用户提供服务，旗下车型数据、评测报告、汽车报价、团购、试驾、网上购车、二手车交易等产品构成了“更本地、更可信、更便捷”的购车平台。同时，搜狐汽车为汽车企业、经销商提供有效的互联网营销解决方案。

此外，搜狐汽车也将陆续开通相关的应用软件、二维码扫车、二手车微博看车团等服务，满足消费者移动找车、快捷买车等新需求。

作为中国最大门户网站旗下业务线和亚洲最大的二手车交易市场，搜狐二手车与北京花乡旧车市场将共同致力于加速中国二手车行业的电子商务化进程，探索全行业的诚信和可持续发展之路，双方将会把类似合作模式推广到全国各个城市，天津、成都、武汉、兰州、九江、大同等城市的消费者也将很快感受到这种全新的二手车消费体验。

据业内人士分析，从互联网运营思路来看，由互联网机构发起，整合行业领先者的"平台化"手段是解决现实难题进而实现O2O的有效途径。搜狐二手车基于门户网站的资源整合能力、品牌价值、巨大用户量以及搜狐汽车落地125个城市的垂直服务和产品体系，与国内最大的二手车市场——北京花乡旧车市场达成战略合作协议。

未来，双方将继续在信息、交易、售后领域进行更深度的合作，最终形成完善的O2O商业模式。同时，合作双方将把这种合作模式复制到全国主要城市，促进中国二手车行业电子商务发展，为消费者创造放心购买的市场环境。

问题：

(1) 搜狐二手车与北京花乡旧车市场是基于什么原因达成战略合作的?

(2) 战略合作后的搜狐二手车与北京花乡旧车市场是如何整合线上线下资源，实现二手车贸易发展的?

2. 豪华品牌汽车进入中国二手车市场

中国汽车市场正在告别高增长时代，买方市场格局初显，汽车市场新车和二手车结合将更趋紧密。二手车未来有望取代新车市场地位，成为汽车消费市场的主体。宝马、奥迪、奔驰、捷豹、路虎、雷克萨斯等接连推出二手车品牌，并开展二手车认证、销售、置换业务。沃尔沃日前宣布将以尊沃品牌进军二手车认证市场，旨在解决二手车车源信息不对称、车况不透明、交易诚信无保障等诸多痛点。根据计划，尊沃二手车授权网点将覆盖15座城市，今后将发展至30座城市，基本实现所有省会城市和重点城市的全覆盖。

调查显示，品牌认证二手车更容易受消费者信赖。消费者最信赖的二手车来源中，44.2%来源于熟人的车，24.4%来源于整车厂的品牌二手车，21.1%来源于经销商集团的品牌认证二手车。

早在2000年，二手车业务就开始受到汽车厂商和经销商重视，众多厂商纷纷开展自身品牌二手车业务。多年来，由于外部不规范市场中的恶性竞争、经销商对二手车业务管理混乱等因素，阻碍品牌二手车业务走向规范和成熟。

从交易内容、方式以及效果来看，中国二手车市场发展尚处初级阶段，主要停留在交易层面，并未达到二手车贸易平台的水准。不过，背靠巨大的汽车保有量，旧车交易量超越新车是趋势，中国汽车市场正在逐步向发达国家市场看齐。

尊沃认证二手车是沃尔沃汽车携手专业二手车互联网平台和经销商战略合作伙伴共同铸就以沃尔沃车主为服务核心、线上线下相结合、认证及交易渠道无疆界的二手车流通新生态链。这一全新消费体验的打造是基于沃尔沃汽车对互联网新趋势的深入洞察和对中国用户消费习惯的全面了解。尊沃认证二手车将充分发挥其后发优势，为中国消费者提供契合当下消费习惯和需求的个性化、高品质二手车服务。

与传统汽车营销模式不同，尊沃认证二手车拓展线上营销渠道，携手6家行业内领先的二手车互联网平台——易车二手车、搜狐二手车、二手车之家、第一车网、汽车街、58同城，全面整合线上线下的二手车资源，有效优化各个环节的用户体验，让更多沃尔沃车主尊享高品质的品牌二手车服务。与此同时，首批获得尊沃认证二手车授权的北京中汽南方、上海永达、杭州中沃、成都通孚祥以及广州永安5家沃尔沃经销商合作伙伴将共同成为沃尔沃互联网平台运作线下服务的强有力的补充，实现从线上估值、在线展示、线下检测、线下评估、到店认证，再到金融和物流方案支持的无缝衔接，从而铸就以沃尔沃车主为服务核心的C2C+O2O开放平台，打造二手车流通全新生态链（见图4.1）。

尊沃认证二手车在优化传统二手车交易流程的同时，还为消费者带来了充满人文关怀的个性化、高品质尊崇服务，如7天换车计划、保底价收购、配套金融方案等；线下123项以安全为核心的专业质量检测和车内消毒除味以及健康环保升级服务更能让消费者体验如沃尔沃新车一般的全方位安全健康保障。此外，一年不限里程质保和道路救援，外加沃尔沃贴身管家服务（限搭载Sensus系统的车型），消费者可以尽享安心无忧的用车生活。

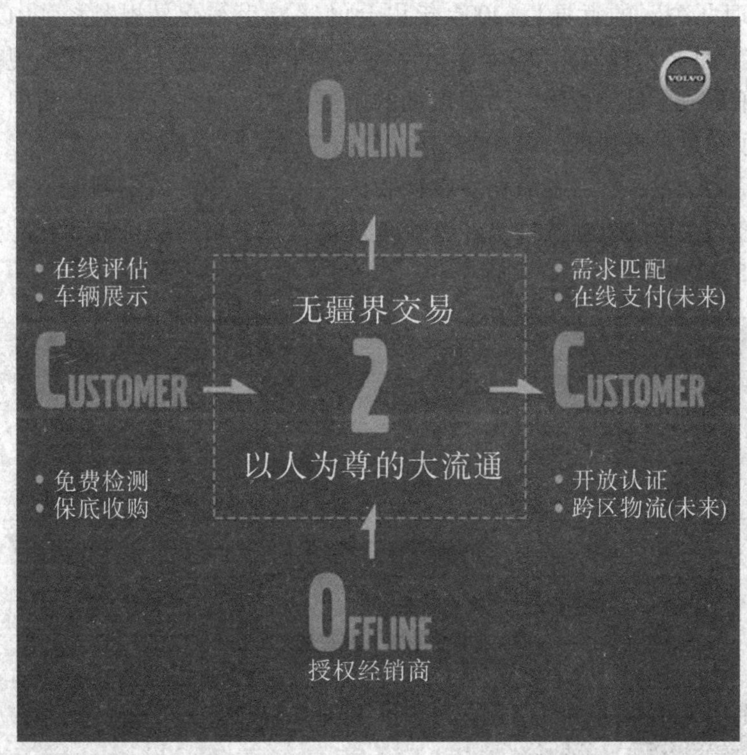


图4.1　尊沃认证二手车流通全新生态链图

问题：

（1）豪华品牌汽车是如何进入我国二手车市场的？它们进入我国二手车市场有何优势？

（2）何谓二手车认证？尊沃认证二手车是否能够得到购车者的认可？为什么？

# 第五章　我国二手车管理制度

二手车贸易需要一系列相应法律法规进行规范，形成制度。自1998年3月9日我国贸易部印发并实施《旧机动车交易管理办法》后，涉及二手车贸易的规定和政策主要有2004年出台的《汽车产业政策》，2005年出台的《汽车品牌销售实施管理办法》《二手车流通管理办法》《关于进一步贯彻实施〈汽车品牌销售实施管理办法〉和〈二手车流通管理办法〉的意见》，2006年出台的《二手车交易规范》，2013年出台的《二手车鉴定评估技术规范》，2015年出台的《二手车流通企业经营管理规范》等。这些规范与政策形成了目前我国二手车市场的主要模式，对促进和规范我国二手车贸易的发展起到了举足轻重的作用。

通过本章的学习，学习者应初步掌握我国二手车管理的基本制度、二手车交易市场和二手车经营主体的设立条件与经营管理规范、二手车的交易链和交易流程等主要内容（见图5.1）。

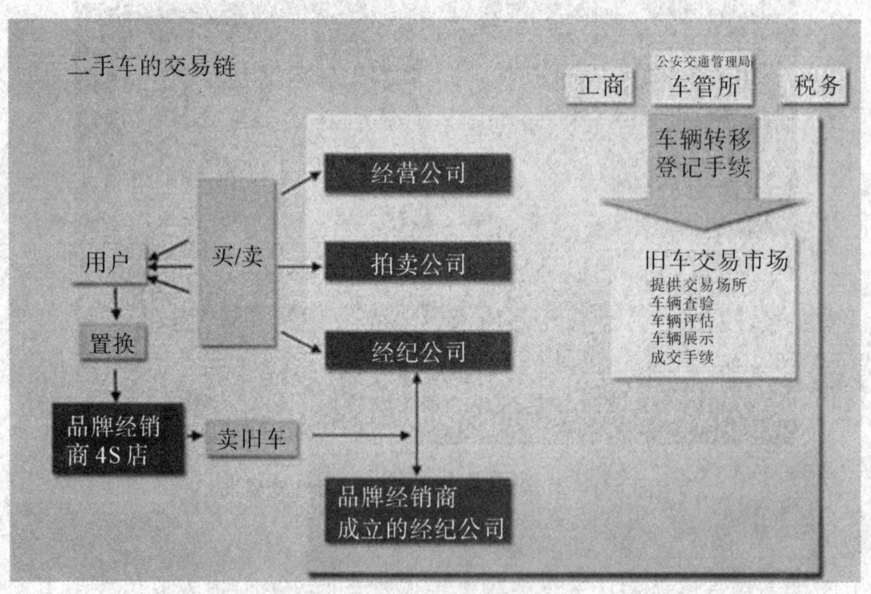


图5.1　二手车交易链图

# 第一节　二手车经营主体管理规范

我国的二手车经营主体管理规范，目前主要体现在《二手车流通管理办法》和《二手车流通企业经营管理规范》这两部规范性文件中。

## 一、二手车经营主体管理规范概述

《二手车流通管理办法》（以下简称《办法》）内容包括五部分：一是总则，规定了《办法》的制定依据、目的和适用范围以及二手车、二手车交易市场、二手车经营主体、二手车经营行为、二手车直接交易的概念；二是条件和程序，规定了二手车交易市场经营者、二手车经营主体的设立条件和程序，详细规定了二手车鉴定评估机构的设立条件，但对二手车交易市场、二手车经销公司、二手车经纪公司和二手车拍卖公司的设立条件和管理规范未做具体规定；三是行为规范，规定了二手车经营主体（二手车卖方、经销企业、经纪机构、鉴定评估机构）的行为规范；四是监督与管理，规定了相关监督与管理制度；五是附则。

《二手车流通企业经营管理规范》（以下简称《规范》）弥补了《办法》的缺陷和不足，详细规定了二手车交易市场、二手车经销公司、二手车经纪公司和二手车拍卖公司的设立条件和管理规范。

### （一）基本概念

1. 二手车交易市场

二手车交易市场是指依法设立、为买卖双方提供二手车集中交易和相关服务的场所。

2. 二手车经营主体

二手车经营主体是指经工商行政管理部门依法登记，从事二手车经销、拍卖、经纪、鉴定评估的企业。

3. 二手车经营行为

二手车经营行为是指二手车经销、拍卖、经纪、鉴定评估等行为。二手车经销是指二手车经销企业收购、销售二手车的经营活动；二手车拍卖是指二手车拍卖企业以公开竞价的形式将二手车转让给最高应价者的经营活动；二手车经纪是指二手车经纪机构以收取佣金为目的，为促成他人交易二手车而从事居间、行纪或者代理等经营活动；二手车鉴定评估是指二手车鉴定评估机构对二手车技术状况及其价值进行鉴定评估的经营活动。

4. 二手车直接交易

二手车直接交易是指二手车所有人不通过经销企业、拍卖企业和经纪机构将车辆直接出售给买方的交易行为。《办法》规定，二手车直接交易应当在二手车交易市场进行。

（二）二手车流通管理制度

《办法》规定，二手车交易市场经营者、二手车经销企业和经纪机构应当具备企业法人条件，并依法到工商行政管理部门办理登记。《规范》对各类二手车流通企业的管理进行了规范。根据《规范》的要求，二手车经销公司、二手车拍卖公司、二手车经纪服务公司、二手车交易市场等都属于二手车流通企业。二手车流通监督管理遵循破除垄断、鼓励竞争、促进发展以及公平、公正、公开的原则。

1. 主管部门及职责分工

（1）国务院商务主管部门、工商行政管理部门、税务部门在各自的职责范围内负责二手车流通有关监督管理工作。

（2）省、自治区、直辖市和计划单列市商务主管部门、工商行政管理部门、税务部门在各自的职责范围内负责辖区内二手车流通有关监督管理工作。

（3）商务主管部门、工商行政管理部门应当在各自的职责范围内采取有效措施，加强对二手车交易市场经营者和经营主体的监督管理，依法查处违法违规行为，维护市场秩序，保护消费者的合法权益。

2. 主体备案制度

《办法》规定，建立二手车交易市场经营者和二手车经营主体备案制度。凡经工商行政管理部门依法登记，取得营业执照的二手车交易市场经营者和二手车经营主体，应当自取得营业执照之日起 2 个月内向省级商务主管部门备案。省级商务主管部门应当将二手车交易市场经营者和二手车经营主体有关备案情况定期报送国务院商务主管部门。

3. 信息报送、公布制度

《办法》和《规范》都规定，建立和完善二手车流通信息报送、公布制度。二手车交易市场经营者和二手车经营主体应当定期将二手车交易量、交易额等信息通过所在地商务主管部门报送省级商务主管部门。省级商务主管部门将上述信息汇总后报送国务院商务主管部门。国务院商务主管部门定期向社会公布全国二手车流通信息。

4. 信用档案制度

《办法》规定，国务院工商行政管理部门会同商务主管部门建立二手车交易市场经营者和二手车经营主体信用档案，定期公布违规企业名单。

（三）二手车经营主体的责任和义务

1. 应当确认卖方身份和车辆合法性的义务

《办法》第十五条规定：二手车交易市场经营者和二手车经营主体应当确认卖方的身份证明，车辆的号牌、机动车登记证书、机动车行驶证，有效的机动车安全技术检验合格标志、车辆保险单、缴纳税费凭证等。国家机关、国有企事业单位在出售、委托拍卖车辆时，应持有本单位或者上级单位出具的资产处理证明。

《办法》第十六条规定：出售、拍卖无所有权或者处置权车辆的，应承担相应的法律责任。

2. 应当向买方提供车辆真实信息的义务

《办法》第十七条规定：二手车卖方应当向买方提供车辆的使用、修理、事故、检验以及是否办理抵押登记、缴纳税费、报废期等真实情况和信息。买方购买的车辆如因卖方隐瞒和欺诈不能办理转移登记，卖方应当无条件接受退车，并退还购车款等费用。

3. 应当提供质量保证与售后服务承诺的义务

《办法》第十八条规定：二手车经销企业销售二手车时应当向买方提供质量保证及售后服务承诺，并在经营场所予以明示。

4. 应当签订二手车交易合同的义务

《办法》第十九条规定：进行二手车交易应当方签订合同。

5. 交付车辆及相关证明、凭证的义务

《办法》第二十二条规定：二手车交易完成后，卖方应当及时向买方交付车辆、号牌及车辆法定证明、凭证。车辆法定证明、凭证主要包括：

（1）机动车登记证书；

（2）机动车行驶证；

（3）有效的机动车安全技术检验合格标志；

（4）车辆购置税完税证明；

（5）养路费缴付凭证；

（6）车船使用税缴付凭证；

（7）车辆保险单。

6. 开具二手车销售统一发票的义务

《办法》第二十四条规定：二手车经销企业销售、拍卖企业拍卖二手车时，应当按规定向买方开具税务机关监制的统一发票。进行二手车直接交易和通过二手车经纪机构进行二手车交易的，应当由二手车交易市场经营者按规定向买方开具税务机关监制的统一发票。

具有二手车销售统一发票开票资格的企业有：二手车交易市场；二手车经销企业，包括从事二手车交易的汽车生产和销售企业；从事二手车拍卖活动的拍卖公司。这些企业只有在税务部门备案登记后才有资格购买发票。

7. 缴纳增值税的义务

根据财政部、国家税务总局《关于部分货物适用增值税低税率和简易办法征收增值税政策的通知》（财税〔2009〕9号）的规定，二手车交易市场、二手车经营销售和二手车拍卖企业三种二手车经营主体交易的二手车需要缴纳增值税（二手车经纪公司和二手车交易市场不需要缴纳增值税）。具体征税规定如下：

（1）个人车主在二手车交易市场内销售自己使用过的二手车免征增值税。

（2）单位车主在二手车交易市场内销售自己使用过的二手车分以下两种情况征收增值税：

①一般纳税人（年销售额在规定标准以上的增值税纳税人）销售自己使用过的机动车，按4%征收率减半征收增值税；应开具普通发票，不得开具增值税专用发票；

②小规模纳税人（包括除一般纳税人外的其他单位，不包括其他个人）销售自己使用过的机动车，减按2%征收率征收增值税；应开具普通发票，不得由税务机关代开

增值税专用发票。

主管税务机关根据有利于税收控管和方便纳税的原则，按照有关规定委托二手车市场经营者代征增值税。

（3）从事二手车交易的经销企业（包括从事二手车交易的汽车生产和销售企业）销售二手车，一律按照简易办法依照4%征收率减半（即2%）征收增值税。

（4）从事二手车拍卖活动的拍卖公司受托拍卖二手车，向买方收取全部价款和价外费用的，应按照4%的征收率征收增值税。

8. 建立二手车交易档案的义务

《办法》第三十条规定：二手车交易市场经营者和二手车经营主体应当建立完整的二手车交易购销、买卖、拍卖、经纪以及鉴定评估档案。

《二手车交易规范》和《二手车流通企业经营管理规范》都规定，二手车交易市场经营者、经销企业、拍卖公司应建立交易档案，交易档案保留期限不少于3年。交易档案主要包括以下内容：

（1）车辆的法定证明、凭证复印件（车辆号牌、机动车登记证书、机动车行驶证、机动车安全技术检验合格标志以及车辆购置税、车船税和保险缴费凭证）；

（2）购车原始发票或者最近一次交易发票复印件；

（3）买卖双方身份证明或者机构代码证书复印件；

（4）委托人及授权代理人身份证或者机构代码证书以及授权委托书复印件；

（5）交易合同原件；

（6）二手车经销企业的车辆信息表（《二手车流通企业经营管理规范》称之为二手车技术状况表），二手车拍卖公司的拍卖车辆信息和二手车拍卖成交确认书；

（7）其他需要存档的有关资料。

## 二、二手车交易市场管理规范

### （一）二手车交易市场的设立条件

1. 基本要求

（1）选址符合城市商业网点发展规划，设在靠近城市公路干线或主要道路的适宜位置，交通便捷，易达性好，辐射范围广。

（2）有规范的名称、组织机构、固定场所和章程。

（3）具备为买卖双方提供车辆合法性检验、二手车展示、信息查询、鉴定评估、转移登记、购置税变更、车船税变更、保险、抵押贷款等服务功能。

（4）能为20家以上固定二手车经营商户提供相应办公场地及配套设施。

2. 具备一定的经营场地与设施设备

（1）场地面积不低于10 000平方米，其中直辖市、省会城市、计划单列市场地面积不低于20 000平方米。

（2）功能区域划分清楚并设有标识牌。设置和划分查验区、评估区、展销区、交易大厅等功能区域与设施。

（3）交易大厅面积不低于300平方米，其中直辖市、省会城市、计划单列市场交易大厅面积不低于500平方米。此外，对交易大厅还有如下要求：

①交易大厅明显位置设有二手车交易流程示意图、各种代办服务、注意事项、收费项目及标准、投诉电话等；

②配备3台以上触摸屏式信息查询机器，能够查询车辆的基础参数以及同时期、同品牌交易车辆的参考价格，查询各项手续是否完备以及交通违法记录等重要信息；

③设立电子排队叫号系统；

④设立电子显示屏，滚动发布待交易车型、颜色、使用年限等车辆主要信息，及时更新已交易车型的价格；

⑤设有专门的客户休息区，配备相应的设施、设备；

⑥设有查验车辆法定证明及凭证、鉴定评估、打印交易发票、办理转移登记手续等服务窗口。

（4）车辆展示销售区面积不低于5 000平方米，标识明显，其中直辖市、省会城市、计划单列市车辆展示销售区域面积不低于10 000平方米。

（5）设有车辆入场检查、鉴定评估专用区域，配备核对证照、车辆查验、鉴定评估等工位。

（6）设置专用试车场地，配备必要的安全防护设施。

（7）设有社会车辆专用停车场，与车辆展示销售区分开，停车场面积不低于500平方米。

（8）车辆展示销售区布局与道路出入口设置合理，出入畅通。

（9）按当地绿化规定要求进行绿化，环境卫生、整洁。

（10）按照有关规定设置防火、防盗、监控等安全设施，并由专人使用和维护。

3. 具备一定的从业人员

（1）具备二手车营销专业技能的管理人员。

（2）具有汽车技术、营销管理等相关专业知识工程师及以上职称的技术管理人员。

（3）配备3名以上车辆专职检验人员。

### （二）二手车交易市场的经营管理

（1）实行封闭式管理，展销的商品车辆应停放在专用区域内。

（2）建立并实施二手车入场登记与查验制度，确认卖方的身份及车辆的合法性。

（3）建立二手车交易管理系统，实现车辆入场、展示、交易、出场等信息电子化管理。

（4）能够提供二手车基本信息、价格以及交通违章信息查询等服务，定期发布交易信息与价格信息。

（5）制定市场管理规则，建立商户准入制度，对场内的交易活动负有监督、规范和管理责任，保证良好的市场环境和交易秩序。

（6）进入展销区域内的展销车需明码标价，填写“二手车技术状况表”并随展车一同展示。

（7）建立和实施消费者投诉及受理制度，并设有交易纠纷调解机构。

（8）建立和实施驻场商户管理制度，建立驻场企业诚信奖惩机制，引导驻场企业诚信经营。

(9) 建立和实施先行赔付制度，保护消费者合法权益。

(10) 建立和实施市场员工岗位责任制度、绩效考核制度和业务培训制度，不断提高员工综合服务能力。

(11) 市场工作人员应统一着装并佩戴工作卡。

## 三、二手车经销公司管理规范

二手车经销公司是指依法从事二手车收购、销售并提供售后服务的企业。

### (一) 二手车经销公司的设立条件

1. 基本要求

(1) 具有规范的名称、组织机构、固定场所和章程，符合城市商业网点发展规划。

(2) 具备二手车收购、销售、整备、展示、车辆技术状况鉴定、售后服务功能，能够提供转移登记、购置税变更、车船税变更、保险、抵押贷款等代办服务。

2. 具备一定的经营场地与设施设备

(1) 经营面积不低于 1 500 平方米。

(2) 设有车辆检测、整备以及售后服务所需的工具、设施、设备与工位。具体如下：

①配备 3 台以上漆面涂层测厚仪，通用或专用电控系统解码器、举升机等车辆检测设备；

②配备车辆清洁、抛光等车辆整备设备；

③具备能够向客户提供售后服务的设施设备。

3. 具备一定的从业人员

(1) 具有国家二手车鉴定评估师。

(2) 具有 5 名以上二手车营销管理人员。

### (二) 二手车经销公司的经营管理规范

(1) 收购车辆，应确认卖方的身份及车辆的合法性，应核实卖方的所有权或处置权证明。

(2) 不得调整和更改车辆里程表，有重大事故修复痕迹的车辆应注明。

(3) 在完成收购后及销售前，应对车辆进行检测和整备。未经整备或存在安全隐患的车辆不得向最终用户销售。

(4) 进入展销区域内的展销车辆应明码标价，填写二手车技术状况表并随展车一同展示。二手车技术状况表标明的车辆技术状况应真实、清楚。

(5) 达成车辆销售意向的，应与买方签订二手车销售合同执行，并将二手车技术状况表作为合同附件。

(6) 收取车款，应向买方开具税务机关监制的二手车销售统一发票，并如实填写成交价格。发票上卖方一栏应填写本公司的名称，即车辆原所有权与二手车经销公司名称相符。

(7) 完成销售后，应为买方代办转移登记等手续。

（8）向最终用户销售使用年限在 3 年以内或行驶里程在 6 万千米以内的车辆（以先到者为准，营运车除外），应提供不少于 3 个月或 5 000 千米（以先到者为准）的质量保证。质量保证范围为发动机系统、转向系统、传动系统、制动系统、悬挂系统等。

（9）提供售后服务时，应提供售后服务清单，不得擅自增加未经客户同意的服务项目。

## 四、二手车经纪服务公司管理规范

二手车经纪服务公司是指依法从事二手车交易中介服务的企业，其主要业务形式为代购、代销、寄买、寄卖、代办手续等。

### （一）二手车经纪服务公司的设立条件

1. 基本要求

（1）有规范的名称、组织机构、固定场所和章程。

（2）具备二手车代理、居间、行纪、展示、信息咨询、代办交易手续等功能。

2. 具有一定的经营场地与设施设备

（1）注册地为二手车交易市场以外的经纪公司，经营面积不低于 50 平方米。

（2）具有固定的室内办公场所或室内场地。

（3）具有开展代理、居间、行纪、展示、信息咨询、代办交易手续等业务所需要的办公设施。

3. 具备一定的从业人员

（1）具有相应资质的二手车营销管理人员。

（2）具有 5 名以上具有经纪人资质的人员。

### （二）二手车经纪服务公司的经营管理规范

（1）从事寄售业务，应确认卖方的身份及车辆的合法性，核实卖方的所有权或处置权证明。寄售车辆应明码标价，填写二手车技术状况表，并随展车一同展示。二手车技术状况表标明的车辆技术状况应真实、清楚。

（2）不得调整和更改车辆里程表，有重大事故修复痕迹或发动机、变速箱等重要部件总成存在重大质量问题的车辆应注明。

（3）受理委托购买业务，应当按以下要求进行：

①提供委托人的合法身份证明；

②依据委托人要求选择车辆，并及时向其通报市场信息；

③接受委托购买时，与委托方签订合同；

④根据委托人要求代为办理车辆鉴定评估，鉴定评估所发生的费用由委托人承担。

（4）严格按照委托购买合同向买方交付车辆、随车文件以及车辆的法定证明、凭证。

（5）寄售车辆，应按以下要求进行：

①与委托人签订寄售合同，委托方应当按照合同约定交付车辆、随车文件、车辆号牌、机动车登记证书、机动车行驶证、机动车安全技术检验合格标志等法定证明和凭证；

②及时向委托人通报市场信息；

③按合同约定展示委托车辆，并妥善保管，不得挪作他用；

④不得擅自降价或加价出售委托车辆；

⑤车款、佣金的给付，按寄售合同约定办理。

（6）车辆交易完成后，由二手车交易市场开具销售发票。

（7）进驻二手车交易市场应与交易市场管理者签订相应的管理协议，服从二手车交易市场经营者的统一管理。

（8）二手车经纪人不得以个人名义从事二手车经纪活动。二手车经纪公司不得以任何方式从事二手车的收购、销售活动。

（9）不得采取非法手段促成交易以及向委托人索取合同约定佣金以外的费用。

## 五、二手车拍卖公司管理规范

### （一）二手车拍卖公司的设立条件

《二手车流通管理办法》第十二条规定：设立二手车拍卖企业（含外商投资二手车拍卖企业）应当符合《中华人民共和国拍卖法》（以下简称《拍卖法》）和《拍卖管理办法》有关规定，并按《拍卖管理办法》规定的程序办理。

《中华人民共和国拍卖法》第十二条规定：设立拍卖企业，应当具备下列条件：

（1）有100万元人民币以上的注册资本；

（2）有自己的名称、组织机构、住所和章程；

（3）有与从事拍卖业务相适应的拍卖师和其他工作人员；

（4）有符合本法和其他有关法律规定的拍卖业务规则；

（5）符合国务院有关拍卖业发展的规定；

（6）法律、行政法规规定的其他条件。

《拍卖管理办法》第七条规定：企业申请取得从事拍卖业务的许可，应当具备下列条件：

（1）有100万元人民币以上的注册资本；

（2）有自己的名称、组织机构和章程；

（3）有固定的办公场所；

（4）有至少一名拍卖师；

（5）有符合有关法律、行政法规及本办法规定的拍卖业务规则；

（6）符合商务主管部门有关拍卖行业发展规划。

根据《二手车流通企业经营管理规范》的规定，二手车拍卖公司除满足《中华人民共和国拍卖法》所要求的设立条件外还应满足以下条件：

（1）基本要求。

①有规范的名称、组织机构、固定场所和章程；

②应具备二手车拍卖、展示、技术状况鉴定和清洁整备功能。

（2）具备一定的经营场地和设施设备。

①经营面积不低于3 000平方米；

②拍卖大厅面积不少于500平方米，可同时容纳100名以上竞拍人员；

③车辆展示区域面积不少于1 500平方米；

④设客户专用停车场，面积不少于200平方米；

⑤应具备汽车清洁场地和设施；

⑥设有用户登记接待、业务事宜协商、结算等服务窗口；

⑦配备计算机、拍卖管理软件等附属设施，按照相关要求，定期上报经营数据。

（3）具备一定的从业人员。

①配有国家二手车鉴定评估师；

②具有相应资质的二手车营销管理人员。

### （二）二手车拍卖公司的设立程序

1. 设立程序的规定

《拍卖法》第十一条规定：拍卖企业可以在设区的市设立。设立拍卖企业必须经所在地的省、自治区、直辖市人民政府负责管理拍卖业的部门审核许可，并向工商行政管理部门申请登记，领取营业执照。《拍卖管理办法》第十二条规定：企业及分公司申请取得从事拍卖业务的许可，按照下列程序办理：

（1）企业及分公司申请取得从事拍卖业务的许可，应当先经企业或分公司所在地市级商务主管部门审查后，报省级商务主管部门核准并颁发拍卖经营批准证书。

（2）省级商务主管部门对企业及分公司申请取得从事拍卖业务的许可可以采取听证方式。

（3）拍卖经营批准证书由省级商务主管部门统一印制。

2. 申请从事拍卖业务许可需要的材料

《拍卖管理办法》第八条规定：企业申请取得从事拍卖业务的许可，应当提交下列材料：

（1）申请书；

（2）公司章程、拍卖业务规则；

（3）企业法人营业执照副本（复印件）；

（4）法定代表人简历和有效身份证明；

（5）拟聘任的拍卖师执业资格证书；

（6）固定办公场所产权证明或租用合同。

《拍卖管理办法》第十一条规定：拍卖企业分公司申请取得从事拍卖业务的许可，申请人需要提交下列材料：

（1）申请报告；

（2）企业法人营业执照副本（复印件）；

（3）最近两年经会计师事务所审计的年度财务会计报表；

（4）分公司负责人简历及有效身份证明；

（5）拟聘任的拍卖师执业资格证书；

（6）固定办公场所的产权证明或租用合同。

## 六、二手车鉴定评估机构的设立条件和程序

### （一）二手车鉴定评估机构应当具备的条件

（1）是独立的中介机构；

（2）有固定的经营场所和从事经营活动的必要设施；

（3）有 3 名以上从事二手车鉴定评估业务的专业人员；

（4）有规范的规章制度。

### （二）二手车鉴定评估机构的设立程序

（1）申请人向拟设立二手车鉴定评估机构所在地省级商务主管部门提出书面申请，并提交符合规定的相关材料。

（2）省级商务主管部门自收到全部申请材料之日起 20 个工作日内做出是否予以核准的决定，对予以核准的，颁发二手车鉴定评估机构核准证书；不予核准的，应当说明理由。

（3）申请人持二手车鉴定评估机构核准证书到工商行政管理部门办理登记手续。

### （三）二手车鉴定评估的规范要求

1. 二手车鉴定评估的原则

二手车鉴定评估应当本着买卖双方自愿的原则，不得强制进行。属于国有资产的二手车应当按国家有关规定进行鉴定评估。

2. 二手车鉴定评估机构的职责

二手车鉴定评估机构应当遵循客观、真实、公正和公开原则，依据国家法律法规开展二手车鉴定评估业务，出具车辆鉴定评估报告；对鉴定评估报告中车辆技术状况，包括是否属于事故车辆等评估内容负法律责任。

3. 二手车鉴定评估机构的业务范围

二手车鉴定评估机构和人员可以按国家有关规定从事涉案、事故车辆鉴定等评估业务。

## 七、外资二手车经营主体的特殊规定

根据《二手车流通管理办法》的规定，符合条件的外商可以投资设立二手车交易市场、经销企业、经纪机构、鉴定评估机构。其提出的申请材料报省级商务主管部门审批。省级商务主管部门进行初审后，自收到全部申请材料之日起 1 个月内上报国务院商务主管部门。合资中方有国家计划单列企业集团的，可直接将申请材料报送国务院商务主管部门。国务院商务主管部门自收到全部申请材料 3 个月内会同国务院工商行政管理部门，做出是否予以批准的决定，对予以批准的，颁发或者换发外商投资企业批准证书；不予批准的，应当说明理由。申请人持外商投资企业批准证书到工商行政管理部门办理登记手续。

## 第二节　二手车交易规范

二手车交易是汽车贸易的一个重要组成部分，是汽车流通领域一个必不可少的环节。二手车交易满足了城乡居民多档次、多品种、低价位的需求，消费者具有较大的选择空间，从而使二手车交易充满了活力，起到了繁荣汽车市场的作用。我国有关二手车交易规范的规定主要体现在2005年10月1日起施行的《二手车流通管理办法》、2006年3月24日实施的《二手车交易规范》和2016年9月1日正式实施的《二手车流通企业经营管理规范》3部规范性文件中。

### 一、二手车交易的基本原则

#### （一）诚实、守信、公平、公开原则

《二手车交易规范》第三条规定：二手车交易应遵循诚实、守信、公平、公开的原则，严禁欺行霸市、强买强卖、弄虚作假、恶意串通、敲诈勒索等违法行为。

#### （二）规范经营原则

《二手车交易规范》第四条规定：二手车交易市场经营者和二手车经营主体应在各自的经营范围内从事经营活动，不得超范围经营。

#### （三）标的合法原则

根据《二手车流通管理办法》第二十三条的规定，下列车辆禁止经销、买卖、拍卖和经纪：

（1）已报废或者达到国家强制报废标准的车辆；

（2）在抵押期间或者未经海关批准交易的海关监管车辆；

（3）在人民法院、人民检察院、行政执法部门依法查封、扣押期间的车辆；

（4）通过盗窃、抢劫、诈骗等违法犯罪手段获得的车辆；

（5）发动机号码、车辆识别代号或者车架号码与登记号码不相符，或者有凿改迹象的车辆；

（6）走私、非法拼（组）装的车辆；

（7）不具有车辆行驶证等相关证明、凭证的车辆；

（8）在本行政辖区以外的公安机关交通管理部门注册登记的车辆；

（9）国家法律、行政法规禁止经营的车辆。

对交易违法车辆的，二手车交易市场经营者和二手车经营主体应当承担连带赔偿责任和其他相应的法律责任。

#### （四）登记注册地交易原则

根据《二手车交易规范》第九条的规定，二手车应在车辆注册登记所在地交易。这一规定并非说明二手车不允许在异地交易，而要经过转籍后方能在异地交易。该条同时规定：二手车转移登记手续应按照公安部门有关规定在原车辆注册登记所在地公安机关交通管理部门办理。需要进行异地转移登记的，由车辆原属地公安机关交通管

理部门办理车辆转出手续，在接收地公安机关交通管理部门办理车辆转入手续。

## 二、二手车直接交易规范

### （一）二手车直接交易概述

1. 二手车直接交易的概念

《二手车流通管理办法》第六条规定：二手车直接交易是指二手车所有人不通过经销企业、拍卖企业和经纪机构将车辆直接出售给买方的交易行为。

2. 二手车直接交易的类型

根据二手车买卖双方身份的不同，二手车直接交易有四种类型：个人对个人交易、个人对单位交易、单位对个人交易、单位对单位交易。这四种交易类型的定价规定是不同的，单位车辆若涉及国有资产的，必须通过评估定价；如果是个人交易，则交易价格可由买卖双方商定。

3. 二手车直接交易的场所

《二手车流通管理办法》第六条规定：二手车直接交易应当在二手车交易市场进行。这个规定有两层含义：一是直接交易不能在交易双方间直接完成；二是二手车交易可在二手车市场内进行，也可在场外进行，但必须在二手车市场开具二手车销售统一发票，从而进行转籍过户。无论哪一种直接交易类型，卖车都不能给买方开具二手车销售统一发票，因此二手车买卖双方要完成交易必须到有开票资格的企业完成最终交易过程。

### （二）二手车直接交易具体规范

（1）二手车直接交易方为自然人的，应具有完全民事行为能力。无民事行为能力的，应由其法定代理人代为办理，法定代理人应提供相关证明。二手车直接交易委托代理人办理的，应签订具有法律效力的授权委托书。

（2）二手车直接交易双方或其代理人均应向二手车交易市场经营者提供其合法身份证明，并将车辆及法定证明、凭证送交二手车交易市场经营者进行合法性验证。

（3）二手车直接交易双方应签订买卖合同，如实填写有关内容，并承担相应的法律责任。

（4）二手车直接交易的买方按照合同支付车款后，卖方应按合同约定及时将车辆及法定证明、凭证交付买方。车辆法定证明、凭证齐全合法，并完成交易的，二手车交易市场经营者应当按照国家有关规定开具二手车销售统一发票，并如实填写成交价格。

## 三、二手车经销规范

### （一）二手车经销的概念

二手车经销是指二手车销售企业收购、销售二手车的经营活动。汽车品牌经销商开展二手车和新车置换、销售置换下来的二手车也是一种二手车经销行为。

### （二）收购与销售行为具体规范

二手车经营公司大多采用这种交易类型。车主将二手车经评估后，与经营公司商洽，以可以接受的价格卖给经营公司。经营公司经检测、保养、维修后再出售给新的买主，从中获取一定的利润。收购与销售二手车应遵守以下规范：

（1）收购车辆，应确认卖方的身份及车辆的合法性，应核实卖方的所有权或处置权证明。

（2）不得调整和更改车辆里程表，有重大事故修复痕迹的车辆应注明。

（3）在完成收购后及销售前，应对车辆进行检测和整备。未经整备或存在安全隐患的车辆不得向最终用户销售。

（4）进入展销区域内的展销车辆应明码标价，填写二手车技术状况表并随展车一同展示。二手车技术状况表所标明的车辆技术状况应真实、清楚。当然，该二手车实际成交价格并非一定是明码标价的价格，明码标价的价格是交易的参考价格。

（5）达成车辆销售意向的，应与买方签订销售合同，销售合同应参照国家工商总局发布的二手车销售合同（示范文本）执行，二手车技术状况表作为合同附件。

（6）收取车款，应向买方开具税务机关监制的二手车销售统一发票，并如实填写成交价格。二手车经销公司只能对本公司销售的二手车开具二手车销售统一发票，不得为其他企业或者个人代开发票。发票上卖方一栏应填写本公司的名称，即车辆原所有权与二手车经销公司名称相符。

（7）完成销售后，应为买方代办转移登记等手续。

（8）向最终用户销售使用年限在 3 年以内或行驶里程在 6 万千米以内的车辆（以先到者为准，营运车除外），应提供不少于 3 个月或 5 000 千米（以先到者为准）的质量保证。质量保证范围为发动机系统、转向系统、传动系统、制动系统、悬挂系统等。

（9）提供售后服务时，应提供售后服务清单，不得擅自增加未经客户同意的服务项目。二手车经销企业在提供售后服务的过程中，不得擅自增加未经客户同意的服务项目。

（10）应建立交易档案和售后服务技术档案。二手车售后服务技术档案包括以下内容：

①车辆基本资料。其主要包括车辆品牌型号、车牌号码、发动机号、车架号、出厂日期、使用性质、最近一次转移登记日期、销售时间、地点等。

②客户基本资料。其主要包括客户名称（姓名）、地址、职业、联系方式等。

③维修保养记录。其主要包括维修保养的时间、里程、项目等。

售后服务技术档案保存时间不少于 3 年。

## 四、二手车中介交易规范

二手车中介交易是指二手车买卖双方通过中介的帮助而实现交易，中介方收取佣金的一种交易行为。二手车中介交易主要包括二手车经纪和二手车拍卖两种方式。

### （一）二手车经纪规范

#### 1. 二手车经纪的概念

二手车经纪是指经纪公司或经纪人以收取佣金为目的，为促成他人交易二手车而从事居间、行纪或者代理等经营活动。《二手车交易规范》规定从事二手车经纪活动不得以二手车经纪人个人名义参与，而必须以有固定经营场所的二手车经纪机构进行；消费者购买或出售二手车可以委托二手车经纪机构（公司）办理，其完成的交易是一种委托交易。委托交易的最大特征是二手车经纪机构不拥有车辆的所有权。

2. 二手车经纪的主要形式及经营场所

二手车经纪的形式主要有代购、代销、买卖信息中介服务等。其中，代销（也称寄卖、委托销售等）是最常见的形式。二手车寄卖，就是车主（对二手车进行鉴定后）与二手车经纪公司签订寄卖协议，把二手车委托给二手车经纪公司进行出售的一种方式。二手车经纪公司发布交易信息，买主和二手车经纪公司达成交易意向后，二手车经纪公司通知车主到市场办理过户手续。车主将二手车委托给经纪公司出售，可以省去自己寻找客户所耗费的时间和精力以及由于对市场行情或办理手续缺乏了解可能造成的不必要损失。

二手车经纪公司以二手车交易市场为经营场所，是我国现阶段二手车交易市场的主力军。众多二手车经纪公司参与给二手车交易市场带来了公平竞争，使得市场交易活跃，容易形成二手车市场行情和公平市价，也为二手车评估和交易提供了丰富的参照车辆。

3. 二手车经纪的车辆来源

二手车交易市场里二手车经纪公司数量多、从业人员多，掌握大量的二手车资源信息。二手车经纪公司的车源主要来自以下几个方面：

（1）车主主动委托销售。

（2）二手车经纪公司主动到社会上收购车辆。大多数经纪公司主要依靠在社会上广泛收集卖车信息（包括到二手车网络信息平台获得车辆信息），甚至将车辆买下补充代销车源。这是现阶段主导二手车市场的经纪公司主要的交易模式，但严格来讲，二手车经纪公司这种收车买车的变相经营行为是不符合《二手车交易规范》规定的。

（3）与品牌4S店联手获得置换车辆。二手车经纪公司和4S店新车置换业务形成一种互补关系。就品牌4S店而言，主营的是新车业务，处置消费者置换后的旧车是比较麻烦的事情，而二手车经纪公司经营二手车业务是其强项。两者结合既补充了二手车经纪公司车源，也推动了4S店新车置换业务的增长。

（4）通过二手车拍卖会获得车辆。

4. 二手车经纪具体规范

（1）委托二手车经纪机构购买二手车时，应符合以下规定：

①委托人向二手车经纪机构提供合法身份证明；

②二手车经纪机构依据委托人要求选择车辆，并及时向其通报市场信息；

③二手车经纪机构接受委托购买时，双方签订合同；

④二手车经纪机构根据委托人要求代为办理车辆鉴定评估，鉴定评估所发生的费用由委托人承担。

（2）二手车经纪机构应严格按照委托购买合同向买方交付车辆、随车文件及车辆的法定证明、凭证。

（3）从事寄售业务，应确认卖方的身份及车辆的合法性，核实卖方的所有权或处置权证明。寄售车辆应明码标价，填写二手车技术状况表，并随展车一同展示。二手车技术状况表所标明的车辆技术状况应真实、清楚。

(4) 不得调整和更改车辆里程表，有重大事故修复痕迹或发动机、变速箱等重要部件总成存在重大质量问题的车辆应注明。

(5) 寄售车辆，应按以下要求进行：

①与委托人签订寄售合同，委托方应当按照合同约定交付车辆、随车文件、车辆号牌、机动车登记证书、机动车行驶证、机动车安全技术检验合格标志等法定证明、凭证；

②及时向委托人通报市场信息；

③按合同约定展示委托车辆，并妥善保管，不得挪作他用；

④不得擅自降价或加价出售委托车辆；

⑤车款、佣金的给付，按寄售合同约定办理。

(6) 通过二手车经纪机构买卖的二手车，应由二手车交易市场经营者开具国家税务机关监制的统一发票。

(7) 进驻二手车交易市场的二手车经纪机构应与交易市场管理者签订相应的管理协议，服从二手车交易市场经营者的统一管理。

(8) 二手车经纪人不得以个人名义从事二手车经纪活动。二手车经纪机构不得以任何方式从事二手车的收购、销售活动。

(9) 二手车经纪机构不得采取非法手段促成交易以及向委托人索取合同约定佣金以外的费用。

### (二) 二手车拍卖规范

#### 1. 二手车拍卖的概念

二手车拍卖是指二手车拍卖企业以公开竞价的形式将二手车转让给最高应价者的经营活动。拍卖公司将欲出售的二手车经鉴定评估程序后，与买主商定一个起拍的底价，并在拍卖前展示拍卖的车辆，并应于拍卖前 7 日发布公告。公示拍卖的时间、地点、拍卖的车型及数量以及参加拍卖会需办理的竞买手续等有关事项。

《中华人民共和国拍卖法》和《拍卖管理办法》都规定，拍卖人有权要求委托人书面说明拍卖标的的来源和瑕疵。拍卖企业有权查明或者要求委托人说明拍卖标的的来源和瑕疵。拍卖人应当向竞买人说明其知道或者应当知道的拍卖标的的瑕疵。

二手车拍卖建立在公开透明、公正交易的原则之上，买卖双方信息沟通比较畅通，通过一个平等互信的中介平台，完成二手车的交易。二手车竞价拍卖以其直观、交易周期短、兑现快以及成交价最贴近市场真实价格等优势赢得消费者的青睐。对于买卖双方，拍卖都是一种非常理想的处理二手车交易的方式。

#### 2. 二手车拍卖的方式

二手车拍卖有现场拍卖会和网上拍卖两种方式。

(1) 二手车现场拍卖会。二手车拍卖会是在现场公开的环境下进行的。其具有以下几个特点：

①直观，能够现场看车、现场竞价成交；

②由拍卖师喊价与成交确认；

③过程公开透明。

拍卖会竞买流程为看车咨询、竞买登记、付保证金、参加竞买、结清车款、提取车辆、办理过户。过户手续由二手车拍卖公司业务人员代办。

通过二手车现场拍卖会方式处置车辆是政府机关、大型团体、租赁公司等集团用户进行车辆更新换代的有效途径，可以有效防止人为因素导致的不正常交易行为。

（2）网上拍卖。网上拍卖是二手车拍卖公司利用互联网发布拍卖信息，公布拍卖车辆技术参数和直观图片，通过网上竞价，网下交接，将二手车转让给超过拍卖底价的最高应价者的经营活动。只有取得二手车拍卖人资质的企业才能开展二手车网上拍卖活动。网上拍卖具有以下几个特点：

①在虚拟网络化的环境下进行，竞价者通过网络远程竞价，不受地域限制；

②竞价者不受现场竞价气氛的影响，自由竞价；

③在设定的截止时间自动结束竞价，成交便捷、迅速；

④扩大了二手车交易范围；

⑤成交成本低。

网上拍卖竞买流程为注册、浏览商品、确认拍卖标的、在指定的账号存入保证金、参加网上竞拍。若最后以最高价竞拍成功，拍卖方以电话等多种形式进行通知确认，进行标的车辆和车款的交接以及办理车辆交易的相关手续；若没有竞拍成功，则参拍者退回保证金。

3. 二手车拍卖具体规范

（1）委托拍卖时，委托人应提供身份证明、车辆所有权或处置权证明及其他相关材料。拍卖人接受委托的，应与委托人签订委托拍卖合同。

（2）委托人应提供车辆真实的技术状况，拍卖人应对车辆进行鉴定，将鉴定结论填写在二手车技术状况表中，并随车一同展示。二手车技术状况表标明的车辆技术状况应真实、清楚。

（3）实物车辆拍卖活动，拍卖人应于拍卖日 7 日前发布公告。拍卖公告应通过报纸或者其他新闻媒体发布，并载明下列事项：

①拍卖的时间、地点；

②拍卖的车型及数量；

③车辆的展示时间、地点；

④参加拍卖会办理竞买的手续；

⑤需要公告的其他事项。

（4）拍卖车辆应在拍卖前进行展示，时间不少于 2 天，并在车辆显著位置张贴二手车技术状况表。

（5）进行网上竞价，应在网上公布车辆的彩色照片和二手车技术状况表，公布时间不得少于 24 小时。组织网上竞价，应按照有关规定制定网上拍卖规则，竞买人需要办理网上拍卖竞买手续。

（6）拍卖成交后，买受人和拍卖人应签署二手车拍卖成交确认书。

（7）委托人、买受人可与拍卖人约定佣金比例。委托人、买受人与拍卖人对拍卖佣金比例未做约定的，依据《中华人民共和国拍卖法》及《拍卖管理办法》有关规定收取佣金。拍卖未成交的，拍卖人可按委托拍卖合同的约定向委托人收取服务费用。

（8）拍卖人应在拍卖成交且买受人支付车辆全款后，将车辆、随车文件及车辆的法定证明、凭证交付给买受人，并向买受人开具二手车销售统一发票，如实填写拍卖成交价格，并协助买受人办理车辆转移登记手续。

## 五、二手车置换规范

### （一）二手车置换的概念

二手车置换是指客户在向汽车销售商购买新车时，将目前在用的汽车经过该公司的检测估价后，以一定的折价抵扣部分新车价款的一种交易方式，即以旧换新。

### （二）二手车置换具体规范

当前，我国二手车置换方面的规范还是空白，《二手车流通管理办法》《二手车交易规范》和《二手车流通企业经营管理规范》都没有涉及二手车置换。实践中二手车置换业务主要是在同品牌的车型中开展的，汽车品牌经销商将置换的二手车经过一定的检测、维修后，作为一辆认证二手车卖给消费者。汽车品牌经销商按照厂家技术标准检测认证及质保的二手车成为品牌二手车。品牌二手车由于有汽车品牌信誉、技术做保证，而且售后服务业比较周到，因此得到消费者青睐和信赖。目前，我国大部分汽车品牌都开展了认证二手车销售业务如表 5.1 所示。

表 5.1　国内知名汽车品牌设立的品牌二手车及认证项目一览表

| 汽车厂家/品牌 | 品牌二手车名称 | 认证项目（项） | 汽车厂家/品牌 | 品牌二手车名称 | 认证项目（项） |
|---|---|---|---|---|---|
| 上海通用 | 诚新二手车 | 106 | 一汽丰田 | 心悦二手车 | 203 |
| 上海大众 | 特选二手车（Techcare） | 36 | 一汽丰田 | SMILE 认证二手车 | 170 |
| 一汽大众 | 奥迪品荐二手车 | 110 | 东风标致 | 诚狮二手车 | 245 |
| 广州本田 | 喜悦二手车 | 203 | 东风雪铁龙 | 龙信二手车 | 107 |
| 奔驰 | 星睿二手车（StarElite） | 158 | 东风悦达起亚 | 至诚二手车 | 108 |
| 宝马 | 尊选二手车 | 100 | 东风日产 | 认证二手车 | 128 |

我国二手车置换存在以下两个问题：一是二手车鉴定评估均由 4S 店的评估师进行，而每个 4S 店评估出来的价格不同，难以获得车主的认可；二是置换时，只能置换同品牌的车辆，不能进行不同品牌车辆的置换。

## 六、二手车认证和检测规范

### （一）二手车认证的概念

二手车认证是指第三方二手车鉴定评估机构对二手车辆的信息、手续、真实车况及市场价格的书面证明。二手车认证机构必须公平公正地对车辆进行认证，并承担相应认证责任。二手车认证分为三个主要认证部分：

（1）二手车相关手续的认证；

（2）二手车车型、年款的认证；

（3）二手车真实状况的认证。

### （二）二手车检测的概念

二手车检测主要是指第三方对二手车车况的检验。可以将二手车检测理解为二手车认证的一部分。其检测的主要内容包括车身外观部分检测、悬挂部分检测、车架及底盘部分检测、电器内饰部分检测、发动机和变速器检测以及其他部分检测 6 个方面的检测。

### （三）二手车认证和检测具体规范

二手车认证不同于汽车厂家推出的认证，完全是站在第三方的角度，对车辆进行客观的评价，评估价格更贴近于市场真实情况。认证标准借鉴了中国汽车流通协会发布的《二手车鉴定评估技术规范》，并结合其他一些项目进行综合打分，使客户一目了然地知晓认证车状况。

二手车检测更多地依赖于第三方推出的检测规定和方法。例如，上海国拍机动车拍卖有限公司建立了专业的检测运营团队——"安心检"，其推出了较为专业的 CSR 二手车检测系统。CSR 二手车检测系统把车辆的组成部分按功能分为 8 大总成，按 8 大总成在整车中的功能及其维修成本定义了评级基本权重系数；同时，独立地检视车辆的外观和内饰，单独给予评定。8 大总成涵盖了 148 个检测组件，再分别按 148 个组件在总成中的功能及维修成本定义了组件评级权重系数，148 个组件按其在整车中的架构位置再结合 CSR 五步骤检测流程汇总成 75 个检测大项，形成了最终的 CSR 二手车检测标准。CSR 五步骤是由前至后、由左至右、由上至下、由外至内、由静至动。此外，CSR 二手车检测系统在国内首次标定事故车和事故修复车，给予事故车和事故修复车明确的定义，改变了以往从来没有评判标准的状况。

为便于客户对二手车检测的情况有个直观的了解，"安心检"还对二手车进行了等级划分，如表 5.2 所示。

表 5.2　二手车（小客车）等级划分

| 序号 | 星级 | 使用年限（年） | 行驶里程参考值（万千米） | 星级调整 |
|---|---|---|---|---|
| 1 | 5 星 | 0 以上至 1 | 0 以上至 3.4 | 根据检测项目分值进行计算，累计分值减到一定值后降一级，然后评定出最终星级。 |
| 2 | 4 星半 | 1 以上至 2 | 3.4 以上至 6.7 | |
| 3 | 4 星 | 2 以上至 4 | 6.7 以上至 13.4 | |
| 4 | 3 星半 | 4 以上至 6 | 13.4 以上至 20 | |
| 5 | 3 星 | 6 以上至 9 | 20 以上至 30 | |
| 6 | 2 星半 | 9 以上至 11 | 30 以上至 36.7 | |
| 7 | 2 星 | 11 以上至 14 | 36.7 以上至 46.7 | |
| 8 | 1 星半 | 14 以上 | 46.7 以上 | |
| 9 | 1 星 | 三类车 | | |

注：①三类车是指事故车、水泡车和火烧车。

②如果发现“安心检”未检测出三类车的情况，则承诺在 14 天内购买者可以退回购买车辆，并全额退回购车款。

③“安心检”检测结果在 3 星半等级以上的车辆，可以享受检测保障。

在欧美等发达国家，二手车销售普遍采用认证制度，即由经销商、拍卖企业或专业大型鉴定评估公司按照一定的评估标准对车辆的检测、鉴定，符合技术要求的确定为“认证车”，并在车辆显要位置明示检测报告与认证标志。认证标准一般由汽车生产企业或具有权威性的二手车鉴定评估机构制定。由于“认证车”实施者的良好信誉以及售后质量担保，其受到消费者普遍欢迎。

## 第三节　二手车交易流程

二手车交易是一种特殊商品的交易，除了实现一般二手物品产权交易属性外，还有完成交易后相关手续的转移属性。根据《二手车流通管理办法》第二十五条的规定，二手车交易完成后，现车辆所有人应当凭税务机关监制的统一发票，按法律、法规有关规定办理转移登记手续。根据《二手车交易规范》第八条的规定，交易完成后，买卖双方应当按照国家有关规定，持法定证明、凭证向公安机关交通管理部门申办车辆转移登记手续。完成车辆转移登记后，买方应按国家有关规定，持新的机动车登记证书和机动车行驶证到有关部门办理车辆购置税、养路费变更手续。由此可见，一个合法完备的二手车交易过程应该包括车辆交易、交易过户和所有权转移登记以及税、险变更三个环节。

### 一、车辆交易

#### （一）二手车直接交易程序

1. 买卖双方达成交易意向

买卖双方达成交易意向是指买卖双方已就二手车交易谈妥了相关条件（如成交价格），达成了成交愿望。达成交易意向是买卖双方的一个谈判过程，这个过程可以在二手车交易市场内或市场外完成，一旦谈妥就可以进入市场内交易大厅办理过户的相关手续，完成交易。

2. 车辆评估

二手车鉴定评估是买卖双方达成交易意向后自愿选择的项目。根据《二手车流通管理办法》的规定，交易二手车时，除属国有资产的二手车外，二手车鉴定评估应本着买卖双方自愿的原则，不得强制执行，更不能以此为依据强制收取评估费。

消费者要求鉴定评估的目的主要有二：一是想通过鉴定评估了解二手车的技术状况，尤其是发现车辆存在的故障和安全隐患；二是了解二手车的真实价值。对于不熟悉汽车性能的普通消费者来说，在购买二手车时，委托二手车鉴定评估机构鉴定评估还是十分必要的。但是一定要委托正规的、有资质的第三方评估机构，并签订鉴定评估委托书，以使自己的权益得到保障。消费者得到的鉴定评估结果是二手车鉴定评估报告书，由评估机构签章后生效，作为车辆交易的参考。

3. 办理过户业务

办理过户业务是在二手车交易市场的交易大厅完成的。业务流程包括确认卖方身份及车辆合法性、验车和查违法情况、签订交易合同、缴纳手续费、开具二手车销售统一发票。

4. 办理机动车行驶证、登记证书变更

由新老车主一起持原机动车行驶证、机动车登记证书及二手车统一销售发票第二联（转移登记联，又称过户票）、身份证原件到车籍所属的车管所办理。

5. 办理相关税、保险户名变更

由新车主持新的机动车行驶证、机动车登记证书及身份证原件到相关部门办理变更车辆购置税和保险合同的户名。

二手车直接交易程序如图 5.2 所示。

（二）二手车经销公司收购和销售程序

1. 二手车收购程序

（1）核实卖方身份以及交易车辆的所有权或处置权，并查验车辆的合法性。

（2）与卖方商定收购价格，如对车辆技术状况及价格存有异议，经双方商定可委托二手车鉴定评估机构对车辆技术状况及价值进行鉴定评估。

（3）达成车辆收购意向的，签订收购合同，收购合同中应明确收购方享有车辆的处置权。

（4）按收购合同向卖方支付车款。

（5）对收购的二手车进行检测、整备。

2. 二手车销售程序

由于二手车经销公司能够直接给购车者开具二手车销售统一发票，因此只要购车者和二手车经销公司达成交易意向，双方即可签订二手车销售合同（示范文本）。购车者付清车款后，二手车经销公司按规定给购车者开具二手车销售统一发票，向买方交付车辆和相关证件并为买方代办转移登记等手续。二手车销售程序如图 5.3 所示。

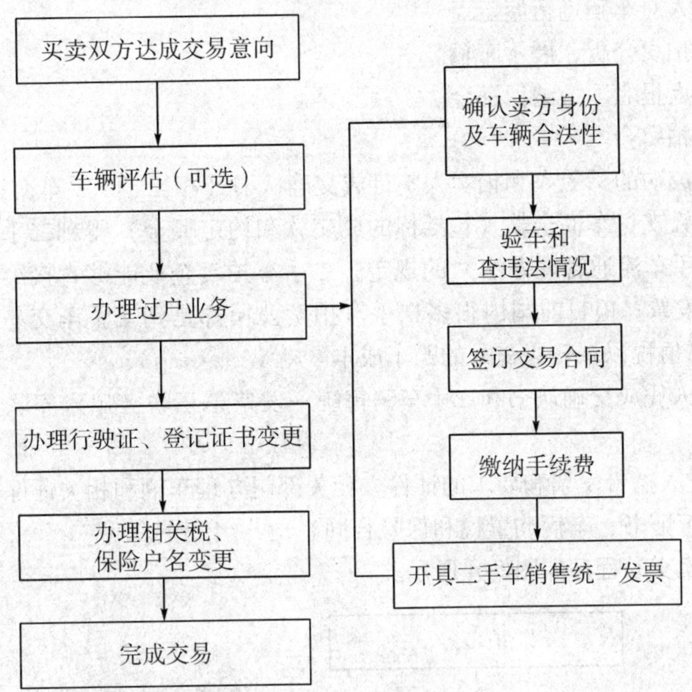


图 5.2　二手车直接交易程序

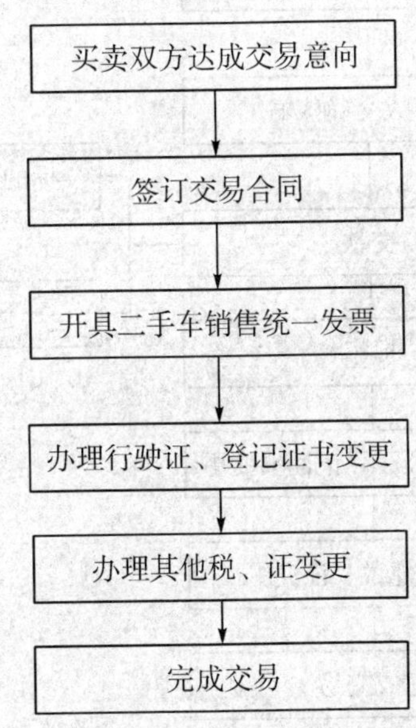


图 5.3　二手车销售程序

（三）二手车拍卖交易程序

二手车拍卖交易程序如下：

（1）拍卖人查验委托人的身份证明、车辆所有权或处置权证明及车辆合法性。

（2）拍卖人接受委托的，与委托人签订委托拍卖合同。

（3）拍卖人对车辆进行鉴定。

（4）发布拍卖公告，展示车辆。

（5）竞买人报名，缴纳保证金。

（6）举行拍卖会。

（7）竞买成功的买受人和拍卖人签订成交确认书（相当于二手车交易合同）。

（8）买受人支付车辆全款（包括标的成交款和约定佣金）得到二手车销售统一发票。根据《二手车流通管理办法》的规定，二手车拍卖企业能够直接给买受人开具二手车销售统一发票，但目前国内很多二手车拍卖公司都是到二手车交易市场开票，避免缴纳4%的增值税以减轻买受人的购车成本。

（9）买受人凭成交确认书和二手车销售统一发票第三联（出入库联）到指定地点提车。

（10）买受人携带发票和要求的证件去相关部门办理车辆和相关证件（机动车行驶证、机动车登记证书、车辆购置税和保险合同）的户名变更。

二手车拍卖交易程序如图5.4所示。

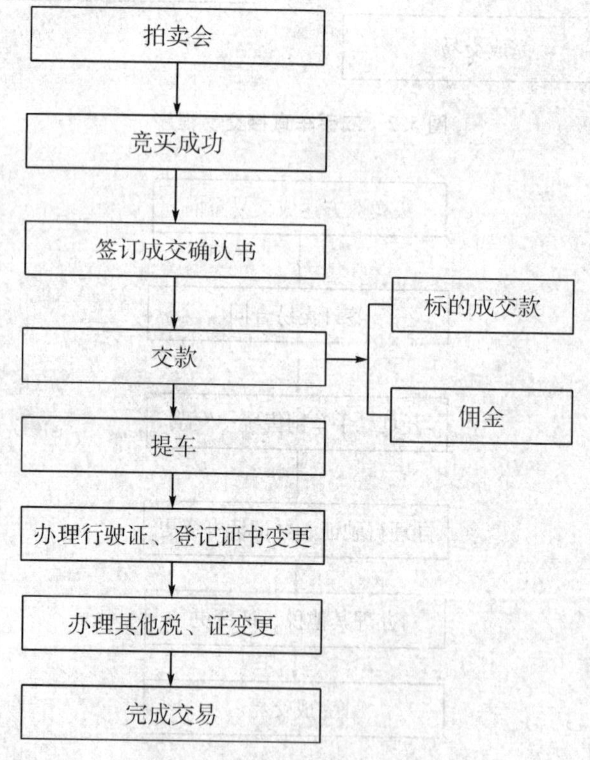


图5.4 二手车拍卖交易程序

## 二、办理交易过户和所有权转移登记

二手车过户实际上分为两个步骤，即车辆交易过户和所有权转移登记过户，两个步骤缺一不可。这里所说的交易过户业务是指在二手车交易市场里办理的交易手续，办理好的交易过户凭证是卖方获得的二手车销售统一发票。如果在二手车销售公司或二手车拍卖公司购买的车辆，车辆的合法性由企业保证且有开票资格，所以这个过程比较简单；转移登记过户业务在车管所办理，完成机动车登记证书所有权人的信息变更登记，核发新的机动车行驶证及机动车号牌。

二手车交易市场在办理车辆交易过户时实行经营公司代理制，过户窗口不直接对消费者办理。办理二手车交易时，如果原车主不来，可以授权委托其他人来办理交易及过户手续，但必须签署授权委托书。此授权委托书旨在办理交易过户业务时使用，而办理转移登记过户业务不用。

(一) 二手车过户手续资料和程序

1. 办理二手车过户需要的手续资料

办理二手车过户需要的手续资料如表 5.3 所示。

表 5.3　　办理二手车过户需要的手续资料

| 1. 个人车辆过户给个人 | 2. 个人车辆过户给单位 |
|---|---|
| ①卖方身份证原件 | ①卖方身份证原件 |
| ②买方身份证原件 | ②单位组织机构代码证书及公章 |
| ③车辆原始购置发票/二手车销售发票 | ③车辆原始购置发票/二手车销售发票 |
| ④机动车登记证书 | ④机动车登记证书 |
| ⑤车辆行驶证原件 | ⑤车辆行驶证原件 |
| ⑥机动车买卖合同 | ⑥机动车买卖合同 |
| 3. 单位车辆过户给个人 | 4. 单位车辆过户给单位 |
| ①单位组织机构代码证书及公章 | ①卖方单位组织机构代码证书及公章 |
| ②买方身份证原件 | ②买方单位组织机构代码证书及公章 |
| ③车辆原始购置发票/二手车销售发票 | ③车辆原始购置发票/二手车销售发票 |
| ④机动车登记证书 | ④机动车登记证书 |
| ⑤车辆行驶证原件 | ⑤车辆行驶证原件 |
| ⑥机动车买卖合同 | ⑥机动车买卖合同 |

买卖双方身份证明要求如下：

(1) 个人：本地个人，居民身份证件；外地个人，需身份证原件和暂住证原件。

(2) 单位：组织机构代码证书、公章、单位代理人身份证。

(3) 军人：军官证、士兵证。

(4) 使馆：使馆签署的照会。

(5) 外国人：护照、通行证、外交部核发的有效身份证件。

2. 二手车交易过户程序

在二手车交易市场过户的程序如下：

(1) 确认卖方身份及车辆合法性。这是买卖双方到二手车交易市场办理交易过户业务的第一道程序，由市场主办方委派负责过户的业务人员办理。检查的内容包括车主身份证号码、车辆来历证明以及车辆验证、验税和保险缴付凭证等。目的是核实买卖双方所提供的所有证件是否合法有效、是否具备办理过户的条件，防止不合法车辆进行交易。这是保护买卖双方权益的重要举措。经检查无误后，填写车辆检验单。

①卖方身份证明。查验卖方身份证号码的目的是核实卖方是否对该车有所有权或处置权。如果卖方为车主，拥有所有权和处置权；如果卖方是委托人（必须提供车主授权委托书）和身份证明，只拥有处置权。卖方的身份证明要求如前所述。

②机动车来历证明。一般交易中，机动车来历证明有两种情况：第一次交易的二手车的来历证明是车辆原始购置发票（机动车销售统一发票）；第二次及以上再次交易的二手车的来历证明是上一次交易的二手车销售统一发票，该发票必须盖有工商验证章和二手车销售企业或二手车交易市场发票专用章才合法有效。人民法院调解、裁定或者判决转移的机动车，其来历凭证是人民法院出具的已经失效的调解书、裁定书或判决书以及相应的协助执行通知书。仲裁机关仲裁裁决转移的机动车，其来历凭证是仲裁裁决书和人民法院出具的协助执行通知书。继承、赠予、中奖和协议抵偿债务的机动车，其来历凭证是继承、赠予、中奖和协议抵偿债务的相关文书和公证机关出具的公证书。经公安机关破案发还的被盗抢且已向原机动车所有人理赔完毕的机动车，其来历凭证是保险公司出具的权益转让证明书。更换发动机、车身、车架的来历凭证是销售单位开具的发票或者修理单位开具的发票。

③车辆验证。车辆验证包括检查车辆法定证件、核对车架号和发动机号。车辆法定证件包括机动车登记证书、机动车行驶证、车辆号牌、机动车安全技术检验合格标志。这些证件必须真实、合法、有效。机动车登记证书、机动车行驶证与卖方身份证明名称一致。

机动车登记证书是机动车的“户口本”，二手车交易前后和车主的变更信息都详细记载在登记证书里，确保交易双方和车辆管理部门了解车辆产权变更情况。机动车登记证书由车主持有，平时不需要随车携带。

机动车行驶证是车辆上路行驶时必须随车携带的证件，也是二手车合法性的凭证之一，是二手车过户、转籍必不可少的证件。就重要性而言机动车行驶证是仅次于机动车登记证书的重要文件。消费者在办理二手车所有权转移登记的时候，机动车行驶证必须变更。需要注意的是，机动车行驶证的车辆照片必须与车辆相符，车辆要按照规定年检合格才允许办理。

机动车号牌必须与机动车登记证书和机动车行驶证上的记录一致。

机动车安全技术检验合格标志有效期必须与机动车行驶证上记录的检验合格有效时间一致。

核对车架号和发动机号，它们必须与机动车登记证书和机动车行驶证上登记的号码一致。

④查验税和保险缴付凭证。根据《二手车流通管理办法》的规定，二手车交易必须提供车辆购置税、车船税、车辆保险单等税费缴付凭证。

（2）查在案记录和违法记录。查在案记录和违法记录就是查询交易的二手车是否为报案车辆、是否有抵押记录和违法行为记录。有报案记录、抵押记录和违法行为记录的车辆是不能进行交易的。具体方法是登陆车辆管理部门的信息数据库或查询网址进行查询。目前公安部正在进行全国车辆信息数据库联网建设，一旦建成就可以实现全国查询。

(3) 签订交易合同。根据《二手车流通管理办法》的规定，二手车交易双方应该签订交易合同，要在合同当中对二手车的状况、来源的合法性、费用负担以及出现问题的解决方法等各方面进行约定，明确各自的责任和义务，以便约束买卖双方行为，并有利于政府部门对二手车交易过程实施监管。二手车买卖合同一式三份，买卖双方各持一份，二手车交易市场保留一份。

(4) 缴纳手续费。手续费又称过户费，是指在二手车交易市场中办理交易过户业务相关手续的服务费用，包括验车费、交易手续费、办证服务费等。目前全国没有统一的服务费标准，由经营者根据提供的服务项目和内容自行决定并报物价部门核定、批准。

(5) 开具二手车销售统一发票。二手车销售统一发票是二手车的来历证明，是办理转移登记手续变更的重要文件，因此又被称为过户发票。过户发票的有效期为一个月，买卖双方应在此期间内，到车辆管理部门办理机动车行驶证、机动车登记证的相关变更手续。开具的二手车销售统一发票必须加盖工商行政管理局旧机动车市场管理专用章才有效，这一步骤称为工商验证。

(6) 卖方应当及时向买方交付车辆及车辆法定证明、凭证。车辆法定证明、凭证主要包括机动车登记证书、机动车行驶证、机动车号牌、有效的机动车安全技术检验合格标志、车辆购置税完税证明、车船税缴付凭证和车辆保险单。

### (二) 二手车转移登记手续和程序

根据我国《机动车登记规定》的要求，已注册登记的机动车所有权发生转移的，现机动车所有人应当于机动车交付之日起30日内提交相关资料到指定地点查验车辆，办理转移登记。

二手车的收购销售是由二手车经销企业完成的。从传统意义上讲，收购与销售实现了商品两次所有权的转移，二手车经销企业收购车辆，也应进行一次转移登记，以获取该商品的所有权。但受我国现有法律制度所限，二手车经销企业享有车辆的处置权，买方可凭二手车经销企业出具的销售发票进行转移登记。买卖双方签订收购合同时，应明确各自相应的责任和义务。

根据买卖双方的住所是否在同一城市车辆管理所辖区内，机动车产权转移登记手续可分为同城转移登记和异地转移登记两种登记类型。

不能办理转移登记的情形如下：

第一，不符合办理注册登记规定的；

第二，机动车与该车的档案记载的内容不一致的；

第三，机动车未被海关解除监管的；

第四，机动车在抵押期间的；

第五，机动车或机动车档案被人民法院、人民检察院、行政执法部门依法查封、扣押的；

第六，机动车涉及未处理完毕的道路交通安全违法行为或者交通事故的。

1. 办理二手车转移登记所需的资料

二手车转移登记由买方（现机动车所有人）或代理人办理。办理时需提交以下资料：

（1）机动车注册、转移、注销登记/转入登记申请表；

（2）现机动车所有人和代理人的身份证明；

（3）机动车登记证书；

（4）机动车行驶证；

（5）机动车来历证明（即二手车销售统一发票）；

（6）属于解除海关监管的机动车，还应当提交中华人民共和国海关监管车辆解除监管证明书；

（7）属于现机动车所有人住所不在本市的，还应当提交车辆识别代号（车架号码）拓印膜。

2. 车辆所有权同城转移登记

二手车同城转移登记手续应当在原车辆注册登记所在地公安交通管理部门办理。办理已注册登记的机动车在同城发生所有权转移时，只需要更改车主信息（或单位名称）和住所等资料，机动车号牌可以不变更。这种变更情形习惯上称为办理过户手续，即把机动车原车主的登记信息变更为新车主的登记信息。办理二手车转移登记流程如图 5.5 所示。

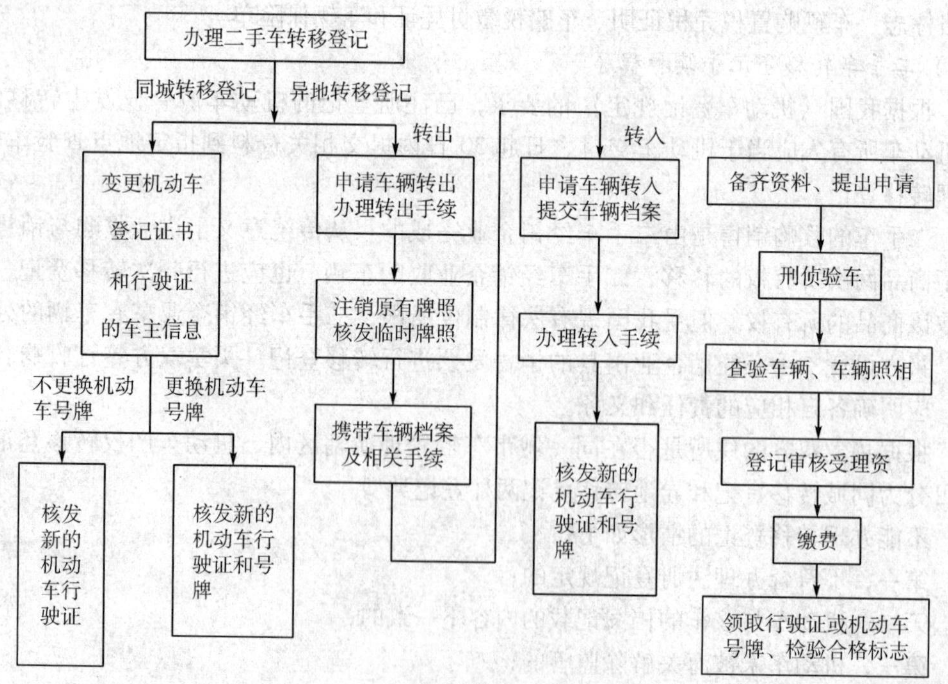


图 5.5 办理二手车转移登记流程

（1）提出申请。填写机动车注册、转移、注销登记/转入申请表（见表5.4）。

表5.4　　机动车注册、转移、注销登记/转入申请表

| | | | | | | | |
|---|---|---|---|---|---|---|---|
| 号牌种类 | | 小型车号牌 | | 号牌号码 | | | |
| 申请事项 | | □注册登记<br>□车辆管理所辖区内的转移登记 | | □注销登记 | □转出车辆管理所辖区的转移登记 | □转入 | |
| 注销登记原因 | | □报废 | | □灭失 | □退车 | □出境 | |
| 机动车 | 品牌型号 | | | 车辆识别代号 | | | |
| | 获得方式 | □购买<br>□调拨<br>□法院判决 | □境外自带<br>□资产重组<br>□其他 | □继承<br>□资产整体买卖 | □赠予<br>□仲裁裁决 | □协议抵偿债务<br>□法院调解 | □协议离婚<br>□法院裁定 | □中奖 |
| | 使用性质 | □非营运<br>□幼儿校车<br>□消防 | □公路客运<br>□小学生校车<br>□救护 | □公交客运<br>□其他校车<br>□工程救险 | □出租客运<br>□货运<br>□营转非 | □旅游客运<br>□危险化学品运输<br>□出租营转非 | □租赁 | □教练<br>□警用 |
| 机动车所有人 | 姓名/名称 | | | | | 机动车所有人及代理人对申请材料的真实有效性负责。 | |
| | 邮寄地址 | | | | | | |
| | 邮政编码 | | 固定电话 | | | 机动车所有人签字： | |
| | 电子信箱 | | 移动电话 | | | | |
| 转移出车辆管理所辖区的转移登记 | | 转入： | 省（自治区、直辖市） | | | | |
| | | | 车辆管理所 | | | 年　月　日 | |
| 代理人 | 姓名/名称 | | | | | 代理人签字： | |
| | 邮寄地址 | | | | | | |
| | 邮政编码 | | 联系电话 | | | | |
| | 电子信箱 | | | | | | |
| | 经办人姓名 | | 联系电话 | | | 年　月　日 | |

填表说明如下：

①填写时使用黑色或者蓝色墨水笔，字体工整，不得涂改。

②标注有"□"符号的为选择项目，选择后在"□"中划"√"，各栏目只能选择一项。

③"邮寄地址"栏，填写可通过邮寄送达的地址。

④"电子信箱"栏，填写接收电子邮件的E-mail地址，尚未申请电子信箱的可以不填写。

⑤"机动车"栏的"品牌型号"项目，按照车辆的技术说明书、合格证等资料标注的内容填写。

⑥"机动车所有人签字"栏，机动车属于个人的，由现机动车所有人签字，属于单位的，由单位的被委托人签字。由代理人代为办理的，"机动车所有人签字"栏不签字。

⑦"代理人签字"栏，属于个人代理的，填写代理人的姓名、邮寄地址、邮政编码、联系电话和电子信箱，在代理人栏内签名，不必填写经办人姓名等项目；属于单位代理的，应填写代理人栏的所有内容，代理单位的经办人签字；属于单位的机动车，由本单位被委托人办理的不需填写此栏。

⑧"号牌种类"栏，按照大型汽车号牌、小型汽车号牌、普通摩托车号牌、轻便摩托车号牌、低速车号牌、挂车号牌、使馆汽车号牌、使馆摩托车号牌、领馆汽车号牌、领馆摩托车号牌、教练汽车号牌、教练摩托车号牌、警用汽车号牌、警用摩托车号牌填写。

（2）刑侦验车。刑侦验车目的在于打击盗抢机动车行为，杜绝盗抢机动车重新流入社会。

刑侦验车内容包括：拓印和检验机动车的发动机号、VIN码（即车架号）是否存在凿改；查询被检机动车是否是被盗抢机动车。

刑侦验车应用范围包括：办理同城转移登记车辆、转出登记车辆、外省转入车辆。

刑侦验车结果填入刑侦验车通知书（见表5.5）。刑侦验车通知书一式两份，车主（第一联）和车管所（第二联）各执一份。

（3）查验车辆、车辆照相。内容包括：审查机动车行驶证；查验机动车，核对车架号和发动机号；查验机动车安全技术检验合格证明；制作车辆标准照片，并粘贴到机动车查验记录表上。

（4）登记审核受理资料。内容包括：审查机动车注册、转移、注销登记/转入申请表，现机动车所有人身份证明，二手车销售统一发票，机动车登记证书，机动车行驶证和机动车查验记录本；属于海关监管的机动车还应当审查中华人民共和国海关监管车辆解除监管证明书或者海关批准的转让证明；属于机动车超过检验有效期的，还应当审查交通事故责任强制保险凭证；核查交通安全违法行为和交通事故处理情况；与被盗抢机动车信息系统比对。

符合规定的，录入登记信息，向机动车所有人出具受理凭证；不符合规定的，说明理由并开具退办单，将资料退回车主。

表 5.5 刑侦验车通知书

| 1 车主 | | | | | 2 电话 | | | |
|---|---|---|---|---|---|---|---|---|
| 3 住址 | | | | | 4 单位代码/居民身份证号 | | | |
| 5 车辆类型 | | | 6 厂牌型号 | | | | 7 制造国 | |
| 8 所有权性质 | 公/私 | | 9 出厂日期 | | 10 转向形式 | | | |
| 11 排量/功率 | | 立方厘米 | | 千瓦 | 12 燃料种类 | | 13 车身颜色 | |
| 14 发动机号 | | | 15 车架号 | | | | | |
| 检验结果：<br>此处贴发动机拓印号码<br>此处贴发动机拓印号码<br>检验员签名： 复检员签名： | | | | | | | 检验单位专用章<br>年 月 日 | |

(5) 缴费。缴纳牌证费。

(6) 领取行驶证或机动车号牌、检验合格标志。收回原机动车行驶证，核发新的机动车行驶证。需要改变机动车号牌的，收回原机动车号牌、机动车行驶证，重新核发新的机动车号牌、机动车行驶证和检验合格标志。填写机动车注册、转移、注销登记/转入申请表。

3. 车辆所有权异地转移登记

二手车交易后，如果新车主和原车主的住所不在同一城市里，不能直接办理机动车登记证书和机动车行驶证的变更，需要到新车主住所所属的车辆管理所管辖区内办理。这就涉及二手车转出和转入登记问题。根据城市所属行政区域不同，异地转移登记可分为本省异地转移登记和外省异地转移登记两种。

(1) 转出登记。车辆转出登记是指在车辆原注册登记的管理所办理车辆档案转出的手续，办理流程与同城转移登记相似。

①提出申请。

②刑侦验车。不管是本省异地转移登记或外省异地转移登记，进行转出登记时都要进行刑侦验车。

③查验车辆、车辆照相。

④登记审核受理资料。

⑤缴费。

⑥收回机动车登记证书、机动车行驶证和机动车号牌。

⑦领取临时号牌和机动车迁出档案（内装有机动车登记证书和二手车销售发票）。

机动车迁出档案由车主自带，90 日内必须到迁入车管所办理转入登记。有些地方还要求车主签订外迁保证书。

转出登记需要的资料如下：

①机动车注册、转移、注销登记/转入登记申请表；

②现机动车所有人的身份证明；

③机动车登记证书；

④机动车行驶证；

⑤机动车来历证明（即二手车销售统一发票）；

⑥属于解除海关监管的机动车，应当提交中华人民共和国海关监管车辆解除监管证明书或者海关批准的转让证明；

⑦属于机动车超过检验有效期的，需要提交机动车安全技术检验合格证明和交通事故责任强制保险凭证。

（2）转入登记。

①机动车转入登记的条件。第一，现车主的住所属于本地车管所登记规定范围的；第二，转入机动车符合国家机动车登记规定的。

②转入登记程序。提出申请（车主向转入地车管所提出转入申请，填写机动车注册登记/转入申请表）→刑侦验车（车主身份证明、机动车临时号牌、机动车登记证书、车架号码和发动机号拓印膜 1 套）→车管所受理申请（查验并收存机动车档案，向车主出具受理凭证）→审核资料→办理转入登记手续（审验合格后，进行机动车号牌选号、照相，确定机动车登记编号，并在机动车登记证书上记载转入登记事项）→核发新的机动车号牌和机动车行驶证。

③转入登记需要的资料。转入登记需要的资料包括机动车注册、转移、注销登记/转入登记申请表，车主的身份证明，机动车登记证书，机动车密封档案（原封条无断裂、破损），申请办理转入登记的机动车的标准照片，海关监管的机动车，还应当提交监管海关出具的中华人民共和国海关监管车辆进（出）境领（销）牌照通知书。由于各地区对车辆环保要求执行不同的标准，如北京市执行"国五"环保排放标准，并要求所有机动车在办理注册登记以及申请转入本市的车辆，必须达到"国五"环保排放标准，即取得机动车环保检验合格标志，满足上述条件的，允许机动车注册登记及接受转入登记的申请。因此，车主在将车辆转入"转入地"前，应向转入地的车辆管理部门征询该车辆是否符合转入条件。

④转入登记事项。车辆管理所办理转入登记时，要在机动车登记证书上记载下列事项：车主的姓名或者单位名称、身份证号码或者单位代码、住所地址、邮政编码和联系电话、机动车的使用性质、转入登记的日期。

属于机动车所有权发生转移的，还应当登记以下事项：机动车获得方式；机动车来历凭证的名称、编号和进口机动车的进口凭证的名称、编号；机动车办理保险的种类、保险的日期和保险公司的名称；机动车销售单位或者交易市场的名称和机动车销售价格。

## 三、办理税、险变更

二手车交易中，买方在变更车辆产权之后还需要进行车辆购置税、保险合同等文件涉及车主信息的变更，减少可能带来的损失，也方便以后继续缴纳费用。各地在变更时对文件的要求不同，可以先到规定办理的单位窗口咨询。

### （一）车辆购置税的变更

车辆购置税的征收部门是车辆注册登记地的主管税务机关，办理变更时，需填写车辆变动情况登记表，并携带相关资料办理。

1. 车辆购置税同城过户业务办理

（1）办理车辆购置税同城过户业务所需资料如下：

①新车主的身份证明；

②二手车销售统一发票；

③机动车行驶证；

④车辆购置税完税证明（正本）。

上述资料均需提供原件及复印件。

（2）办理车辆购置税同城过户业务流程如下：

填写车辆变动情况登记表→报送资料→办理过户→换领车辆购置税完税证明。

2. 车辆购置税转籍（转出）业务办理

（1）办理转籍（转出）业务所需资料如下：

①车主身份证明；

②交易车辆取得的有效凭证（二手车销售统一发票）；

③车辆购置税完税证明（正本）；

④公安车管部门出具的车辆转出证明材料。

上述资料均需提供原件及复印件。

（2）办理转籍（转出）业务流程如下：

填写车辆变动情况登记表→报送资料→领取档案资料袋。

（3）办理转籍（转入）业务流程如下：

①办理转籍（转入）业务所需的资料。办理转籍（转入）业务所需的资料包括车主身份证明、本地公安车管部门核发的机动车行驶证、车辆交易有效凭证原件（二手车交易发票）、车辆购置税完税证明（正本）、档案转移通知书、转出地车辆购置税办封签的档案袋。

②办理转籍（转入）业务流程：填写车辆变动情况登记表→报送资料→领取档案资料袋。

（二）车辆保险合同的变更

在二手车买卖的过程中，办理车辆保险过户是非常重要的一个环节，因为车辆所有权转移并不意味着车辆保险合同也随之转移。一般情况下，保险利益随着保险标的的所有权转让而灭失，只有经保险公司同意批改后，保险合同方才重新生效。因此，保险车辆依法转让过户后应到保险公司办理保险合同主体的变更手续，否则车辆受损时保险公司是有权拒赔的。根据《中华人民共和国保险法》的规定，保险标的的转让应当通知保险人，经保险人同意继续承保后，依法变更保险合同。保险公司和车主签订的保险合同一般也约定，在保险合同的有效期限内，保险车辆转卖、转让、赠送他人、变更用途或增加危险程度，被保险人应当事先书面通知保险人并办理批改，否则保险人有权解除保险合同或者有权拒绝赔偿。

1. 车辆保险合同变更的概念

车辆保险合同变更是指在保险合同有效期内，由于订立保险合同时所依据的主客观情况发生变化，双方当事人按照法定或合同约定的程序，对原保险合同的某些条款进行修改或补充的行为。

2. 办理车辆保险过户的方式

办理车辆保险过户有两种方式：第一种是对保单要素进行更改，如更换被保险人与车主；第二种就是申请退保，即把原来那份车险退掉，终止以前的合同。这时保险公司会退还剩余的保费。之后，新车主就可以到任何一家保险公司去重新办理一份车险。

3. 车辆保险合同变更的程序

（1）填写一份汽车保险过户申请书，注明保险单号码、车牌号、新旧车主名称和过户原因，并签字或盖章。

（2）带原保险单和已过户的机动车行驶证，找保险公司的业务部门办理。

一般情况下，保险公司都会受理并出具一张变更被保险人的批单，批单上面写明了被保险人的变化情况。

## 第四节　二手车鉴定评估技术规范

长期以来，我国二手车鉴定评估存在着标准空白、车辆评估价与成交价脱节、鉴定报告做假等问题，制约着二手车市场的健康发展。为了改变这一现状，2013 年 12 月 31 日，国家质检总局、国家标准化管理委员会正式发布了《二手车鉴定评估技术规范》（以下简称《技术规范》，标准号为 GB/T30323-2013），并于 2014 年 6 月 1 日正式实施。该《技术规范》是中国二手车车辆评估的首个国家标准。

根据《技术规范》的规定，中国汽车流通协会将指定符合条件的第三方机构或二手车经营企业进行二手车鉴定评估。专业评估人员借助检测设备与工具，对二手车进行量化技术检测，包括对车身外观、发动机舱、驾驶舱、底盘等部位以及车辆启动、路试等 104 项检查内容，检测还规定了量化分值，鉴定评估结果将通过最终得分来量化车辆技术状况。最终形成一份具有法律效力的二手车技术状况表。该表由二手车经销企业、拍卖企业、经纪企业使用，作为二手车交易合同的附件，在车辆展卖期间放在驾驶室前挡风玻璃左下方，以供参阅。评估表上必须签署评估师的名字，若评估结果偏离实际情况较远，将会追究评估师的相关责任。

## 一、二手车鉴定评估的含义

二手车鉴定评估是指对二手车进行技术状况检测、鉴定，确定某一时点价值的过程。二手车技术状况鉴定是对车辆技术状况进行缺陷描述、等级评定。二手车价值评估是根据二手车技术状况鉴定结果和鉴定评估目的，对目标车辆价值评估。价值评估方法主要包括现行市价法、重置成本法等。

二手车鉴定评估机构是从事二手车鉴定评估经营活动的第三方服务机构。二手车鉴定评估由依法取得二手车鉴定评估师、高级二手车鉴定评估师进行。

## 二、二手车鉴定评估机构条件和要求

### （一）场所要求

经营面积不少于200平方米。

### （二）设施设备要求

（1）具备汽车举升设备。

（2）具备车辆故障信息读取设备、车辆结构尺寸检测工具或设备。

（3）具备车辆外观缺陷测量工具、漆面厚度检测设备。

（4）具备照明工具、照相机、螺丝刀、扳手等常用操作工具。

### （三）人员要求

具有3名以上二手车鉴定评估师，1名以上高级二手车鉴定评估师。

### （四）其他要求

（1）具备电脑等办公设施。

（2）具备符合国家有关规定的消防设施。

评估机构只有具备上述条件，才能进行二手车鉴定评估业务，并出具二手车技术状况表。

## 三、二手车鉴定评估流程

二手车鉴定评估机构开展二手车鉴定评估经营活动按如图5.6所示流程作业，并填写二手车鉴定评估作业表。二手车经销、拍卖、经纪等企业开展业务涉及二手车鉴定评估活动的，也参照这一流程并填写二手车技术状况表。

### （一）受理鉴定评估

这主要是指二手车鉴定评估机构了解委托方及其车辆的基本情况，明确委托方要求，主要包括评估目的、评估基准日、期望完成评估的时间等。

### （二）查验可交易车辆

（1）二手车鉴定评估机构查验机动车登记证书、行驶证、有效机动车安全技术检

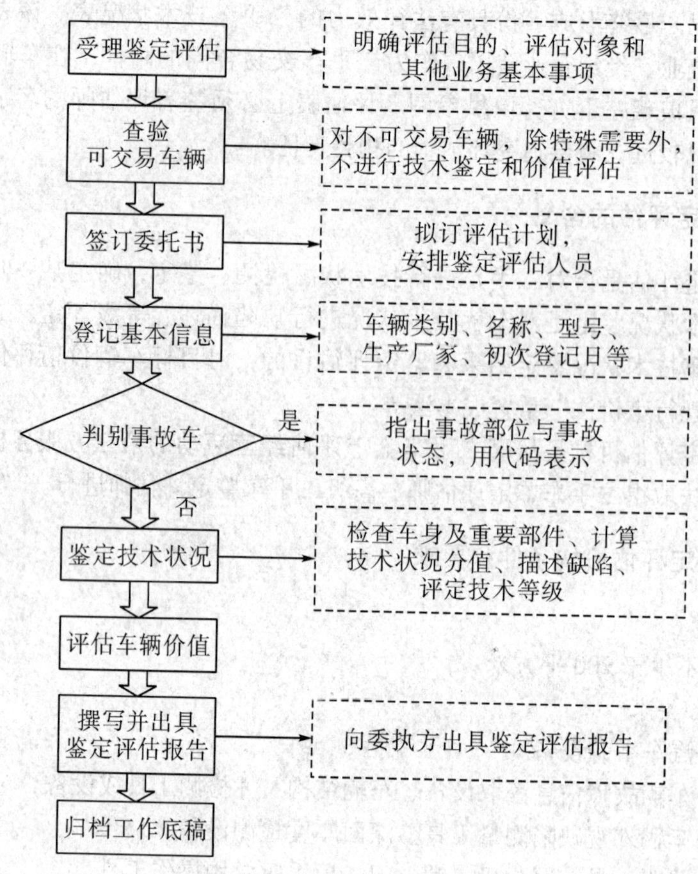


图 5.6　二手车鉴定评估流程图

验合格标志、车辆购置税完税证明、车船使用税缴付凭证、车辆保险单等法定证明，查验凭证是否齐全，并按照表 5.6 检查所列项目判定为“Y”或“N”。

表 5.6　可交易车辆判别表

| 序号 | 检查项目 | 判别 |
|---|---|---|
| 1 | 是否达到国家强制报废标准 | Y 否　N 是 |
| 2 | 是否为抵押期间或海关监管期间 | Y 否　N 是 |
| 3 | 是否为人民法院、检察院、行政执法等部门依法查封、扣押期间的车辆 | Y 否　N 是 |
| 4 | 是否为通过盗窃、抢劫、诈骗等违法犯罪手段获得的车辆 | Y 否　N 是 |
| 5 | 发动机号与机动车登记证书登记号码是否一致，无凿改痕迹 | Y 是　N 否 |
| 6 | 车辆识别代号或车架号码与机动车登记证书登记号码是否一致，无凿改痕迹 | Y 是　N 否 |
| 7 | 是否为走私、非法拼组装车辆 | Y 否　N 是 |
| 8 | 是否为法律法规禁止经营的车辆 | Y 否　N 是 |

（2）二手车鉴定评估机构如发现上述法定证明、凭证不全，或表 5.6 检查项目任何一项判别为“N”的车辆，应告知委托方，不需要继续进行技术鉴定和价值评估（司法机关委托等特殊要求的除外）。

（3）二手车鉴定评估机构发现法定证明、凭证不全，或者表 5.6 中第 1 项、第 4 项至第 8 项任意一项判断为“N”的车辆应及时报告公安机关等执法部门。

（三）签订委托书

二手车鉴定评估机构对相关证照齐全、表 5.6 检查项目全部判别为“Y”的，或者司法机关委托等特殊要求的车辆，需按规定签署二手车鉴定评估委托书。

（四）登记基本信息

二手车鉴定评估机构需登记车辆使用性质信息，明确营运与非营运车辆；登记车辆基本情况信息，包括车辆类别、名称、型号、生产厂家、初次登记日期、行驶里程等。如果行驶里程与实际车况明显不符，应在二手车鉴定评估报告或二手车技术状况表有关技术缺陷描述时予以注明。

（五）判别事故车

（1）二手车鉴定评估机构应参照图 5.7 所示车体部位，按表 5.7 要求检查车辆外观，判别车辆是否发生过碰撞、火烧，确定车体结构是完好无损或者有事故痕迹。

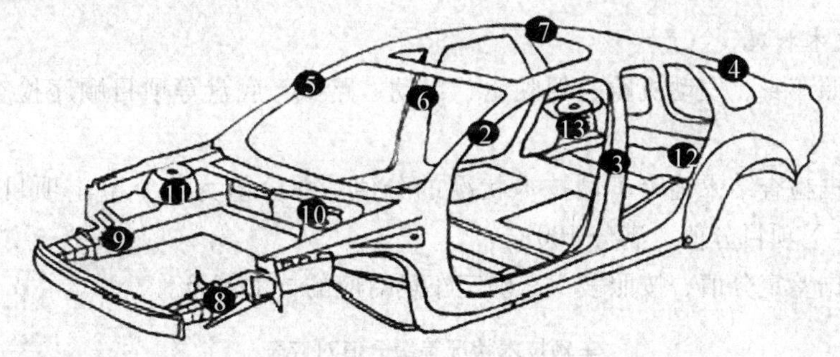


| | | |
|---|---|---|
| 2. 左 A 柱 | 6. 右 B 柱 | 10. 左减震器悬挂部位 |
| 3. 左 B 柱 | 7. 右 C 柱 | 11. 右减震器悬挂部位 |
| 4. 左 C 柱 | 8. 左纵梁 | 12. 左后减震器悬挂部位 |
| 5. 右 A 柱 | 9. 右纵梁 | 13. 右后减震器悬挂部位 |

**图 5.7　车体结构示意图**

（2）二手车鉴定评估机构使用漆面厚度检测设备配合对车体结构部件进行检测；使用车辆结构尺寸检测工具或设备检测车体左右对称性。

（3）二手车鉴定评估机构根据表 5.7、表 5.8 对车体状态进行缺陷描述，即车身部位+状态。例如，4SH，即表示左 C 柱有烧焊痕迹。

（4）当表 5.7 中任何一个检查项目存在表三中对应的缺陷时，则该车为事故车。

（5）事故车的车辆技术鉴定和价值评估不在本规范的范围之内。

表 5.7　　　　车体部位代码表

| 序号 | 检查项目 | 序号 | 检查项目 |
|---|---|---|---|
| 1 | 车体左右对称性 | 8 | 左前纵梁 |
| 2 | 左 A 柱 | 9 | 右前纵梁 |
| 3 | 左 B 柱 | 10 | 左前减震器悬挂部位 |
| 4 | 左 C 柱 | 11 | 右前减震器悬挂部位 |
| 5 | 右 A 柱 | 12 | 左后减震器悬挂部位 |
| 6 | 右 B 柱 | 13 | 右后减震器悬挂部位 |
| 7 | 右 C 柱 | | |

表 5.8　　　　车辆缺陷状态描述对应表

| 代表字母 | BX | NQ | GH | SH | ZZ |
|---|---|---|---|---|---|
| 缺陷描述 | 变形 | 扭曲 | 更换 | 烧焊 | 褶皱 |

（六）鉴定技术状况

（1）按照车身、发动机舱、驾驶舱、启动、路试、底盘等项目顺序检查车辆技术状况。

（2）根据检查结果确定车辆技术状况的分值。总分值为各个鉴定项目分值累加，即鉴定总分 = ∑项目分值，满分 100 分。

（3）根据鉴定分值，按照表 5.9 确定车辆对应的技术等级。

表 5.9　　　　车辆技术状况等级分值对应表

| 技术状况等级 | 分值区间 |
|---|---|
| 一级 | 鉴定总分≥90 |
| 二级 | 60≤鉴定总分<90 |
| 三级 | 20≤鉴定总分<60 |
| 四级 | 鉴定总分<20 |
| 五级 | 事故车 |

（七）评估车辆价值

（1）根据车辆有关情况，确立估值方法，并对车辆价值进行估算。

（2）估值方法选用原则是：一般情况下，推荐选用现行市价法；在无参照物、无法使用现行市价法的情况下，选用重置成本法。

（八）撰写并出具鉴定评估报告

（1）根据车辆技术状况鉴定等级和价值评估结果等情况，按照要求撰写二手车鉴定评估报告，做到内容完整、客观、准确，书写工整。

（2）按委托书要求及时向客户出具二手车鉴定评估报告，并由鉴定评估人与复核人签章、鉴定评估机构加盖公章。

（九）归档工作底稿

将二手车鉴定评估报告及其附件与工作底稿独立汇编成册，存档备查。档案保存一般不低于5年；鉴定评估目的涉及财产纠纷的，其档案至少应当保存10年；法律法规另有规定的，从其规定。

## 四、正常车辆技术状况鉴定有关要求

（一）车身

车身外观展开示意图如图5.8所示。

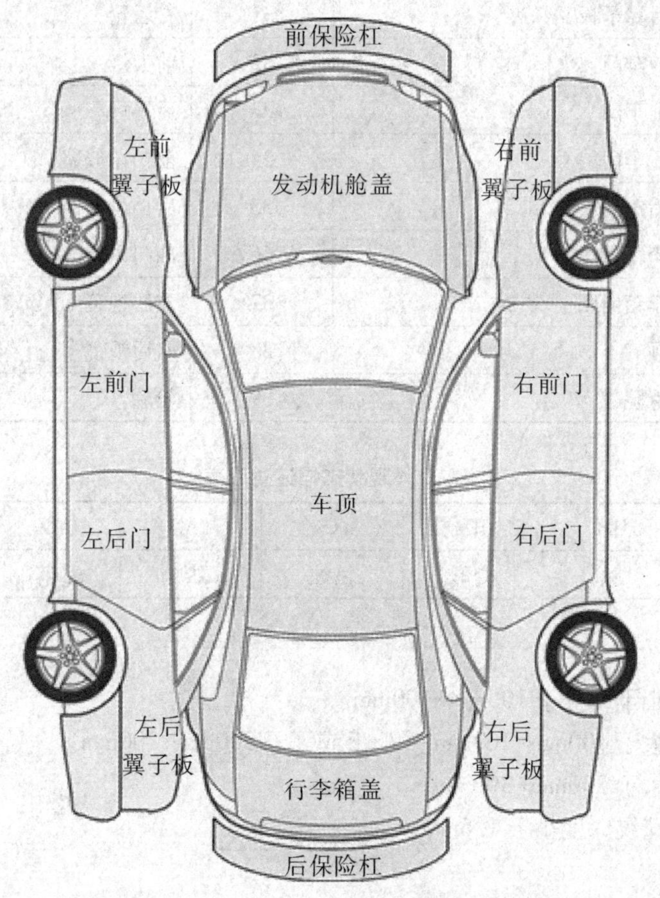


图5.8　车身外观展开示意图

（1）参照图5.8，按照表5.10、表5.11要求检查26个项目，程度为1的扣0.5分，每增加1个程度加扣0.5分，共计20分，扣完为止。轮胎部分需高于程度4的标准，不符合标准扣1分。

（2）使用车辆外观缺陷测量工具与漆面厚度检测仪器结合目测法对车身外观进行

检测。

(3)根据表5.10、表5.11描述缺陷，车身外观项目的描述为车身部位+状态+程度。例如，"21XS2"对应描述为左后车门有锈蚀，面积为大于100mm×100mm并小于或等于200mm×300mm。

表5.10　车身外观部位代码对应表

| 代码 | 部位 | 代码 | 部位 |
| --- | --- | --- | --- |
| 14 | 发动机舱盖表面 | 27 | 后保险杠 |
| 15 | 左前翼子板 | 28 | 左前轮 |
| 16 | 左后翼子板 | 29 | 左后轮 |
| 17 | 右前翼子板 | 30 | 右前轮 |
| 18 | 右后翼子板 | 31 | 右后轮 |
| 19 | 左前车门 | 32 | 前大灯 |
| 20 | 右前车门 | 33 | 后尾灯 |
| 21 | 左后车门 | 34 | 前挡风玻璃 |
| 22 | 右后车门 | 35 | 后挡风玻璃 |
| 23 | 行李箱盖 | 36 | 四门风窗玻璃 |
| 24 | 行李箱内则 | 37 | 左后视镜 |
| 25 | 车顶 | 38 | 右后视镜 |
| 26 | 前保险杠 | 39 | 轮胎 |

表5.11　车身外观状态描述对应表

| 代码 | HH | BX | XS | LW | AX | XF |
| --- | --- | --- | --- | --- | --- | --- |
| 描述 | 划痕 | 变形 | 锈蚀 | 裂纹 | 凹陷 | 修复痕迹 |

程度如下：

1——面积小于或等于100mm×100mm。

2——面积大于100mm×100mm并小于或等于200mm×300mm。

3——面积大于200mm×300mm。

4——轮胎花纹深度小于1.6mm。

(二)发动机舱

按表5.12所列要求检查10个项目。选择A不扣分；第40项选择B或C扣15分；第41项选择B或C扣5分；第44项选择B扣2分，选择C扣4分；其余各项选择B扣1.5分，选择C扣3分，共计20分，扣完为止。

如果检查第40项时发现机油有冷却液混入，检查第41项时发现缸盖外有机油渗漏，则应在二手车鉴定评估报告或二手车技术状况表的技术状况缺陷描述中分别予以注明，并提示修复前不宜使用。

表 5.12　　　　发动机舱检查项目作业表

| 序号 | 检查项目 | A | B | C |
|---|---|---|---|---|
| 40 | 机油有无冷却液混入 | 无 | 轻微 | 严重 |
| 41 | 缸盖外是否有机油渗漏 | 无 | 轻微 | 严重 |
| 42 | 前翼子板内缘、水箱框架、横拉梁有无凹凸或修复痕迹 | 无 | 轻微 | 严重 |
| 43 | 散热器格栅有无破损 | 无 | 轻微 | 严重 |
| 44 | 蓄电池电极桩柱有无腐蚀 | 无 | 轻微 | 严重 |
| 45 | 蓄电池电解液有无渗漏、缺少 | 无 | 轻微 | 严重 |
| 46 | 发动机皮带有无老化 | 无 | 轻微 | 严重 |
| 47 | 油管、水管有无老化、裂痕 | 无 | 轻微 | 严重 |
| 48 | 线束有无老化、破损 | 无 | 轻微 | 严重 |
| 49 | 其他 | 只描述缺陷，不扣分 | | |

（三）驾驶舱

按表 5.13 所列要求检查 15 个项目。选择 A 不扣分；第 50 项选择 C 扣 1.5 分；第 51 项、第 52 项选择 C 扣 0.5 分；其余项目选择 C 扣 1 分，共计 10 分，扣完为止。

如果检查第 60 项时发现安全带结构不完整或者功能不正常，则应在二手车鉴定评估报告或二手车技术状况鉴定书的技术状况缺陷描述中予以注明，并提示修复或更换前不宜使用。

表 5.13　　　　驾驶舱检查项目作业表

| 序号 | 检查项目 | A | C |
|---|---|---|---|
| 50 | 车内是否无水泡痕迹 | 是 | 否 |
| 51 | 车内后视镜、座椅是否完整、无破损、功能正常 | 是 | 否 |
| 52 | 车内是否整洁、无异味 | 是 | 否 |
| 53 | 方向盘自由行程转角是否小于 15 度 | 是 | 否 |
| 54 | 车顶及周边内饰是否无破损、松动及裂缝和污迹 | 是 | 否 |
| 55 | 仪表台是否无划痕，配件是否无缺失 | 是 | 否 |
| 56 | 排档把手柄及护罩是否完好、无破损 | 是 | 否 |
| 57 | 储物盒是否无裂痕，配件是否无缺失 | 是 | 否 |
| 58 | 天窗是否移动灵活、关闭正常 | 是 | 否 |
| 59 | 门窗密封条是否良好、无老化 | 是 | 否 |
| 60 | 安全带结构是否完整、功能是否正常 | 是 | 否 |
| 61 | 驻车制动系统是否灵活有效 | 是 | 否 |

表5.13(续)

| 序号 | 检查项目 | A | C |
| --- | --- | --- | --- |
| 62 | 玻璃窗升降器、门窗工作是否正常 | 是 | 否 |
| 63 | 左、右后视镜折叠装置工作是否正常 | 是 | 否 |
| 64 | 其他 | 只描述缺陷，不扣分 | |

(四) 启动

按表5.14所列要求检查10个项目。选择A不扣分；第65项、第66项选择C扣2分；第67项选择C扣1分；第68项至第71项，选择C扣0.5分；第72项、第73项选择C扣10分，共计20分，扣完为止。

如果检查第66项时发现仪表板指示灯显示异常或出现故障报警，则应查明原因，并在二手车鉴定评估报告或二手车技术状况鉴定书的技术状况缺陷描述中予以注明。优先选用车辆故障信息读取设备对车辆技术状况进行检测。

表5.14 启动检查项目作业表

| 序号 | 检查项目 | A | C |
| --- | --- | --- | --- |
| 65 | 车辆启动是否顺畅（时间少于5秒，或一次启动） | 是 | 否 |
| 66 | 仪表板指示灯显示是否正常，无故障报警 | 是 | 否 |
| 67 | 各类灯光和调节功能是否正常 | 是 | 否 |
| 68 | 泊车辅助系统工作是否正常 | 是 | 否 |
| 69 | 制动防抱死系统（ABS）工作是否正常 | 是 | 否 |
| 70 | 空调系统风量、方向调节、分区控制、自动控制、制冷工作是否正常 | 是 | 否 |
| 71 | 发动机在冷、热车条件下怠速运转是否稳定 | 是 | 否 |
| 72 | 怠速运转时发动机是否无异响，空档状态下逐渐增加发动机转速，发动机声音过渡是否无异响 | 是 | 否 |
| 73 | 车辆排气是否无异常 | 是 | 否 |
| 74 | 其他 | 只描述缺陷，不扣分 | |

(五) 路试

按表5.15所列要求检查10个项目。选择A不扣分，选择C扣2分，共计15分，扣完为止。

如果检查第80项时发现制动系统出现刹车距离长、跑偏等不正常现象，则应在二手车鉴定评估报告或二手车技术状况表的技术缺陷描述中予以注明，并提示修复前不宜使用。

表 5.15　　路试检查项目作业表

| 序号 | 检查项目 | A | C |
|---|---|---|---|
| 75 | 发动机运转、加速是否正常 | 是 | 否 |
| 76 | 车辆启动前踩下制动踏板，保持 5~10 秒钟，踏板无向下移动的现象 | 是 | 否 |
| 77 | 踩住制动踏板启动发动机，踏板是否向下移动 | 是 | 否 |
| 78 | 行车制动系最大制动效能在踏板全行程的 4/5 以内达到 | 是 | 否 |
| 79 | 行驶是否无跑偏 | 是 | 否 |
| 80 | 制动系统工作是否正常有效、制动不跑偏 | 是 | 否 |
| 81 | 变速箱工作是否正常、无异响 | 是 | 否 |
| 82 | 行驶过程中车辆底盘部位是否无异响 | 是 | 否 |
| 83 | 行驶过程中车辆转向部位是否无异响 | 是 | 否 |
| 84 | 其他 | 只描述缺陷，不扣分 | |

（六）底盘

按表 5.16 所列要求检查 8 个项目。选择 A 不扣分；第 85 项、第 86 项，选择 C 扣 4 分；第 87 项、第 88 项，选择 C 扣 3 分；第 89 项、第 90 项、第 91 项，选择 C 扣 2 分，共计 15 分，扣完为止。

表 5.16　　底盘检查项目作业表

| 序号 | 检查项目 | A | C |
|---|---|---|---|
| 85 | 发动机油底壳是否无渗漏 | 是 | 否 |
| 86 | 变速箱体是否无渗漏 | 是 | 否 |
| 87 | 转向节臂球销是否无松动 | 是 | 否 |
| 88 | 三角臂球销是否无松动 | 是 | 否 |
| 89 | 传动轴十字轴是否无松框 | 是 | 否 |
| 90 | 减震器是否无渗漏 | 是 | 否 |
| 91 | 减震弹簧是否无损坏 | 是 | 否 |
| 92 | 其他 | 只描述缺陷，不扣分 | |

（七）功能性零部件

对表 5.17 所列部件功能进行检查。结构、功能坏损的，直接进行缺陷描述，不计分。

表 5.17　　车辆功能性零部件项目表

| 序号 | 类别 | 零部件名称 | 序号 | 类别 | 零部件名称 |
| --- | --- | --- | --- | --- | --- |
| 93 | 车身外部件 | 发动机舱盖锁止 | 105 | 随车附件 | 备胎 |
| 94 | | 发动机舱盖液压撑杆 | 106 | | 千斤顶 |
| 95 | | 后门/后备厢液压支撑杆 | 107 | | 轮胎扳手及随车工具 |
| 96 | | 各车门锁止 | 108 | | 三角警示牌 |
| 97 | | 前后雨刮器 | 109 | | 灭火器 |
| 98 | | 立柱密封胶条 | 110 | 其他 | 全套钥匙 |
| 99 | | 排气管及消音器 | 111 | | 遥控器及功能 |
| 100 | | 车轮轮毂 | 112 | | 喇叭高低音色 |
| 101 | 驾驶舱内部件 | 车内后视镜 | 113 | | 玻璃加热功能 |
| 102 | | 座椅调节及加热 | | | |
| 103 | | 仪表板出风管道 | | | |
| 104 | | 中央集控 | | | |

(八）拍摄车辆照片

(1）外观图片。分别从车辆左前部与右后部 45 度角拍摄外观图片各 1 张。拍摄外观破损部位带标尺的正面图片 1 张。

(2）驾驶舱图片。分别拍摄仪表台操纵杆、前排座椅、后排座椅正面图片各 1 张，拍摄破损部位带标尺的正面图片 1 张。

(3）拍摄发动机舱图片 1 张。

## 五、二手车鉴定评估机构经营管理的规范

第一，有规范的名称、组织机构、固定场所和章程，遵守国家有关法律、法规及行规行约，客观公正地开展二手车鉴定评估业务。

第二，在经营场所明显位置悬挂二手车鉴定评估机构核准证书和营业执照等证照，张贴二手车鉴定评估流程和收费标准。

第三，二手车鉴定评估人员应严格遵守职业道德、职业操守和执业规范。

第四，开展二手车鉴定评估活动应坚持客观、独立、公正、科学的原则，按照关联回避原则，回避与本机构、评估人有关联的当事人委托的鉴定评估业务。

第五，建立内部培训考核制度，保证鉴定评估人员职业素质和鉴定评估工作质量。

第六，建立和完善二手车鉴定评估档案制度，并根据评估对象及有关保密要求，合理确定适宜的建档内容、档案查阅范围和保管期限。

## 六、对《技术规范》的评价

### (一)《技术规范》的特点

《技术规范》体现了 5 个特点，具体如下：

1. 流程标准化

《技术规范》参照发达国家的相关技术标准，结合目前我国各汽车品牌企业推广的认证二手车的通行做法，规定了二手车鉴定评估活动所遵循的最基本的程序、方法和步骤，各相关企业、机构按照《技术规范》所规定的程序就能够对车辆的技术状况做出比较准确的鉴定评估结论。当然，各不同类型的企业可以根据自身特点以及经营需要对标准流程进行细化。

2. 检测设备化

《技术规范》引导和鼓励企业通过仪器设备开展二手车鉴定评估工作，以减少人为因素对鉴定评估结果的干预。例如，《技术规范》要求二手车鉴定评估机构需要具备汽车举升设备、车辆故障信息读取设备、车辆结构尺寸检测工具或设备、具备车辆外观缺陷测量工具、漆面厚度检测设备等工具设备；使用漆面厚度检测设备配合对车体结构部件进行检测；使用车辆结构尺寸检测工具或设备检测车体左右对称性；等等。

3. 作业直观化

《技术规范》在附录中给出了鉴定评估作业表，该表格从判定事故车到各部位静态检测、动态检测均直观地在一张表格中列出，评估作业人员可以按照作业表所列内容填写就可以得出车辆的基本技术状况。该作业表的设计还为二手车鉴定评估实现电脑作业与管理提供了便利。

4. 结果数字化

为了便于评估结论的量化表述，《技术规范》参考了日本相关标准，对各部位的检测规定了量化分值，鉴定评估结果将通过最终得分来量化车辆技术状况。考虑到便于广大消费者识别，《技术规范》根据评估最终得分将车辆技术状况分为 5 个级别。一级车就是车辆优良，5 级车就是有重大事故修复痕迹，也就是俗称的事故车，消费者可以一目了然。同时，统一的二手车鉴定评估结果表述方式，相当于二手车流通业的“普通话”，将有助于各企业间、不同品牌间、不同地域间二手车的流通。

5. 主体全面化

《技术规范》是对二手车鉴定评估的方法、流程与结论的标准化，《技术规范》除了专业机构执行外，其他经营主体，如二手车销售公司、拍卖公司、经纪公司也可以按照《技术规范》的方法与流程对目标车辆进行检测、鉴定和评估，并按照附录给出的示范文本填写车辆《二手车技术状况表》，供消费者在买车时参阅。当前，国内已经有为数不少的二手车经销企业开始向消费者提供二手车评估报告，《技术规范》的实施使得更多的企业通过透明交易提升企业品牌度和竞争力。而不向消费者提供车况信息的经销商将会逐渐失去市场。从这个意义上讲，《技术规范》的执行主体将从二手车鉴定评估机构向二手车流通全产业链延伸，二手车市场将进入透明时代。

（二）《技术规范》的实施情况

《技术规范》除了提供鉴定评估标准，还提高了评估机构的准入门槛。《技术规范》出台后，一度被业内认为是国家二手车鉴定“破冰”的关键所在。但由于《技术规范》只是一个参照执行的标准，并非国家强制标准。不少三四线城市的二手车交易中心在二手车交易时少有进行鉴定评估的。原因就在于为了保证利润，经销商不会主动去评估，如果消费者坚持要评估报告，就只能自己找第三方认证机构去办理，并自愿承担评估费用。在《技术规范》的指引下，催生了二手车认证制度。中国汽车流通协会于 2014 年 6 月启动了以“行”为标志的二手车认证标志。该认证品牌由第三方鉴定评估机构在全国范围内实施，交易时卖方必须出示交易车辆的清单数据，使得消费者对交易车辆有完整的了解。如果消费者发现鉴定评估报告与实际车辆技术状况不符，中国汽车流通协会承诺予以处罚。

首批参与“行”认证二手车品牌联盟的试点单位有北京旧机动车交易市场有限公司、搜狐二手车网、北京 268V 二手车鉴定评估有限责任公司、273 二手车交易网、广东中车检汽车咨询服务有限公司、北京华奥汽车服务有限公司、海南惠通嘉华集团、广汇汽车服务股份公司、联拓集团 9 个单位。据统计，截至 2016 年 8 月底，全国共有 36 家“行”认证授权服务机构，有 100 个检测网点，检测车辆达到了 5 万多辆。“行”认证已完全覆盖汽车生产企业、二手车交易市场、独立第三方鉴定评估公司、经销商集团、电商平台与汽车服务企业，今后“行”认证将会提速。

综上所述，《技术规范》和二手车认证制度的实施将会不断促进我国整个二手车市场的健康规范发展。

## 第五节　与二手车交易相关的其他管理制度介绍

纵观我国二手车发展历史，政府部门高度重视二手车交易的相关制度建设，除出台一些法规以外，还发布了一些文件和意见。这些文件和意见对我国二手车市场的发展起到了促进、引导和规范的作用。现对一些主要规范进行介绍。

### 一、2009 年《汽车产业调整和振兴规划》中对二手车发展的规范

2009 年 2 月 9 日印发的《汽车产业调整和振兴规划》中首先提出了规范和促进二手车市场发展的政策措施：一是要建立国家二手车鉴定评估标准和临时产权登记制度，调整二手车交易增值税的征收方式；二是提倡品牌经销商开展“以旧换新”或“以旧换旧”等汽车置换业务；三是拓展二手车经营主体范围，建立专业的二手车经销企业；四是取消一些交易过程中的不合理收费，从而降低经营主体的交易成本；五是加强二手车市场监管，严格经营主体市场准入，规范二手车交易行为，维护市场秩序。

应当讲，以上措施是针对二手车行业存在的突出问题提出的，落实好这些政策措施，必将推动汽车市场持续发展。但是，上述政策措施至今仍未得到全面落实。

## 二、2009 年《关于促进汽车消费的意见》中对二手车发展的规范

2009 年 3 月 30 日，商务部等八部委印发了《关于促进汽车消费的意见》，其中提出了促进二手车交易健康发展的三大举措：一是鼓励发展二手车流通，包括积极发展专业二手车经销企业，倡导汽车品牌经销商开展二手车置换业务，清理和取消各地不合理的限制，引导交易形式多样化，简化交易手续，取消交易市场不合理的收费等；二是提升交易质量和功能，包括建立全国性和重点地区的二手车市场公共信息服务平台，实施二手车交易市场升级改造示范工程，尽快形成二手车信息服务网络，保证车辆信息公开透明，增强消费者信心等；三是切实改善市场消费环境，包括积极推广二手车交易合同示范文本，抓紧制定二手车流通企业设立条件、二手车鉴定评估规范等标准，进一步规范二手车市场主体秩序和经营行为。

## 三、2009 年《关于进一步规范二手车市场秩序，促进二手车市场健康发展的意见》对二手车发展的指导

2009 年 10 月 22 日，国家工商总局等七部委联合发布了《关于进一步规范二手车市场秩序，促进二手车市场健康发展的意见》。该意见指出，随着我国新车消费的快速增长，各地二手车市场得到较快发展。但是，一些地方的二手车市场经营场地和经营行为不规范，不正当竞争、欺诈消费者等现象还时有发生，严重损害了消费者的合法权益，扰乱了二手车市场经营秩序。为此，该意见对规范促进二手车市场发展的总体要求和工作目标、主要任务和要求、职责分工、加强组织领导等方面提出了具体要求。这一意见出台对加强二手车市场的监督管理起到了一定的促进作用。

## 四、2016 年《国务院办公厅关于促进二手车便利交易的若干意见》对二手车交易的规范

2016 年 3 月 14 日国务院办公厅下发了《国务院办公厅关于促进二手车便利交易的若干意见》。该意见主要内容如下：

### （一）营造二手车自由流通的市场环境

各地人民政府要严格执行《国务院关于禁止在市场经济活动中实行地区封锁的规定》（国务院令第 303 号），不得制定实施限制二手车迁入政策。符合国家在用机动车排放和安全标准，在环保定期检验有效期和年检有效期内的二手车均可办理迁入手续。国家鼓励淘汰和要求淘汰的相关车辆及国家明确的大气污染防治重点区域（京津冀，即北京、天津、河北；长三角，即上海、江苏、浙江；珠三角，即广州、深圳、珠海、佛山、江门、肇庆、惠州、东莞、中山）有特殊要求的除外。已经实施限制二手车迁入政策的地方要在 2016 年 5 月底前予以取消。

### （二）进一步完善二手车交易登记管理

整合二手车交易、纳税、保险和登记等流程，开展一站式服务，对具备条件的二手车交易市场推行进场服务。简化二手车交易登记程序，不得违规增加限制办理条件。优化服务流程，推行二手车异地交易登记，便利交易方在车辆所在地直接办理交易登

记手续。

（三）加快完善二手车流通信息平台

建立二手车流通信息工作机制，积极整合现有资源，加强互联互通和信息共享，加快建立覆盖生产、销售、登记、检验、保养、维修、保险、报废等汽车全生命周期的信息体系。非保密、非隐私性信息应向社会开放，便于查询，符合国家有关要求的信息服务可以市场化运作，已经具备条件的行业信息要进一步加大开放力度。

（四）加强二手车市场主体信用体系建设

依法采集二手车交易市场、经销企业、拍卖企业、鉴定评估机构、维修服务企业以及其他市场主体的信用信息，建立二手车市场主体信用记录，纳入全国信用信息共享平台，并按照有关规定及时在企业信用信息公示系统以及“信用中国”网站予以公开，方便社会查询和应用。

（五）优化二手车交易税收政策

按照“统一税制、公平税负、促进公平竞争”的原则，结合全面推开营改增试点，进一步优化二手车交易税收政策，同时加强对二手车交易的税收征管工作。

（六）加大金融服务支持力度

加大二手车交易信贷支持力度，降低信贷门槛，简化信贷手续。支持二手车贷款业务，适当降低二手车贷款首付比例。加快开发符合二手车交易特点的专属保险产品，不断提高二手车交易保险服务水平。

（七）积极推动二手车流通模式创新

推动二手车经销企业品牌化、连锁化经营，提升整备、质保等增值服务能力和水平。积极引导二手车交易企业线上线下融合发展，鼓励发展电子商务、拍卖等交易方式。推动新车销售企业开展二手车经销业务，积极发展二手车置换业务。

（八）完善二手车流通制度体系建设

抓紧修订《二手车流通管理办法》，规范二手车交易行为，强化市场主体责任；加强消费者权益保护，确保消费放心、交易便捷、服务完备；明确监管职责，加强市场监管，规范交易秩序，促进二手车市场健康、有序发展。

由上可知，在2009年的《关于促进汽车消费的意见》与《汽车产业调整和振兴规划》中，关于规范、培育和促进二手车市场发展的措施早已被提出。但是，没有相应的具体政策措施与之配套，因此并没有得到很好的落实，也没取得预期的效果。《二手车鉴定评估技术规范》直到2013年12月31日才正式发布，并于2014年6月1日正式实施。2008年，中国汽车流通协会着手起草的行业标准《二手车流通企业建设条件》，后更名为《二手车流通企业经营管理规范》，于2015年11月9正式发布，于2016年9月1日起实施。修订《二手车流通管理办法》、建立临时产权登记制度、调整二手车交易增值税的征收方式等至今尚未完全实现。

## 五、完善二手车相应规范，提高二手车交易安全性和效率

（一）严格贯彻落实行业标准，切实加强监管

长期以来，我国二手车市场存在着行业标准缺失的问题。一是市场准入标准低，

传统二手车交易市场在场地、设施、设备、功能、管理、软件、交易规模、备案、信息报送、行业自律等方面都缺乏严格的行业标准，导致二手车市场低水平经营和低水平复制。二是企业准入标准低，导致众多小企业争抢市场，无序竞争，冲击正常规范的交易秩序和规则。三是收费项目和标准不统一，导致价格混乱，恶性竞争，降低公信力，削弱企业生存及扩大规模的能力。四是交易流程不规范，检测、评估缺乏统一标准，手段落后，缺乏科学的定价机制。五是二手车行业的服务标准不明确、售后服务质量不明朗。但随着《二手车鉴定评估技术规范》和《二手车流通企业经营管理规范》的出台和实施，我国二手车领域标准缺失的问题基本得到解决，关键是要严格贯彻执行这些行业标准，政府相关部门要切实加强监管。

（二）统一二手车交易税收标准

二手车交易税收标准不统一是制约二手车发展的最大障碍。对于二手车流通企业的增值税，目前对于不同形式的企业有三种增值税征收率：最高的是拍卖企业，须缴纳拍卖成交价的4%；其次是经销企业，须缴纳销售价的2%；而对于其他机构，虽然其也是从事买进卖出二手车的经营活动，但不用缴纳增值税。因此，虽然在《二手车流通管理办法》实施以后，二手车拍卖企业、经销企业可以开具二手车交易发票，但一些需要缴纳增值税的二手车企业为了避税，都自称为经纪公司。为此，中国汽车流通协会向国家税务总局办公厅提交了《调整二手车交易增值税征收方式的建议报告》，建议对二手车交易税由现行按照交易金额的2%全额征收调整为差额征收，以激发促进市场有序经营的二手车经销公司（包含汽车授权经销商与独立的二手车经销连锁店）参与二手车经营的积极性，规范市场发展。只有统一税收政策，才能使二手车经纪公司、经销公司、拍卖公司在同一起跑线上公平竞争。

（三）注重二手车交易分销渠道的建设

互联网交易平台显现出了其渠道的价值，其强大的网络整合能力有利于改善我国二手汽车市场供给现状，提升交易效率。各种完善的分销渠道是使二手车交易活动不断深化、不断扩大的重要条件。

1. 大力培育发展二手车经营公司

二手车经营公司以其熟知二手车市场运营全套业务，具备完善的服务体系，为大众所认同，是二手车市场实力很强、生命力很旺盛一个重要成员。因此，要大力培育发展二手车经营公司，利用现有的二手车经销公司和一些有着数字化发展基础的大型汽车经销企业，并且特别支持和鼓励各大品牌供应商开展品牌认证二手车业务。

2. 鼓励品牌经销商开展二手车业务

品牌汽车供应商和品牌汽车经销商是汽车市场的主力军，而且这些企业具备完善的经营体系和完备的售前、售后服务。因此，应该鼓励这些企业参与到二手车市场营销体系之中，从事二手车买卖和置换业务，从而形成完善的生产、销售、售后服务、回收及置换一条龙服务，为消费提供更为多元化的服务。

3. 打造专业品牌的二手车公司

开展品牌车辆的置换活动，建立规范的大型二手车市场，倡导一站式贸易和一站式服务，不断提高二手车贸易水平。

### （四）建立临时产权制度，提高二手车流通交易效率

根据《二手车流通管理办法》的规定，我国的二手车交易是财产的所有权交易，而不是商品交易。目前我国实行的二手车买卖流程是二手车经营者在收购二手车时，只能先将二手车转到自己名下，再将车辆过户到购买该二手车的消费者名下，这才算是完成一次二手车买卖。这样的流程的问题在于，作为卖家需要等待二手车完成过户后才能凭借新指标购车，4S 店和二手车商需要自己有购车指标才能回收二手车。事实上，对于车商收购旧车到找到买家的这个“真空期”，市场当前的办法是先将收购来的旧车过户到“背车族”名下并上牌照，直到找到新的买家，再进行一次登记过户。这不仅导致置换过程的延期，延长了二手车的交易周期，更重要的是限制了二手车商的发展规模和整个产业的发展，甚至滋生了一些不合规范的操作方式。

所谓二手车临时产权登记制度，即二手车被商家收购后，给商品二手车一个编码，这个编码可以用一个临时性号牌来区别，并以这辆车的编码替代号牌使二手车作为商品进行流通，但不能上路行驶，同时给流通环节的商家进行临时产权登记，令车商只有买卖权，没有使用权。

2016 年 2 月，中国汽车流通协会提出“建立二手车临时产权登记制度”的要求，向公安部建议建立二手车临时产权登记制度。其核心内容就是二手车商在收购旧车后，可以拥有所有权而不需要进行产权登记，直到找到买主。该建议一旦通过，可以明显提高二手车流通交易效率，还可以解决因不规范过户导致的逃税问题。因此，解决二手车临时产权问题将是中国二手车行业管理机制发展成熟的标志，也是二手车市场活跃的重要支撑。尤其是对北京、上海、广州等限购城市来说，二手车交易环节的畅通直接关系到新车销售潜力的释放。

### （五）加强二手车行业的网络建设

现阶段国内二手车交易存在严重的信息不对称问题，加之地区经济差异和不完善的流通机制导致市场混乱。建立交易信息网络是用来提高二手车交易水平的重要措施。要充分利用现代网络信息平台，使二手车网上信息发布、价格咨询、交流信息、保险信息、维修记录等公共信息公开化，实施二手车网上交易，尽快实现真正的信息网络和交易网络，实现二手车网络链的不断壮大，促进并逐步提高国内的二手车交易水平。

### （六）建立诚信监督机制

二手车市场的培育和逐步成熟，需要政府政策的引导。企业诚信问题是二手车交易中最为关键的部分，目前工商系统已经开始实行企业的信用分类管理机制，二手车经营企业应该向社会公布信用状况，二手车市场要对信用差的企业进行行为监管和重点监控，二手车经营者信用等级的提高也在一定程度上提高了市场竞争力。这一做法对于维护市场秩序、激励二手车市场向又好又快方向发展提供了信用保障。

### （七）建立并完善二手车售后服务体系

我国可以借鉴国外发达国家和地区二手车市场的经验，加强二手车售后服务体系的建设，使二手车售后服务基本与国内的新车售后服务一样，有信息咨询、配件供应、维修、汽车保险等方面的售后服务。这些售后服务将推动质量认证二手车、品牌二手车的发展。

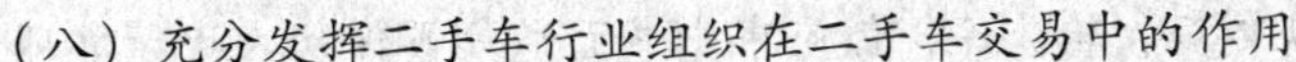

（八）充分发挥二手车行业组织在二手车交易中的作用

二手车行业组织的规范管理是二手车交易有序进行的重要保证。美国在二手车行业组织方面有着很大的优势，其习惯于建立各种自发的组织，由此监督交易市场并为想购买二手车的人提供咨询和交易便利。美国在建立行业标准和行业自律方面的做法充分地发挥了二手车行业组织的管理功能，特别起到了协调和监督作用，发挥行业内、企业内的自我监管作用，组织发展诚信经营。利用行业协会的积极作用，规范业务活动，以抵制汽车贸易中存在的不公平竞争和其他的违法经营行为，确保在国家的政策和法规的指导下，二手车交易活动持续有序发展，以促进整个二手车行业层次的提升。

## 一、思考题

1. 二手车交易市场与二手车经营主体间具有怎样的关系？

2. 我国现行二手车经销企业与经纪机构划分的制度具有哪些缺陷？

3. 为什么从事二手车经营业务的主体要具有法人资格？

4. 何谓二手车鉴定评估？何谓二手车认证？何谓二手车检测？三者之间具有怎样的关联性？

## 二、案例分析题

1. 2013 年 12 月 25 日，福建省厦门市思明区人民法院在审理“刘某某不服被告厦门市公安局交通警察支队车辆行政登记”一案中，发现涉诉车辆即刘某某名下的闽 D5J812 号丰田牌小型轿车在进行二手车交易过程中，存在两方面问题：一是买卖双方没有签订合同；二是租车公司员工黄某某出售车主刘某某名下的车辆时，没有刘某某的授权委托书。而厦门纯青盈二手车交易市场有限公司在缺乏前述两份书面材料的情况下，依然为买方开具了二手车销售统一发票。

问题：

（1）案例中哪些行为违反了《二手车流通管理办法》的规定？

（2）上述违法行为有什么危害？

2. 2003 年 11 月，张先生向某机械厂购买了一辆二手丰田牌小型栏板货车，并办理了相关的转籍入户手续。此前，该车已投保车辆损失险和附加险，保险金额为人民币 20 万元，保险期限为 2003 年 1 月 1 日零时至 12 月 31 日 24 时。但张先生买下此车后，并未将车主、车牌号变更的情况及时通知保险公司。

2003 年 11 月底，该车发生重大交通事故，保险公司接到报案后，才发现车主及车牌已经变更。由于“被保险人未及时履行如实告知义务”，保险公司拒绝了保险车辆的赔偿要求。

保险公司的工作人员对此的解释是：保险车辆的车主发生了变化，但新、旧车主却未向保险公司提出过户申请，因此原车保险合同无效。而且在保险合同中也注明：

“在保险合同有效期内，保险车辆转卖、转让等，都应事先书面通知被保险人申请办理批改，否则保险公司有权拒绝赔偿，已赔偿的，保险公司有权追回已付保险金额。”

对此，张先生难以接受，一纸诉状将保险公司告上法庭。他认为保险合同约定的是对车辆的保险，在此案中，虽然车主与车牌变了，但车辆本身并未变更，保险公司理应承担此次事故的赔偿责任。

法院开庭审理后，判决不支持张先生的诉讼请求。因为保险合同是一种基于最大诚信原则订立的合同，双方的诚信义务高于一般合同，法律要求投保人对保险标的的陈述必须真实。一般情况下，保险利益随着保险标的所有权的转让而灭失，只有经保险公司同意批改后，保险合同方才重新生效。

问题：

（1）法院当时的判决及理由是否正确？若该案发生在当前，你认为法院的判决是否有变化？若有，是怎样的变化？

（2）车辆保险合同的变更在二手车交易中具有怎样的意义？

3. 二手车市场的地方保护主义突出表现为地方政府出台的“限迁”政策。“限迁”是指一些地方政府出于治理本地环境污染的考虑，制定并实施限制一定尾气排放标以下、使用年限较长的外地车迁入本地的规定。

据统计，从2011年开始陆续有城市出台限制二手车迁入的政策，截至2016年2月底全国有超过300个城市只接受排放标准为“国Ⅳ”或以上的二手车落户。实际上，各地实施的“限迁”政策还涉嫌行政垄断，为二手车流通设置市场准入限制，造成经营主体竞争不公平，违背市场经济原则。目前我国“限迁”政策存在诸多不合理部分。例如，有些地方的“限迁”政策甚至以汽车出厂或者上牌日期“划线”。以石家庄市为例，当地以进入品牌二手车登记日期为界限，超过3年的不允许迁入。唐山市则以进入品牌二手车出厂日期为界限，超过3年的不允许迁入。

“限迁”政策影响了二手车市场正常的资源配置功能，使本地二手车无法销往外地市场，外地二手车也无法进入本地市场。不仅仅在全国范围内，即使在省内各地之间也实施“限迁”，导致本地二手车供过于求，车辆严重贬值，二手车流通过程中的效率更为低下，并延长了流转的周期，进而使二手车在交易环节的费用上升。

“限迁”政策的实施对有着我国二手车市场风向标之称的北京二手车市场产生了严重冲击。2012年，多地实施“限迁”政策之前，北京市的二手车外迁率曾一度高达70%，而“限迁”政策实施后，北京市二手车外迁率急剧下滑，到2014年仅在40%左右，本地消化已占到交易主流。从全国范围来看，“国Ⅱ”以下二手车基本上已经无地可迁，价格也因此大幅下滑。基于巨大的利益，一些车商通过“迁黑”或“黑迁”的方式，小批量地把一些二手车外迁出去，这严重影响了二手车市场秩序。所谓“迁黑”，就是从北京车管所提档后，并不在当地上牌，而是作为“黑车”使用；所谓“黑迁”，是指暗地和当地车管部门勾结，合法迁入，这种方式主要是一些地市级市场在运作。

2016年3月14日，国务院办公厅发布了《关于促进二手车便利交易的若干意见》

（国办发〔2016〕13 号），要求各地人民政府要严格执行《国务院关于禁止在市场经济活动中实行地区封锁的规定》（国务院令第 303 号），不得制定实施限制二手车迁入政策。国家明确的大气污染防治重点区域有特殊要求的城市除外。

2016 年 3 月份以来，已经有伊犁、兰州、大连、抚顺、葫芦岛 5 个城市以及贵州、四川、内蒙古、新疆等 8 个省份，陆续取消“限迁令”。“限迁”政策的松动，使得二手车市场开始活跃起来。据中国汽车流通协会统计，截至 2016 年 10 月，包括陕西、山西、青海、江西、四川、广东（其中广东已经减去 9 个不在范围城市）、贵州、新疆、内蒙古、安徽、湖南、山东、黑龙江等 13 个省份，全面执行国务院办公厅发布的上述意见，解除“限迁”城市达到 172 个；广西和辽宁部分区域执行了国务院办公厅的文件；仍有一部分城市未执行国务院办公厅的解除“限迁”政策。有的省份发文明令放开，到地方落实时却走了样，要么并未真正落实，要么增加了附加条款，对本地和外地二手车采取双重标准，进一步维持“限迁”。

问题：

（1）为什么会有二手车“限迁”政策？

（2）二手车“限迁”政策具有哪些危害？

（3）为什么取消二手车“限迁”政策有较大阻碍？其主要原因有哪些？

（4）取消二手车“限迁”政策对我国二手车发展具有怎样的意义？

# 第六章　二手车交易模式

模式通常是指事物的标准样式，也是主体行为的一般方式。交易模式通常可以理解为不同主体间发生行为的一般方式，其反映了不同主体之间的关系。交易模式通常体现在商业模式中，商业模式则反映了企业与企业之间、企业的部门之间、企业与顾客之间、企业与渠道之间各种各样的交易关系和联结方式。在分析商业模式过程中，主要关注企业在市场中与用户、供应商、其他合作伙伴的关系，尤其是彼此间的物流、信息流和资金流的关系。二手车的交易模式则反映了二手车经营主体、二手车经营平台、二手车客户之间的关系。

通过本章的学习，学习者应主要掌握商业模式的概念、商业模式与盈利模式的区别、二手车交易模式的种类、二手车交易模式的创新方法等。

## 第一节　商业模式与盈利模式概述

### 一、商业模式概述

#### （一）商业模式的概念

早在20世纪50年代就有人提出了"商业模式"的概念，但直到40年后（20世纪90年代）这一概念才流行开来。泰莫斯对商业模式的定义是：一个完整的产品、服务和信息流体系，包括每一个参与者和其在其中起到的作用以及每一个参与者的潜在利益和相应的收益来源和方式，构成盈利的这些服务和产品的整个体系称为商业模式。

根据泰莫斯对商业模式的定义，在分析商业模式过程中，主要关注企业在市场中与用户、供应商、其他合作方的关系，尤其是彼此间的物流、信息流和资金流以及参与这一过程中某个参与者的利益来源，由于特别看重参与者的盈利来源，因此商业模式与盈利模式有时可以通用，但商业模式与盈利模式完全不同，分别属于两个完全不同的范畴。

所谓商业模式，是一种基于交易过程的参与者之间的信息、资金和物流解决方案。这种解决方案的某种范式就是商业模式。换言之，商业模式是企业经营活动各个环节的运作方式，包括经营资源的获取方式、经营资源的组织方式、产品与服务的销售方式等。

#### （二）商业模式的历史变迁

为了解商业模式的概念，我们可以回顾一下历史上的具有革命性的商业模式的变迁过程。

1. 以物易物的商业模式

原始的商业模式非常简单，就是一种以物易物的简单模式。在这种商业模式中，由于交易是即时结清的，因此信息、物流和资金在交易过程中既不存在成本，也不存在对交易过程的价值创造。但这是种交易模式的成功率极低：一方面，寻找交易对象是件非常困难的事情；另一方面，即使交易对象找到了，还存在交易价值是否对等的交易困难。

2. 集市贸易商业模式

集市贸易是一个革命性的商业模式，是通过固定地点、固定时间的交易模式，使得寻找交易对象变得相对容易，本质上就是交易过程中的信息获取通过固定时间和固定地点得到解决。这种商业模式的实质就是提升交易信息的获取效率。

3. 基于货币交易的商业模式

紧随集市贸易商业模式的革命性商业模式基于货币的发明。货币的重要价值在于解决了交易过程中的结算问题，大幅度提高了交易的效率，这是一种基于货币的交易模式，也可以说是不同于集市贸易的新商业模式。

4. 消费信贷商业模式

消费信贷作为一种新商业模式，虽然对于扩大交易规模具有极其重要的意义，但其本质上只不过是将原来的基于扩大生产规模的“生产性信贷”从供给侧转向需求侧而已。纯粹的信用贷款不包括具有抵押物的贷款，是最具有革命性的新商业模式，既扩大了供给规模，又扩大了需求规模。其不仅提高了交易的效率或者降低了成本，更扩大了交易规模。

从上述革命性的商业模式变迁过程中我们发现：商业模式的发展或者提升交易过程的效率，或者降低交易成本，或者扩大交易规模。

5. 直销模式（OEM/ODM）生产方式+网络销售模式

在国内，大家颇为熟悉的是小米手机的商业模式。小米手机与其他手机不同的地方在于：在生产要素获取环节和生产环节，基本上是采取租入式，在生产要素中的部分人力资源、技术资源也是租入式；在生产环节，基本上是委托生产；在销售环节则是网络直销。与传统自有品牌的生产型企业相比较，特别是手机这种单品出货量较大，但单品寿命周期又较短的产品，任何生产型企业都会面临研发体系庞大、生产不均衡和由此造成的生产成本难以控制、销售体系难以建立等困难。小米手机的商业模式有效地解决了这些困难，取得了好的成效。与小米手机类似，苹果手机则仅仅将生产环节委托出去，虽然没有采取直销模式，但销售基本上也是通过第三方渠道进行的，同样是基于单品批量大、寿命周期短对生产体系和销售体系的要求。

小米手机的这种模式在产品从研发到生产可以实施模块化结构、生产工艺相对简单、单品销售量很大但寿命周期较短的情况下，是非常实用的。

小米手机作为商业模式创新的典型，其实质是 OEM/ODM 生产方式+网络销售模式。其核心就在于不仅通过 OEM/ODM 降低研发和生产环节的成本，还利用网络销售降低销售成本，是在 OEM/ODM 方式基础上的创新。小米手机的商业模式与普通 OEM/ODM 模式的差别还在于，其将传统企业的分层分级的销售网络转变为直销。随着互联网以及相应的各种网络支付的完善，销售过程中的产品体验、产品交付与货款支付完全可以由网络取代实体店。这就是小米手机在经营模式上，不仅仅限于生产要素资源的取得，还包括对生产组织过程和产品销售过程进行了变革。

6. 网络销售模式

以淘宝、天猫和京东等为代表的网络销售模式是一种零售商业模式的创新，具体来说就是将传统零售商业所需要的实体空间用虚拟空间来代替，货币的实物结算或者银行卡结算转变为网络支付。其目的就是降低实体空间的使用成本和结算的人工成本。此外，现金交易转变为网络电子支付，大大降低了消费者对货币的体验，比使用现金更容易产生消费。网络销售还扩大了客户的范围，突破了空间对客户的限制，有利于实现了更大的销售量。总之，网络销售比实体零售节省成本、扩大客户、促进购买。

（三）商业模式的创新

1. 商业模式创新的概念

所谓商业模式创新，就是在经营资源的获取方式、经营资源的组织方式、产品与服务的销售方式三个环节中任何一个环节或者几个环节联系起来的经营活动整体构建模式的创新。

2. 经营资源的获取方式

企业活动的起点是获取经营资源。经营资源的获取至少有三种基本方式，即购入式、租入式和股权式以及这三种基本方式各种不同组合所形成的衍生方式。

购入式在本质上是一种资产交换模式，不增加经营者的经营性资产规模，对经营者来说没有任何杠杆作用，不能因此扩大自己的资产规模或者经营规模。购入式的资源获取方式还可以有很多创新的方法，除了最常见的货币交易模式，还有古老的以物易物模式以及信用交易、抵押交易、质押交易，甚至以某种财产权利交易等丰富多样的模式。任何一种交易模式创新都会带来经济价值。

租入式本质上是一种债权融资的模式，具有杠杆作用，是一种利用他人的资产实现经营规模扩大的方式，也是一种提升自有资产效率的资源获取方式。资源租赁方式包括实物租赁、金融租赁以及各种组合式租赁方式。

股权式融资具有杠杆作用，可以极大地扩大经营规模。因为股权的融资成本不构成经营活动的负债，所以更有利于扩大经营规模，带来更大的社会效益。股权式获取方式，可以是货币入股、实物入股、知识产权入股、财产权利入股，甚至劳动入股（合伙企业）等。

3. 经营资源的组织方式

在经营资源的组织方式方面，有两种基本都模式：自主生产模式和委托生产模式。自主生产模式就是全部经营资源在自己控制下组织生产经营，委托生产模式就是企业将资源转换成产品与服务的生产过程委托给第三方实施的方式。在这种自主生产与委托生产方式之间，由于自主与委托的环节不一样，还有很多不同的组合方式。

4. 产品与服务的销售方式

在销售方式方面，最传统的就是直接销售与中间商销售这两种方式。中间商销售也有经销、代销等之分。

5. 商业模式创新的原则

根据商业模式的概念和商业模式变迁的规律，商业模式创新必须遵循以下原则才能够获得竞争优势，从而为企业发展提供新的机遇。

(1) 商业模式创新必须有利于降低商业活动过程中的交易成本。交易成本包括为达成交易而产生的全部成本，包括寻找交易对手的成本、交易谈判成本以及完成交易过程中的物流成本、资金成本、时间成本等。

就零售业的商业模式而言，其经过了柜台交易模式向超市交易模式的转变。在传统的柜台交易模式下，不论是百货商场和还是普通社区零售店，几乎都是按照一个营业员管理若干产品的模式。这种零售商的成本主要包括人工成本、资金成本、仓储成本、物流成本等。在我国计划经济时代，这种商业模式资金成本、仓储成本都比较低，因此一直持续到改革开放初期。随着改革开放的深入，首先是人工成本增长比较快，因此很快就出现了大型超市这种商业模式。当然，大型超市商业模式能够发展起来还得益于条码技术和计算机的普遍应用，其特点就是显著降低人工成本以及给顾客创造一个更加人性化的购物环境。但不可否认的是，随着房地产的市场化，特别是商业房地产的租金上升，带来了巨额的房租成本压力。

网络交易平台，如天猫、京东等为购买者节省了大量的交易前信息搜索成本、交易过程时间成本。虽然其物流成本与超市的物流成本相比相差不大，但人工成本、仓储成本、资金成本比超市节省很多，特别是我国的商业经营地点几乎都是城市中心或者社区中心，房租极高，这就必然催生降低房租、人工成本、仓储成本的新商业模式。

网络交易的主要优势在于降低了以上成本，实现价格大大低于实体店价格的优势，因此网络销售商业模式很快发展起来，甚至对传统的零售业造成巨大的冲击。

(2) 商业模式创新必须有利于提高商业活动的效率。商业活动的效率体现在提高劳动生产率，提高经营设施、设备的利用率，提高单位时间的产出效率等方面。例如，作为铁路客运服务系统的一个环节，12306 网站购买火车票（包括电话购票）就是典型的提高效率的举措。这种效率不仅仅体现在铁路运输企业大大减少票务人工、提高现金收付过程的效率和差错率，而且对于购票人而言减轻了购票的时间成本。

与此形成鲜明对照的是，我国的航空售票还处在自销和代销并存的状态，长途客车售票基本上是自销模式。这种航空公司自己销售或者代理机构销售机票的模式，完全可以采取类似火车票的统一网上购票系统。作为票务系统最基础功能的出票和资金结算都可以通过网络和自动设备完成，而且通过订票系统还可以获得更多的客流需求信息，对于运力安排也是很有价值的信息。目前，航空售票和长途汽车售票系统已经全面推行。

(3) 商业模式创新必须有利于提升商业活动的效益。提升效益包括扩大经营规模和提升利润水平。网络交易与线下交易相比较的一个显著特点就是网络交易将潜在的交易对象从实体交易的一定地理范围扩大到完全无地域限制的范围，这是扩大经营规模的典型形式。例如，原来快餐业的客户范围基本上在经营地点附近，而网络订餐的到来和快递服务的发展，使得客户范围大大扩展。

除此之外，由于全民上网时代的到来，原来只能通过市场调查来获取客户需求的方式，现在也可以通过网络实现，甚至可以采取“私人订制”模式来为客户量身定做产品，这种“订制化”的模式大大提升了消费者的满意度，不仅提升了营销的效率，而且带来了更高的经济效益。

有些商业模式还可以提升顾客体验，提升顾客的价值。例如，虚拟现实技术就可以提升某些产品的顾客体验，特别是对于房屋装修、室内家具等，虚拟现实技术可以让顾客更全面地了解产品，提升客户价值。

6. 商业模式创新的实践

商业模式创新离不开新技术、新理论的运用。“互联网+”本质上就是利用互联网改造传统企业的经营模式，将互联网技术运用于生产要素的获取、生产组织过程和销售过程之中，甚至将互联网作为一根线，将企业从市场调研、产品设计、生产组织、生产过程、销售过程和使用过程完全串起来，或者提高不同环节的效率，或者降低成本，或者提高消费者的体验价值。只要任何一个环节实现了成本节约或者效率提高，通常就会产生一种新的商业模式。

就创业者而言，仅仅依靠商业模式创新是很难持续成功的。因为商业模式很容易被识别，也很容易被模仿。

就直销模式而言，戴尔电脑较为成功，而且戴尔电脑有两个方面的创新是很重要的：一是直销模式，二是订制模式。在中国市场，戴尔电脑的这两种优势就消失了。因为电脑订制模式主要是一些标准化的器件互换，技术含量不高，最终在组装电脑的风潮下失去价值。而直销模式因为当时的物流并不像今天这样发达，网络支付也没有现在这么方便，因此戴尔电脑在中国实行的还是分层的渠道网络。

同样是直销，小米手机赶上了中国网络购物快速发展的好环境，网络支付和物流发展也适应了网络直销，因此小米手机取得了成功。

但是，小米手机的模式是很容易复制和模仿的，因此小米手机必须继续进行商业模式创新，否则小米手机的商业模式提供的经营成本转化为价格的优势，很可能因为竞争对手采取同样的模式而抵消。特别是当竞争对手具有产品研发优势的时候，小米手机的模式就不再具有竞争力了。

直销模式（OEM/ODM）、网络销售，都不是小米手机的首创，但小米手机将其整合起来就是一种商业模式创新。其实，戴尔电脑的订制模式是一种极具潜力的商业模式，其特点不仅仅是通过订制来提升交易效率，而是订制本身还具有提供个性化满足的价值，而个性化造成的差异化可以提供更高的交易满足度，可以获得更好的经济效益。但是，订制化对于一些非标准化产品而言，有一个产品开发设计的成本问题。正是这个问题暂时无法解决，戴尔电脑的订制模式目前没有取得成功。

不可否认的是，如果某些产品订制的研发成本得到有效控制，则可以构成全新的商业模式。例如，服装订制、建筑设计、家具设计、商标设计、营销策划等，本质上就是个性化的，完全可以通过订制模式实现比现有企业运作模式更低的成本和更高的效率。

当前，互联网已经可以将几乎所有的开发设计资源纳入网络平台，因此实行订制化的商业模式就具有极大的可行性。可以预见，以私人订制为主要模式的互联网平台将有可能成为与天猫一样的巨型互联网企业，只不过天猫是批量产品交易平台，私人订制是一种个性化产品交易平台。

搜狐、新浪和网易是我国最早的几家互联网企业，其商业模式几乎一样，即都是门户网站，依靠免费资讯提供获得植入广告的收益，本质上是一种报纸杂志等纸质媒体的替代品——电子媒体。除了这三家门户网站获得先发优势以外，其他门户网站往往较难生存。当然也有少数的专业门户网站在这里获得一杯羹，但基本上仅仅在细分市场上立足。在购物平台方面，淘宝、天猫优势明显，京东则分了一杯羹，而其他网络购物平台很难望其项背。当然，不排除未来针对某个细分市场的平台获得成功。

综上所述，商业模式的发展与创新，基本上都沿着降低上述过程的成本或提高上述过程的效率以及提高上述过程的价值这样的路径进行。

## 二、盈利模式概述

### （一）盈利模式的概念

所谓盈利模式，是指商业模式中获取经营利润的方式。盈利模式就是要解决经营利润从商业活动中的哪个环节或者哪些环节中获得的问题。

### （二）盈利模式与商业模式的关系

在所有商业模式中，并不是每一个环节或者过程都能带来利润的。我们把构成完整交易的过程分成一些不同类别。

第一类是利润实现过程。这通常是一个交易的环节，只有交易才能实现利润。这个过程虽然简单，但往往是企业经营的核心。

第二类是价值增值过程。这个环节是实现价值增值的基础。例如，生产型企业的生产加工过程，流通型企业的分拣、包装、组合、存储等过程，就是实现价值增值的过程。

第三类是辅助过程。这类环节本身不提供利润来源，但却为利润实现环节提供了必不可少的支持。其服务于价值增值过程或者价值实现过程。例如，会计报表、数据、安全管理、广告宣传、信息处理等。

可见，虽然在商业模式创新中并非每一个环节都能产生利润，但商业模式创新的最终目标是盈利及盈利的增加。商业模式的创新往往导致盈利模式的变革；盈利模式的变革往往伴随着商业模式的创新，或者是商业模式创新的结果。

### （三）盈利模式的创新

所谓盈利模式的创新，是指经营过程采用了与其他经营者不同技术手段或者不同的交易过程组合，从而比其他经营者具有更高的经营效率、更低的经营成本。由于实际的交易价格遵循传统市场的价格，从而获得更高盈利，这种传统模式与新模式的成本差异来源方式，就是盈利模式。例如，以淘宝、天猫、京东为代表的网络购物平台，就卖方而言，其经营过程与传统商业企业并无二致，但其商业模式创新之处在于通过网络平台，大大提升采购、销售效率，大大降低了实体店的房屋租赁成本，大大降低了库存费用。

就网络购物平台而言，其商业模式与传统的有形市场一致，就是通过提供交易场地获得收益。但是，网络购物平台的商业模式创新较多，其市场建设成本大大低于实体市场；市场交易信息完整性和准确性是传统市场抽样统计无法比拟的；由于交易信息完整所提供的大数据成为经营者极具价值的商业信息，提供了传统交易市场无法实现的"信息服务"内容。

网络购物平台的盈利模式与传统市场也有差异。第一，"市场租金"模式继续保持，但比传统市场低，与一般的集市及批发市场比较，网络购物平台不是采取固定"摊位费"的模式，而是采取交易额固定比例模式，比集市及批发市场的"摊位费"更能被经营者接受。第二，创造了"广告服务"新利润点。第三，提供了基于大数据的"信息服务"，这是传统市场没有的。第四，以市场为基础提供了"结算服务"，并以此开发了相关的"金融服务"。

## 第二节　二手车商业模式与盈利模式

二手车的商业模式、盈利模式与其他产品和服务的商业模式、盈利模式有着较大区别。这主要是由二手车这一产品的特殊性决定的。

### 一、传统二手车的商业模式与盈利模式

传统的二手车都是进行实体经营的，其商业模式包括以下几个环节：

第一，二手车的车源信息获取环节。车源信息获取可以分成两种方式：主动搜集与被动获取。主动搜集车源信息是指主动联系潜在的二手车主，了解其出售二手车的可能性；被动获取车源信息是指通过经营实体店接受潜在的二手车卖主登记出售的信息。

第二，二手车购买信息的获取环节。其通常是一种被动获取信息的方式，就是通过购买者在二手车实体店登记需求的方式获得。

第三，交易谈判环节。交易谈判环节包括卖方的最低出售价格谈判和买方的最高购买价格谈判，有关的价外费用可以并入价格谈判中。因为每辆二手车都不相同，所以价格谈判是二手车交易中最难以达成一致的过程，也是成本最高的交易环节。价格谈判环节成本很高的主要原因在于有关二手车的真实信息极度不对称。买方的风险很大，因此买方都倾向于将这种风险体现在价格上。

与上述二手车的三个交易环节相对应的，就出现了二手车的三种基本商业模式。

#### （一）二手车经纪模式

二手车经纪模式的本质是二手车信息中介服务，通常以"二手车信息部"或者"二手车经纪公司"的名义开展业务。二手车经纪模式主要是通过收集二手车交易双方的供需信息，通过"客户信息垄断"来获得车主的"代理销售权"，通过销售来获得经济利益。

二手车经纪模式的具体盈利模式主要有两类：一类是市场信息价值实现模式。这种信息价值的实现分为两种：第一，仅仅依据车主委托，成交以后，单纯收取佣金；第二，车主确定最低销售价格，然后以最低价格以上的销售收入作为佣金。市场信息价值模式的本质就在于以对市场信息，特别是以具体二手车信息的垄断，来实现信息

价值。另一类是二手车经销模式。这种模式的企业通常以“二手车经营公司”的名义开展业务。其商业模式较为简单，就是普通的商业零售业模式。其盈利模式就是赚取“购销差价”。为了赚取“购销差价”，二手车经营公司也会像普通商业企业一样对产品进行“分拣”和“包装”，对收购的二手车进行检验、整修和翻新，并通过对二手车的一些质量保证获得尽可能高的销售价格。

(二) 二手车经销模式

二手车经销模式的盈利模式主要体现在对二手车的价值增值服务上面，特别是整修、翻新以及质量保证是其主要的利润来源。

(三) 二手车增值服务模式

二手车增值服务模式是为二手车交易提供服务的商业模式。其中以二手车交付服务、信息服务和二手车金融服务为主要形式。交付服务就是办理二手车交易过户手续，这种商业模式的盈利模式主要是普通商业零售企业的“批零差价”，即通过批量办理过户手续，获得比交易者自己办理更低的时间成本。二手车信息服务主要是通过提供与二手车有关的质量信息，以消除购买者对二手车价值的怀疑，减少购买者因为信息不透明而将风险计入价格导致的供求价格差异，促进交易达成。二手车金融服务包括消费信贷、抵押贷款以及保险服务等业务。

在实体经营过程中，上述三类商业模式往往开始走向整合，全部纳入了二手车经营公司的业务范围。

## 二、二手车商业模式创新

由于机动车是一种特殊商品，不是以占有确认所有权而是以登记确认所有权，并且机动车有关的权利义务都是以登记的所有权人为对象，二手车的交易不仅仅是产品实体的控制权转移，还包括与二手车有关的一系列权利和义务的转移，因此二手车交易过程与一般商品交易过程存在差异。二手车交易的商业模式也有很多可以创新的环节。

(一) 二手车购买环节的商业模式创新

二手车是指已经进行车辆登记以后再出让的汽车。按照我国现行体制的规定，二手车实际上是已经登记的二手汽车，通过过户的方式转让二手车的所有权包括以下三种方式：

(1) 本地转让，保留车牌，仅仅办理汽车所有人的变更登记。

(2) 本地转让，不带车牌，在办理所有人变更登记的同时，重新登记新车牌。这种转让实际上是由两个环节构成的：第一，注销汽车登记，登记机关收回车牌；第二，一个没有车牌已经登记的“二手车”在交易后重新变更登记，以获得新车牌和新的登记身份。

(3) 异地转让，本质上也是注销前次登记信息后，原登记机关将车辆登记的档案信息转移给买受人，由买受人在异地重新登记。

现有的交易模式都是“已登记的二手车”所有权交易。虽然上海、北京等地存在“车牌买卖”的现象，即在上海和北京等地的二手车交易存在车牌分离的现象①，车与

① 由于上海的C牌照是不需要花费额外费用的，其C牌照往往与二手车交易同时进行。

牌是两个独立的交易对象，但即使如此，一个没有车牌的二手车，还是作为登记在册的二手车，应在规定时间内重新登记，取得车牌和行驶证。

只要将车牌与二手车分离，将登记与车牌相连接，失去车牌的二手车就自动"注销登记"，则没有车牌的二手车就回归"商品车"的本质，其交易就更加简单，而且有利于二手车的大量收购与翻新。

此外，在二手车收购环节，还可以有其他的运作模式创新。例如，从二手车的"所有权"收购模式转向"使用权"收购模式、"使用权"租赁模式、"使用权"分享模式以及二手车所有权基础上"设定的权利"交易模式等。在收购环节，还存在二手车的检测、估价等模式创新。

（二）二手车交易环节的商业模式创新

交易环节的商业模式创新包括交易方式创新、交易内容创新等。

1. 交易方式创新

传统的二手车交易方式主要是一对一的谈判交易模式，即使是二手车拍卖，通常也是一个产品独立拍卖的交易模式。与上述"二手商品车"相对应，也可以实现"商品二手车"的批量整修翻新，从而出现"二手商品车"的批量化拍卖模式。

此外，"二手商品车"与"二手车质量检测"相结合，就可以实现"二手商品车"的质量标准化，从而实现在互联网条件下的"网络交易"模式。

2. 交易内容创新

在交易内容方面，与上述二手车收购模式相对应，二手车传统的交易模式是"二手车所有权"交易，在此基础上将二手车的车牌与二手车分离，就出现了"二手商品车"的交易以及在"二手商品车"基础上的所有权交易、抵押权交易，这种建立在"二手商品车"基础上的所有权、抵押权交易将大大简化"登记在册的二手车"交易手续，降低交易成本。当然，也可以发展基于"登记二手车"的所有权和基于所有权的"产权"交易模式。

（三）二手车售后与使用环节的商业模式创新

由于二手车的质量参差不齐，传统的二手车销售是一对一的，而且是没有售后服务保证的。二手车一旦交易完毕，销售者对于已经出售的二手车不再提供延伸服务。而"二手商品车"由于其质量标准化，售后服务模式也可以与新车一样提供质量保证。如果将二手车与售后服务相结合，可以创造更多的商业模式，如二手车的售后质量保证与二手车的维修服务捆绑以形成新的商业模式，甚至可以将二手车的车损修复打包销售以替代二手车相关的保险等。

## 第三节　二手商品车交易模式

当二手车具有与新车一样的普通商品性质时，我们称其为"二手商品车"。而已经登记注册的汽车称为"登记车"。从法理上看，无论是新商品车还是二手商品车，本质上都是一件商品，可以随意买卖，产品所有权依据合法占有为标准；而登记车则是经过政府部门检验或认可的具有可上路行驶资格的机动车，其产品权属不因占有人不同而不同，主要原因在于因登记而设立的机动车的相关权利与义务只针对登记的所有权人。将二手车通过注销登记而获得二手商品车的资格，就会大大简化二手车的交易成本，促进二手车相关业务的发展。

## 一、二手商品车交易环节

二手商品车交易作为普通商品交易主要经过以下几个阶段：

### （一）注销登记

机动车一旦登记，与机动车相关的权利义务关系的主要承担者就是注册登记的所有人。在没有注销登记或者变更登记的情况下，机动车的所有权不会因为实际占有状况而改变，也就意味着无法进行机动车所有权的交易。因此，注销登记是二手车获得自由交易的前提，所谓自由交易，就是不依赖于交易双方以外的第三者参与就可以实现所有权的转移。而这种自由交易只能针对普通的商品，而不能针对需要登记来确认所有权的商品，如机动车和房地产。因此，二手车在交易前需要对之前的所有权人注销登记。

### （二）商品二手车收购

二手车一旦注销登记，就恢复了本身的商品属性，可以实现自由收购和自由交易，这是二手车实现规模化经营的前提条件。

### （三）商品二手车整修翻新

二手车收购以后的整修翻新是一个非常重要的增值服务。二手车整修翻新只有规模化、标准化才能产生较好的经济效益，如果没有批量化的收购，整修翻新就很难有规模。没有整修翻新的标准就会导致二手车质量、估价等失去依据。例如，汽车的某些零部件是有寿命周期的，可以根据使用时间对其进行估价；有些零部件是存在功能损耗的，如发动机随着使用时间延长，其功率会逐步损失，而采取不同的修理方式可以使功能得到一定程度的恢复。因此，规模化、标准化的整修翻新，是二手车获取较高销售价格的必要手段。

### （四）商品二手车销售

二手车销售过程中最大的问题就是关于二手车的信息不对称。因为信息不对称，购买者普遍存在质量疑虑，导致交易范围难以扩大，交易成交率较低。经过整修、翻新和认证的二手车，可以较好地打消购买者的疑虑，有助于二手车的销售。

### （五）商品二手车再登记

商品二手车再登记与初次登记有以下几方面的不同：

1. 可能需要提供安全技术检测

一辆重新投入使用的商品二手车，安全技术检测是保证车辆安全的基础。如果商品二手车在注销登记前已经有安全检测，并且尚处于上次检测的有效期内，则可以免除安全检测；如果车辆再次登记前，已经超过上次检测的有效期，则必须提供车辆安全检测证书。

2. 重新缴纳机动车强制保险

机动车强制保险是对机动车上路行驶可能造成的第三方损害所提供的保险。注销登记的机动车，没有资格上路行驶，在注销登记的同时，可以通过退保终止保险合同。因此，必须在再登记时重新缴纳机动车强制保险。

3. 免除车辆购置税

一辆汽车在新车购买环节已经缴纳购置税，因此在商品二手车再登记的时候就无需再缴纳购置税，其免税依据可以通过"车辆检验合格证"或者副本、"车辆行驶证"或者副本、"购置税缴税凭证"等复印件作为依据。

综上所述，只需凭二手车来源证明，如二手车购买发票（针对从二手车经营公司购买）、二手车买卖合同与初次登记证明文件（针对个人之间的买卖）、交强险缴纳证明、安全技术检测合格证明和注册登记所有人的个人身份证明即可办理二手车再登记。

## 二、二手商品车的收购

我国现行的二手车具有不同于普通二手产品的特征。普通商品的所有权基本上以合法占有为原则，而二手汽车的所有权以注册登记为原则。正因为这种政策限制，提升了二手车的市场交易成本，甚至影响了二手车市场的发展。

如果机动车登记以后可以注销登记，取得普通商品的资格，二手车可以大批量收购、整修和拍卖，这样才可能形成一种自由的二手车收购模式。

通过二手车注销登记改革，二手车获得"二手商品车"的资格，从而减少交易过程中涉及的转移、过户等程序，将机动车初始登记、变更登记、转移登记和注销登记四个流程简化为登记和注销登记两个程序。

作为商品二手车，一旦注销登记，其收购、买卖、整修、翻新等就成为普通的商品贸易活动，将大大促进二手车及其相关业务的发展。

汽车作为一种快速移动的交通工具，对于公共安全存在潜在的威胁，因此对汽车的安全技术性能、环境保护性能和使用规则进行限定是非常必要的。解决有关机动车安全与环保技术标准的要求，可以要求重新登记的二手车进行安全技术检验和环保检验，可以按照初次登记要求提交交强险缴费证明。在这种情况下，二手车登记及行车证只是车辆所有权和合法上路行驶的证明。

因此，机动车在登记以后，可以随时通过注销登记重新获得普通商品身份，一辆注销登记的机动车就相当于取消了机动车上路行驶的资格。这样的二手商品车就可以在国内外进行自由流通。

## 三、商品二手车的整修翻新

在商品二手车交易模式下，二手车已经成为普通商品，可以对二手车进行整修翻新。二手车整修翻新一般不包括发动机和底盘等主要零部件的更换。

在商品二手车交易模式下，对其进行整修翻新是保证二手车质量、开展二手车增值服务的基础。

在汽车厂商提供的质量保证期以内，只对保养涉及的材料更换和主要零部件质量问题实行免费，但对于其他需要维修的项目并不免费，对于超出保质期的保养和各种维修也不免费。

对于尚在厂商质保期内的二手车，收购商主要是二手车清洁，一般不涉及维修和零部件更换；对于超过质保期的二手车，收购商一般都会进行适当的维修保养，以尽可能高的质量标准重新投放市场。

商品二手车整修翻新是一项集美容和维修于一体的经营活动，由于商品二手车仅作为商品车，二手车整修翻新完全可以实现规模化经营，从而形成汽车产业链中极有价值的一个环节。

## 四、商品二手车销售

经过整修翻新的商品二手车，质量达到一定标准，就可以批量化经营，如通过拍卖实行定价，也可以进行批量销售，还可以通过网络或者线下渠道进行零售。二手车收购与整修翻新企业可以像汽车制造厂商一样进行运作，既可以建立二手车销售与售后服务网络，也可以借助现有的汽车销售和售后服务网络。

目前，已经有不少的二手车网络平台，但由于只能提供信息服务，对二手车整修翻新和售后服务缺乏标准，因此难以形成完整的产业链。目前，没有对交易的二手车实行注销登记和再登记的制度安排，因此二手车企业，包括二手车网络平台大多只能在一个区域范围内经营，一旦涉及跨区域交易，就面临一系列的交易制度成本。

通过制定商品二手车整修翻新的质量标准及二手车售后服务保障标准，完全可以实现二手车在全国范围内的自由流通，在此基础上的二手车网络交易平台可以实现线上线下的统一，实现交易规模化的优势。

## 五、商品二手车交易的主要优势和缺点

### （一）商品二手车交易的优势

1. 交易自由

作为商品，商品二手车不论经过多少次流转，在交易给下一个购车者之前，都不必经过车辆登记部门参与，不需要车辆所有人亲自参与交易过程，减少交易成本。

2. 有利于完善二手车产业链

只有商品二手车才可以将收购、整修、鉴定、评估以及售后服务进行分离，形成二手车产业链。

3. 有利于解决二手车交易中的信息不对称问题

商品二手车交易环节中的收购环节，作为一种企业行为，通过专业人士基本可以避免卖家的信息误导；而在销售中，由于已经对二手车进行整修翻新，基本上消除了潜在的质量风险。

### （二）商品二手车交易的缺点

1. 保险价值损失

在二手车不注销登记进行过户或者转移登记的情况下，与机动车有关的保险只需要变更被保险人和被保险车辆即可继续有效。注销登记将失去保险有效期内的保险价值，该保险剩余的有效期保险价值就是二手车的价值损失。当然，投保人可以对二手车进行提前退保，提前退保按照保险公司的规定也是有一定损失的。

2. 二手车使用价值损失

二手车一旦注销登记，就完全失去上路行驶资格，导致二手车的运输和移动必须借助运输工具，造成一定的使用价值损失。

3. 二手车交易安全保障损失

在注销二手车登记的情况下，二手车的买卖很自由，容易造成非法车辆进入二手车市场。

### 六、商品二手车交易难题的解决

商品二手车交易过程中出现的问题，并不是无法解决，只要本着简化手续、降低交易成本、服务经济发展的宗旨，商品二手车交易过程中的有关难题也容易解决。

（一）关于注销登记内容的解决

注销登记内容仅仅限于注销机动车登记证书，其目的是宣告该车已经不存在确定的所有人，使二手车恢复商品特性。二手车的合格证、环保检验、安全检验标志可以与商品二手车结合在一起，避免后续登记过程再提交这些证明。

（二）车辆行驶证继续有效问题的解决

车辆行驶证本质上是对机动车适合于道路行驶的安全技术证明，是机动车获得上路行驶资格的证明文件。在这种情况下，注销登记的二手车仍然可以获得上路行驶资格，但其道路行驶的一切法律后果必须由使用人承担。由于注销登记将失去登记号牌，可以请求颁发二手车移动的临时号牌，临时号牌仍然登记在案，作为交通管理的依据。

（三）与机动车有关的保险继承问题的解决

因为机动车保险主要是针对机动车道路行驶过程，因此一旦注销登记就失去了上路行驶资格。如果交强险和与机动车有关的商业保险以机动车行车证持有人为保险受益人，而不是机动车所有人，就可以解决商品二手车在交易过程中的保险变更问题。

目前，在一些大城市，商品二手车交易发展较快，商品二手车交易后，上牌、登记、过户、转籍等手续随之跟进，不少消费者更倾向于购买商品二手车。

## 第四节　二手车所有权混合交易模式

所谓所有权交易，就是以机动车登记为基础，将二手车相关的权利和义务一并转让，包括二手车以及相关的维修保养、保险、税费、号牌等与机动车有关的全部权利和义务。

### 一、二手车所有权混合交易的内容

与二手车有关的权利义务全部或者部分混合交易的时候，二手车收购就不是一种简单的二手车商品收购，而是包括以下四项产权的整体转让：

（一）二手车实体产品的转让

纯粹的商品二手车价格与普通二手商品的估价几乎一致，主要依据其物理特性确定。但二手车实体商品价格却与普通商品价格不同，即使是没有上牌的全新商品汽车，其销售价格中也包含了一系列的售后服务，这些服务是有价值的，但很难确定其具体数量。因为这种售后服务必须与汽车实体产品结合才构成市场营销学上的“整体产品”，所以二手车商品实体转让，包括与二手车有关的质保以及维修服务的权利转让。

由于我国汽车销售企业都承诺新车购置以后一定时间或者一定里程范围内，对汽车实行免费保养或者维修，因此这种免费获得的保养和维修就成为一项与汽车不可分割的财产权利。这项免费的维修保养权利，在二手车交易过程中也一并转让。

对于某些已经超过免费质保期限的二手车，经销商或者生产商也可能推出以汽车所有人为受益人的其他活动，这些权利一般依附于汽车的所有人，而不是针对原始的购买人，也构成二手商品汽车的财产权利。

如果二手车还参与了其他的以汽车为主要载体的商业活动，如与某修理厂签订了按年付费的保修协议、洗车服务等，这些权利都可能构成二手商品的价值组成部分。

### （二）与二手车有关的其他权利义务的转让

与二手车有关的其他权利义务的转让包括有关安全、环保、税费等权利义务的转让。机动车是一个在使用过程中存在一系列制度成本支出的产品，如汽车安全检测、环保监测、车船使用税等。这些制度成本也是在一定的期间发生的，而且是“预付费”性质的，因此就存在与交易时间相联系的“预付费”存量，这部分也构成二手车交易价值的组成部分。

### （三）与二手车实体有关的保险价值转让

作为机动车保险合同关系人，二手车转让的时候，一般将有关保险的权利义务关系同时进行转让，包括交强险和与二手车有关的各种商业保险。在二手车交易过程中，出售方可以选择退保，从而使交易的二手车不包含保险的价值。但有保险公司规定，对于已经发生保险事故的车辆不能退保，或者即使没有发生保险赔付，但在保险公司有报案记录的也不能退保。汽车保险的价值通常按照一年时间分摊，以二手车交易时间为节点，计算出保险剩余有效期占一年时间的比例，以该比例乘以全部保费是保险对应的价值。

### （四）与二手车有关的其他财产权利转让

在一些汽车限购或者汽车号牌拍卖的地区，汽车号牌也是一项具有经济价值的财产，二手车转让也有可能涉及号牌转让。在一些自由登记注册的城市，号牌是一种自由使用的资源，可以转让也可以自主放弃。号牌本无价，但因为供给限制，实际上存在交易价格。在不同地区，二手车号牌也构成二手车交易价格的组成部分。

## 二、二手车所有权的混合交易模式

所谓二手车所有权混合交易模式，就是将上述与二手车交易有关的各种权利进行组合交易的模式。以上四项权利，其中前两项是与二手车不可分割的，后两项是可以与二手车分离的单独交易的权利。

### （一）二手车经营企业对二手车的收购模式

在二手车所有权混合交易模式中，作为二手车经营企业的二手车收购方式存在以下三种：

1. 收购商品二手车以及相关的服务

这种收购模式与商品二手车类似，但在这种收购模式中，与二手车有关的其他财产权利也必须办理相关转让手续，因为这些财产权利都是以车为载体的。

在现实的收购过程中存在的主要问题是：免费或者预付费的汽车服务，通常以汽车登记信息为准，现实中主要是以汽车号牌为依据。但以下情况存在转让困难：

（1）二手车收购商与二手车注册地不一致，汽车厂商的免费售后服务转移问题。

（2）车牌问题，如果收购商不能将车牌一同转让，对基于"预付费"的汽车服务将难以转移。

2. 保险利益的转移

虽然保险公司网点是全国覆盖，但因为涉及保险受益人的变更，通常还必须单独办理有关保险转移手续。

3. 车牌的收购

在没有限购和车牌拍卖的地方，车牌没有经济价值，二手车收购不涉及车牌。但在二手车车牌有价值的区域内收购，二手车收购就存在带车牌的收购与不带车牌的收购。如果不带车牌，收购后则需要解决二手车上牌问题；如果带车牌，则收购后可直接交易。

4. 制度性成本

由于二手车所有权混合交易模式包括多项内容，这种交易模式收购时存在以下制度性成本：

（1）收购时，交易双方或者委托代理人须携带有效身份证件到机动车登记机构、保险机构办理有关的二手车产权和保险过户手续，主要是时间成本和过户成本。

（2）收购以后，再交易，又需要再次办理过户和保险转移手续，再一次耗费时间和过户成本。

（3）这种过户式交易，通常不进行二手车的整修和翻新。因为整修与翻新既耗费时间，又存在对车辆的修理，甚至存在对某些零部件的更换。

### （二）二手车经营企业对二手车享有的权利

在二手车所有权混合交易的模式下，二手车经营企业依据不同的交易模式享有对二手车的不同权利。

1. 二手车经营公司收购二手车享有的权利

这是一种二手车公司直接将二手车过户到公司名下的交易方式。在这种交易模式下，二手车经营公司将作为交易的一方，成为二手车的所有者，需要办理与二手车有关的所有权利义务转移手续。考虑到二手车经营公司主要目的不是拥有二手车，而是要转手二手车，这就存在一个交易过程演变为两个交易环节，即二手车交易的买卖双方交易，演变成二手车卖方与二手车公司的交易环节和二手车公司与二手车买方的交易环节。

这种所有权混合交易模式，通常会增加交易成本。而且由于保险和免费的售后服务及预付费的维修保养都是有时效的，二手车公司还可能因为时间流逝而减损二手车的价值。同时，由于二手车有库存成本，有翻新成本，又会增加二手车销售给购车者的价格。

2. 二手车经营公司半过户二手车的权利

所谓半过户，就是二手车公司将收购的二手车所需过户手续全部拿在手中，但不办理二手车过户，待找到二手车买家以后再办理二手车过户手续的一种方法。没有办理过户的二手车在法理上仍然属于登记的所有人，一旦发生与二手车有关的风险，原来的车主就面临风险的承担责任。这种交易对卖方存在一定的风险。

3. 二手车经营公司中介服务的权利

在二手车中介服务模式中，二手车经营公司只负责提供有关的信息，撮合双方交易。在这种模式下较困难的当属二手车公司如何获得中介服务费用。目前主要有以下几种模式：

（1）向双方收取中介服务费，代办过户手续费等。这种模式在二手车自由交易地方，可能会出现交易双方自主交易的情况，二手车公司仅仅依靠信息封锁保证交易利益。对于一些利用网络平台进行信息交流的地区，难以做到信息封锁，中介服务利益难以保证。但在一些二手车交易必须经过二手车公司办理手续的地区，二手车公司可以有效保证中介服务利益的获取。

（2）代理销售，收取代理费用。一些二手车主可能将二手车交易的各种必备文件交付于二手车公司，但二手车实际上还处于车主控制之下，二手车主委托经营公司寻找买主，协商价格，二手车主按照规定的费用或者超出一定价格以外的收入作为代理费用。一旦出现合适的交易对象，二手车公司随时通知车主交车，并办理过户手续。

（3）寄售，收取寄售费用。寄售与代理不同的地方在于寄售者将二手车置于二手车公司，待合适买主出现后，寄售人再办理过户或者转移手续。二手车公司按照约定收取费用。

二手车中介服务模式下，二手车经营公司的盈利只能来自于服务费用，无法通过二手车的整备翻新实现二手车增值，也难以通过提供售后服务来获得二手车增值。

（三）基于所有权的二手车产权交易模式

通常情况下的二手车交易是指车辆登记的车主发生变更的交易，这种交易实际上就是“二手车所有权交易”。在现实生活中，还存在着不改变车辆所有权的情况下，以其某一部分权利进行交易的情形，我们把这种建立在二手车所有权基础上的各种衍生权利交易称为广义的二手车交易。广义的二手车交易是指以二手车所有权为基础的产权交易，这些衍生产权并无统一的规定，完全以当事人的约定为原则，如使用权交易、收益权交易等。

使用权交易不是二手车的特例，是财产的共同特征。使用权交易通常以“租赁”形式存在。因为机动车所有权必须以登记为基础，所以其使用权交易存在以下一些特点。

1. “连人带车”的纯粹租赁

“连人带车”的纯粹租赁，如计程出租车、货物运输车、工程出租车以及目前流行的网约车、专车等。其特点是机动车所有人或者其代理人自主控制机动车，使用人购买的仅仅是单纯的"使用权"。这种交易极其简单，不产生任何其他权利义务。

2. 单纯的机动车租赁

这种租赁是机动车所有人将机动车交付于承租人控制的租赁。由于机动车的很多权利义务关系是在机动车的使用过程中产生的，但权利义务的最终承担者是所有人，这就存在控制使用机动车的人产生的权利义务转而由所有人承担的权责分离现象。简言之，租赁人基于机动车使用产生的针对第三方的权利义务，必须由机动车所有人来承担。针对这种机动车使用权的交易，往往附加更多的权利义务。例如，神州租车，除了基本的租赁费用以外，还可能要对租车过程中发生的针对第三方的权利义务进行界定，包括违章处罚的责任、交通事故责任（保险涵盖范围以外的责任）等。在这种使用权交易模式下，虽然可以通过协议来明确所有人与承租人之间的权利义务，但由于机动车使用产生的对第三方的权利义务，应由机动车所有人承担。

3. 顺风车与拼车

目前国家已经允许普通乘用车以非营利形式向搭乘顺风车或者拼车的乘客收取一定费用的行为。在目前乘用车多数时间是一个人使用的背景下，通过顺风车、拼车方式不仅满足了更多人的需求，而且对缓解交通拥堵、治理空气污染都是有益的，甚至不排除专门提供这种顺风车、拼车信息服务作为一种盈利模式的可能性。

但是，在目前的法律环境下，这种行为仍然可能造成行驶过程中乘车者遭受伤害，从而要求车主承担责任的问题。只要解决了这个问题，这种机动车使用权的交易会有较大的市场潜力。

4. 二手车收益权交易

这是指以机动车经营收益作为交易对象的交易模式。例如，滴滴打车等网络租车中介平台，本质上就是一个收益权的交易。其本质是通过参与机动车经营过程，以提高机动车的经营效率，并参与效率提升带来的利益分享。参与收益分配的交易模式，必须以能够给机动车经营带来成本下降、效益提升为前提，这是所有新经营模式得以生存和发展的基础。就滴滴打车而言，其产生的直接动因是乘车的需求，同时较好地满足了打车公司、车主、驾驶者、保险公司的利益需求。

## 第五节　基于"互联网+"的二手车交易模式创新

电子商务的本质是通过互联网提供的电子数据交换来替代传统的信息收集和资金交换方式，以提升商业活动效率的一种新的方式。

就目前的互联网技术而言，商业活动中，几乎除物流以外的所有商业活动都可以借助互联网实现，包括信息交换、商务谈判、资金支付等。而物流、产品的生产服务过程等涉及实体产品或者与人接触的服务，是无法单独通过互联网完成的。当然，如果完全实现机器人服务，则可以通过接入互联网实现商务过程的全电子化。

就目前的技术和管理现状而言，"互联网+"二手车仅限于与二手车交易有关的信息服务、资金服务。由于二手车与普通商品不同，不能通过占有而必须通过登记才能获得所有权，二手车就不可能像一般商品那样通过网上销售即告结束，必须由当事人亲自办理或者提供全套资料委托他人办理登记。从发展趋势看，有关二手车登记的相关事项也可以通过网络实现，而涉及二手车检测等接触式服务作为交易必备的环节，二手车的电子商务必须是“线上+线下”才能完成，也就是O2O模式。

## 一、基于“互联网+”的二手车交易发展历程

在“互联网+”的大背景下，有关“互联网+”二手车的交易模式经历了如下几个阶段：

### （一）第一阶段：互联网作为交易信息发布平台

这个阶段的互联网仅仅作为二手车经营实体店的信息发布平台和二手车交易者的信息搜集渠道而存在。虽然这种信息公开化带来了交易双方的信息沟通便利，但互联网主要是作为二手车实体经营者的市场开拓工具，互联网更多地成为效率工具而不是盈利工具。

### （二）第二阶段：互联网作为独立第三方信息提供商

在这个阶段，互联网作为独立第三方信息提供商有两种不同的模式：一种是仅仅提供交易双方发布信息的平台，二手车实际交易由双方自己达成；另一种是作为买卖双方的交易中介，获得交易佣金。单纯的信息发布平台主要是受到互联网“注意力经济”的影响，以为只要有足够的网络人流量就可以赚钱，这种网络平台开发的潜意识是希望网站人流量做其他业务的引流入口，而大多数网络平台似乎在此前根本没有商业模式和盈利模式的设计。单纯二手车信息平台可能因为找不到合适的盈利点，转向第二类平台，就是充当二手车交易中介。这种平台本质上是二手车经纪公司从线下走向线上的一种简单复制，不具有创新性。

### （三）第三阶段：“互联网+”二手车交易

目前，我国二手车发展正处于这一阶段，其主要特点是供需双方通过网络发布二手车供求信息，平台根据供需双方需求进行适当的交易选择，通过提供质量检测服务收取有关服务费，提供二手车质量保证，本质上就是一种向购买者提供“担保”的费用，当然还提供二手车交易过户服务。例如，273二手车交易网、瓜子二手车网等。

## 二、基于“互联网+”的二手车信息服务模式创新

信息收集过程包括如下信息：

首先是车辆特征及其质量信息，这是二手车核心信息，因为二手车是一个非标准产品，质量状态、车辆事故档案、维修信息档案等是核心信息，直接决定二手车的价格。

其次是车辆使用过程信息，主要是车辆使用环境、使用时间等信息，对二手车价格有一定影响。

车辆信息收集是二手车交易的核心环节之一，是制约二手车交易的主要瓶颈，而车辆使用环境信息、使用过程的维修保养信息等又分布在车主、汽车4S店、汽车维修店和保险公司等不同主体中。信息是最适合在互联网上进行交易的产品。如果将上述

车辆信息全部整合在一起，建立一个机动车信息平台，为每一辆汽车建立一个电子档案，维修、保养、服务、保险企业各自将维修保养和各种服务情况登记在电子档案上，不仅可以为二手车交易提供信息服务，而且还可以通过数据挖掘，了解每个品牌和每款车的维修保养服务情况，向厂商提供车辆质量和产品改善的信息服务。

这种机动车综合信息平台的建立是可行的，在一些国家和地区已经构建完成，购车者通过有偿付费的形式可以获取所需的二手车信息。

目前，不少互联网二手车平台仅仅提供了二手车买卖信息，是一种简单的线下信息的网络版。关于车辆本身的信息基本上还要依靠线下检测实现，网络平台仅仅是一个交易入口而已。这也恰恰提供了"互联网+"二手车贸易的发展空间。

### 三、基于"互联网+"的二手车交易模式创新

目前，二手车交易中有一个无法回避的环节，就是到车管所办理相关的车辆登记注册、过户、迁移档案等手续。这些手续办理所依据的就是关于车辆、关于车辆所有人的各种信息。信息是最适合互联网传输和处理的。可以合理预期，在不久的将来，随着电子政务的发展，二手车的交易过程将因为可以在网上办理而大大节省交易者的时间，而车辆检测之类的技术要求也会因为相关机构的统一认证而具备全国通用的检测报告。

"互联网+"二手车交易模式的创新有以下三种趋势：一是继续完善利用互联网建立的信息发布和收集平台；二是二手车经营者利用互联网拓展业务，实现"线上"与"线下"相结合；三是二手车电商拓展和创新二手车业务。

## 一、思考题

1. 何谓商业模式？何谓盈利模式？何谓交易模式？三者具有怎样的联系与区别？
2. 商业模式的创新应当遵循怎样的原则？
3. 应当如何创新二手车的商业模式？
4. 二手商品车的交易模式有哪些？
5. 何谓二手车所有权混合交易模式？其有哪些种类？
6. "互联网+"在二手车交易模式创新中具有哪些作用？

## 二、案例分析题

1. 瓜子二手车直卖网，既不直卖又有中间商

"没有中间商赚差价"一直是瓜子二手车直卖网吸引车主把车"直接卖给个人买家"的广告语。但事实上真的如此吗？继瓜子二手车直卖网售卖凶案车被曝光后，瓜子二手车直卖网旗下的一个名为"车速拍"的C2B平台随即曝光。此前大肆宣传C2C模式让瓜子二手车直卖网"打脸"，尴尬难以对人言。随后事件发酵，有关瓜子二手车直卖网转战C2B的铁证也浮出水面：同一车源两平台卖（直卖网与"车速拍"），既

不直卖又有中间商；瓜子二手车直卖网分拆前就已有二手车交易明暗线（明着是C2C，实际是C2B）。这些铁证都指向一个事实，瓜子二手车直卖网转型C2B蓄谋已久。

“车速拍”实为瓜子二手车直卖网与车商合作，后台、用户被“共享”

与其他二手车拍卖平台一样，“车速拍”的二手车交易网站采取的是将个人车源拍卖给二手车商的业务模式，即C2B二手车交易平台。

注册“车速拍”会发现平台发给注册手机的短信验证码显示的是“瓜子二手车直卖网”（见图6.1）。同样，当点击“车速拍”网站下方的“关于车速拍—加入我们”官方介绍时，页面会直接跳转至瓜子二手车直卖网，用户、后台共享，已坐实了瓜子二手车直卖网“脚踏两船”的做法。

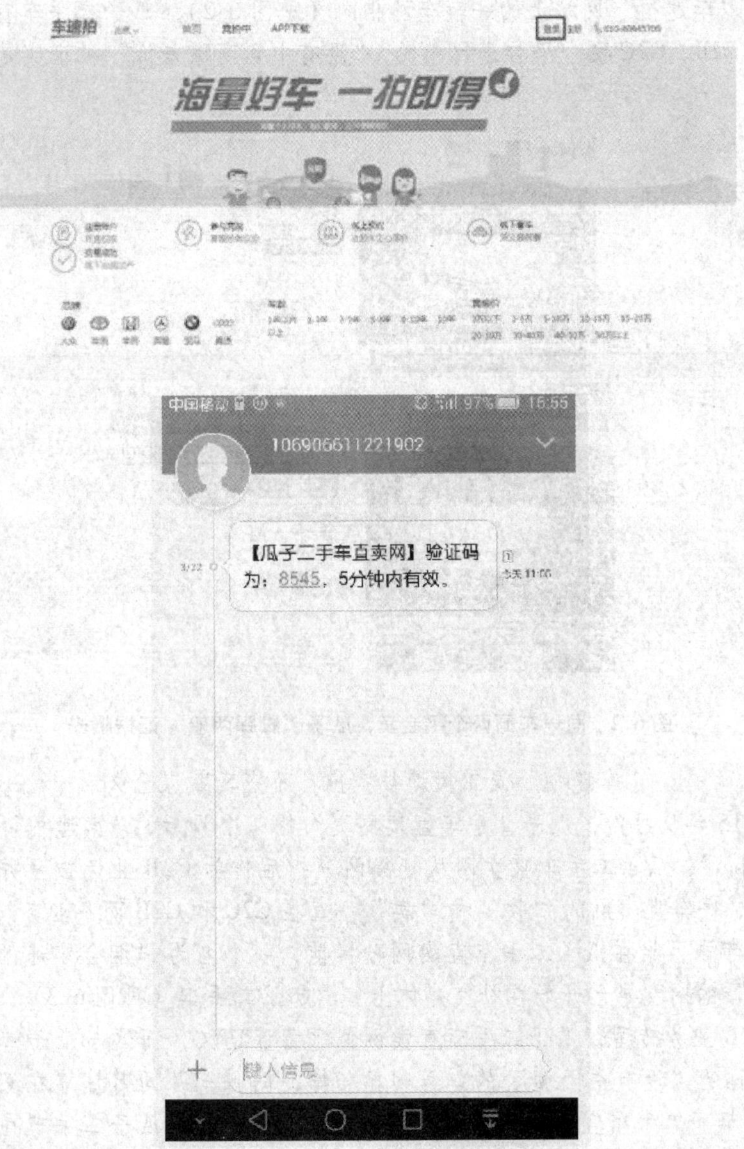


图6.1　在“车速拍”平台上注册，验证短信来自瓜子二手车直卖网

铁证曝光，同一车源挂靠双平台售卖走量

"车速拍"是瓜子二手车直卖网旗下的C2B业务，两网站用户注册管理平台相通、点击"车速拍"会导流到瓜子二手车直卖网。不过问题也随之而来，瓜子二手车直卖网一直是宣称"直卖""没有中间商"的二手车网站，瓜子二手车直卖网真正的模式是什么？

经过调查发现，瓜子二手车直卖网真正的模式是将同一车源挂到瓜子二手车直卖网和"车速拍"两个不同模式的网站上进行售卖。

在瓜子二手车直卖网上，一款2012年丰田卡罗拉炫装版进行售卖。这辆车无论是车源的上牌日期、行驶里程，还是网站上贴出的车源照片以及照片中的拍照角度和参照物，都与"车速拍"网站上的一辆车源相同（见图6.2）。瓜子二手车直卖网同一车源竟然通过C2B、C2C两个平台进行拍卖，"没有中间商赚差价"被证实是"不直卖且有中间商"。

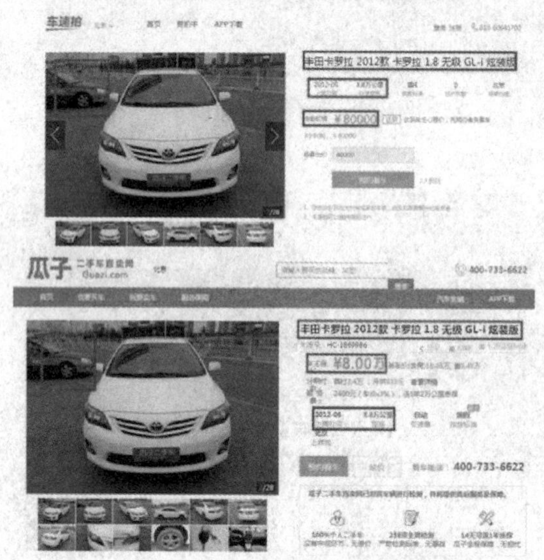


**图6.2　同一车源两个平台卖，瓜子"脚踩两船"证据曝光**

"车速拍"员工微博被扒出，不直卖蓄谋已久

早在2015年9月份，瓜子二手车直卖网更名的一个月后，"车速拍"就将域名调整为"guazipai"，瓜子二手车直卖网从赶集网分拆后作为C2B业务被一并带走。分拆以后，瓜子二手车直卖网的"收"和"卖"一直在C2C和C2B两条业务线同时进行。

2015年年末，早在瓜子二手车直卖网分拆前，一个名为"烟台车速拍—瓜子二手车交易专员"的网友早已开始在社交媒体上售卖起了二手车（见图6.3）。

这次C2B业务转型，瓜子二手车直卖网似乎蓄谋已久，而这与瓜子二手车直卖网一直对外宣称的"没有中间商"的口号明显相悖，同一车源同时挂靠在C2C、C2B两平台售卖，瓜子二手车直卖网只负责"收"和"卖"，这给瓜子二手车直卖网带来的可能是更多的成交量，但背后的盘根错节又有多少猫腻呢？这些也都像瓜子二手车直卖网暗度陈仓的C2B业务一样，不得知晓。不过有消息称，瓜子二手车直卖网已经因

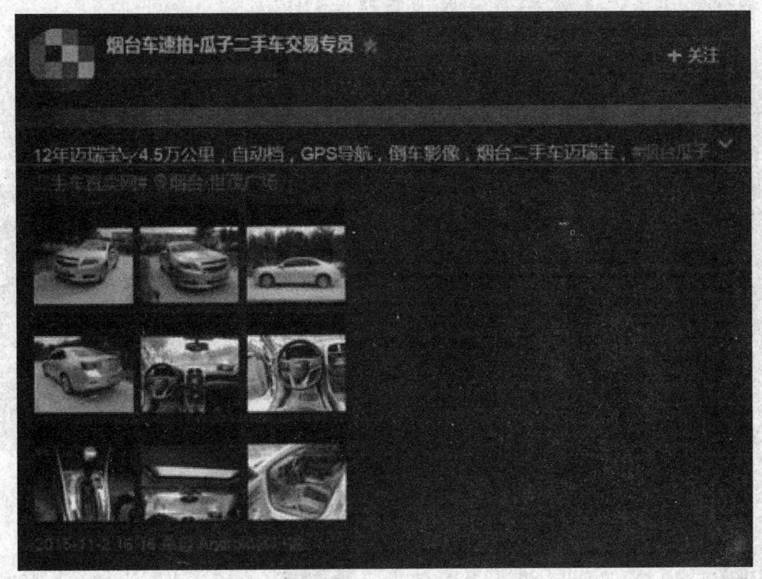


图 6.3　“车速拍—瓜子二手车交易专员”被扒，拍卖平台售卖散车，车源成迷

为业务经营不佳、缺乏用户信任、数据造假被投资人要求撤资，此次瓜子二手车直卖网欺骗用户的一面真正曝光，没有了投资人资金和用户口碑的支撑，未来究竟还能走多远？

问题：你觉得瓜子二手车直卖网主要存在哪些问题？对其交易模式的改进有何建议？

2. 2015 年中国二手车累计过户数约 942 万辆，实际交易量为 704 万辆，累计交易额 5 535 亿元（流通协会统计口径）。二手车实际交易量同比增长 16%。普华永道思略特预计，到 2020 年全国二手车交易规模（过户数）将达到 2 000 万辆，交易额将达到 1.5 万亿元。

据不完全统计，2015 年共有 17 家二手车电商进行了 9 亿美元的公开融资。在如此大的资本推动下，二手车行业发展为何仍然未能迎来爆发式增长呢？税收问题、限迁问题、金融杠杆和诚信问题是阻碍行业快速发展的四大主要制约因素。

通过分析整车厂经销商（4S 店）、独立二手车经销商（大小车商和二手车品牌连锁店）以及 C2C（个人间直接交易）三种二手车渠道的商业模式、优劣势和可能的趋势变化（见图 6.4 中国与国外二手车交易渠道对比图），预计到 2020 年，整车厂经销商在二手车交易的份额将从现在的不到 3%大幅提升至 20%~25%，4S 店依托其品牌经营的良好形象和优质服务能力，未来将主要服务中高端二手车消费者；独立二手车经销商的市场份额将下降到约 55%，大二手车经销商的比例亦有可能逐渐超过小二手车经销商，整个市场的规范程度将进一步提高；C2C 交易模式市场份额有望增加至 20%以上。

普华永道思略特合伙人彭波表示：“接下来几年，无论对整车厂经销商、独立车商、二手车电商来说都将充满挑战。谁能在政策改革和产业环境变化前提前布局、练好内功，谁就能在未来二手车产业发展中赢得先机。"

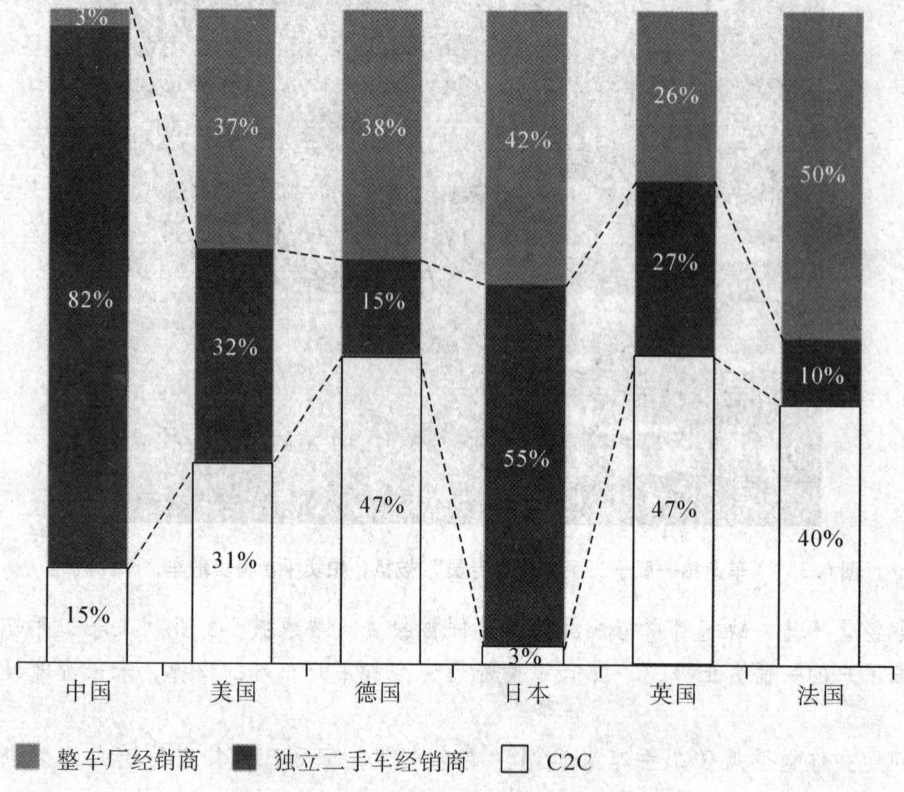


图 6.4　中国与国外二手车交易渠道对比图

问题：你认为未来若干年我国二手车交易渠道将发生怎样的变化？为什么？

# 第七章　二手车交易合同

根据《二手车流通管理办法》第九条和《二手车交易规范》第十条的规定，进行二手车交易应当签订合同，明确买卖双方相应的责任和义务。二手车交易合同是指二手车买卖双方为实现二手车交易的目的，明确双方权利义务关系所订立的协议。订立二手车交易合同应遵守自愿、平等、公平、诚实信用和合法等基本原则，要遵守《中华人民共和国民法通则》和《中华人民共和国合同法》等相关法律法规的规定。二手车交易合同包括买卖合同、收购合同、销售合同、委托购买合同、委托出售合同（寄售合同）、委托拍卖合同、置换合同、检测与认证合同等。委托购买和委托出售属于居间中介交易，可用居间合同替代。

通过本章的学习，学习者应主要掌握二手车交易合同的种类、不同类型二手车交易合同的主要内容和当事人的权利与义务。

## 第一节　二手车买卖合同

二手车买卖合同是规范买卖双方权利义务关系的合同，是二手车交易中最常见的一种合同。

### 一、二手车买卖合同概述

#### （一）二手车买卖合同当事人

二手车买卖合同是规范买卖双方权利义务关系的合同，有出让人（售车方）和受让人（购车方）双方当事人。出让人（售车方）是有意向出让二手车合法产权的自然人、法人或其他组织。受让人（购车方）是有意向受让二手车合法产权的自然人、法人或其他组织。

#### （二）二手车买卖合同规范文本

二手车买卖合同规范文本是指政府为规范二手车交易市场设定的适用于买卖双方的、旨在规范买卖双方权利和义务及保护双方权益的合同文本。国家工商行政管理总局于 2007 年 8 月 1 日发布 155 号令，公布了二手车买卖合同的规范文本，内容比较翔实，并建议在全国范围内推行使用。规范文本为二手车交易提供了完善的文本依据，也为二手车交易质量纠纷提供了有效的索赔依据。目前，全国越来越多省市已经发布二手车买卖规范合同。2013 年 5 月 24 日，湖北省工商局制定了湖北二手车买卖合同。

### 二、二手车买卖合同的主要内容

第一，当事人的基本情况。其包括姓名或名称、身份证号码（自然人）、组织机构代码证号（单位）、住址、联系电话等。

第二，交易车辆的基本情况。其包括车辆牌号、车辆类别、厂牌型号、车辆颜色、初次登记时间、登记证号、发动机号、车架号、行驶里程、允许使用的年限、车辆年检签证有效期、车辆购置税完税证号、车辆养路费交迄截止日期、车辆保险险种、保险有效期截止日期、配置及其他情况等。车辆信息表作为合同附件。

第三，车辆价款及价款支付时间和方式。

第四，车辆交付、风险承担与过户的约定。

第五，佣金金额及标准、支付方式、退赔等。

第六，各方当事人的权利和义务。

第七，违约责任。

第八，争议的解决方式。

第九，合同生效及其他有关约定。

## 第二节　二手车居间合同

二手车居间合同包括二手车委托购买合同、二手车委托出售合同以及提供二手车信息服务的合同。

### 一、居间合同概述

#### （一）居间合同的概念与特征

1. 居间合同的概念

根据《中华人民共和国合同法》的规定，居间合同是居间人向委托人报告订立合同的机会或者提供订立合同的媒介服务，委托人支付报酬的合同。居间人是为委托人与第三人进行民事法律行为报告信息机会或提供媒介联系的中间人。

2. 居间合同的特征

（1）居间合同是由居间人向委托人提供居间服务的合同。居间人向委托人报告订立合同的机会或者提供订立合同的媒介服务，委托人是否与第三人订立合同与居间人无关，居间人不是委托人与第三人之间的合同当事人。

（2）居间人对委托人与第三人之间的合同没有介入权。居间人只负责向委托人报告订立合同的机会或者为委托人与第三人订约居中斡旋，传达双方意思，起牵线搭桥的作用，对合同没有实质的介入权。

（3）居间合同是双务、有偿、诺成合同。

#### （二）居间人的权利和义务

居间人应当就有关订立合同的事项向委托人如实报告。居间人故意隐瞒与订立合同有关的重要事实或者提供虚假情况，损害委托人利益的，不得要求支付报酬并应当承担损害赔偿责任。

居间人促成合同成立的，委托人应当按照约定支付报酬。对居间人的报酬没有约定或者约定不明确，根据居间人的劳务合理性确定。因居间人提供订立合同的媒介服务而促成合同成立的，由该合同的当事人平均负担居间人的报酬。居间人促成合同成立的，居间活动的费用由居间人负担。

居间人未促成合同成立的，不得要求支付报酬，但可以要求委托人支付从事居间活动支出的必要费用。

### 二、二手车居间合同

二手车居间合同，一般有以下三方当事人：

第一，出让人（售车方）：有意向出让二手车合法产权的自然人、法人或其他组织。

第二，受让人（购车方）：有意向受让二手车合法产权的自然人、法人或其他组织。

第三，中介人（居间方）：合法拥有二手车中介交易资质的二手车经纪公司。目前，有些二手车网上交易平台也具有二手车居间的性质，其为二手车交易双方提供信息，促成双方交易成功，进而获取相应报酬和佣金。

需要注意的是，二手车居间合同一定要明确居间报酬金额及其计算方式、由哪一方支付、车辆转移登记手续费由哪一方承担、车辆在过户和转籍手续完成前由哪一方使用和保管、风险如何承担、三方当事人的权利和义务、违约责任、合同的解除、争议的解决方式等。

## 第三节 二手车行纪合同

### 一、行纪合同概述

#### （一）行纪合同的概念与特征

1. 行纪合同的概念

根据《中华人民共和国合同法》的规定，行纪合同是行纪人以自己的名义为委托人从事贸易活动，委托人支付报酬的合同。

2. 行纪合同的特征

（1）行纪的特征。一是经委托人同意，或双方事先约定，经纪机构可以以低于（高于）委托人指定的价格买进（卖出），并因此而获得报酬；二是除非委托人不同意，对具有市场定价的商品，经纪机构自己可以作为买受人或出卖人。就形式而言，行纪与自营相似，但是除经纪机构自己买受委托物的情况外，大多数情况下经纪机构都并未取得交易商品的所有权，而是依据委托人的委托进行活动。从事行纪活动的经纪人员拥有的权利较大，承担的责任也较重。通常情况下，经纪机构与委托人之间有长期固定的合作关系。

（2）居间合同与行纪合同的区别。居间合同的标的是居间人为委托人进行一定的事实行为，居间人为委托人提供特定的劳务，即报告订约机会或提供订立合同的媒介服务，居间人所办理的事务本身并不具有法律意义，居间人不是委托人与第三人之间的合同的当事人；而行纪合同中行纪人受托的事务是法律行为，以自己的名义为委托人从事贸易活动。

（二）行纪人的权利和义务

（1）行纪人处理委托事务支出的费用，由行纪人负担，但当事人另有约定的除外。

（2）行纪人占有委托物的，应当妥善保管委托物。委托物交付给行纪人时有瑕疵或者容易腐烂、变质的，经委托人同意，行纪人可以处分该委托物；与委托人不能及时取得联系的，行纪人可以合理处分该委托物。

（3）行纪人低于委托人指定的价格卖出或者高于委托人指定的价格买入的，应当经委托人同意。未经委托人同意，行纪人补偿其差额，该买卖对委托人发生效力。行纪人高于委托人指定的价格卖出或者低于委托人指定的价格买入的，可以按照约定增加报酬。没有约定或者约定不明确，依照《中华人民共和国合同法》第六十一条的规定仍不能确定的，该利益属于委托人。委托人对价格有特别指示的，行纪人不得违背该指示卖出或者买入。

（4）行纪人卖出或者买入具有市场定价的商品，除委托人有相反的意思表示外，行纪人自己可以作为买受人或者出卖人。行纪人有前述规定情形的，仍然可以要求委托人支付报酬。

（5）行纪人按照约定买入委托物，委托人应当及时受领。经行纪人催告，委托人无正当理由拒绝受领的，行纪人可以按规定提存委托物。委托物不能卖出或者委托人撤回出卖，经行纪人催告，委托人不取回或者不处分该物的，行纪人可以按规定提存委托物。

（6）行纪人与第三人订立合同的，行纪人对该合同直接享有权利、承担义务。第三人不履行义务致使委托人受到损害的，行纪人应当承担损害赔偿责任，但行纪人与委托人另有约定的除外。

（7）行纪人完成或者部分完成委托事务的，委托人应当向其支付相应的报酬。委托人逾期不支付报酬的，行纪人对委托物享有留置权，但当事人另有约定的除外。

## 二、二手车行纪合同

二手车行纪合同是指二手车委托方与二手车行纪人之间，并以行纪人名义销售委托方拥有所有权或处置权的二手车所订立的合同。

（一）二手车行纪合同的当事人

二手车行纪合同一般有以下两方当事人：

（1）出让人（委托售车方）或者受让人（委托购车方），即有意向出让或者受让二手车合法产权的自然人、法人或其他组织。

(2) 行纪人（经纪机构)，即合法拥有二手车中介交易资质的二手车经纪公司。

### (二) 二手车行纪合同的内容

二手车行纪合同也应明确佣金金额、计算方式、支付时间和方式、委托销售价或委托购买价、付款时间和方式、授权事项、风险承担、双方当事人的权利和义务、违约责任、合同的解除、争议的解决方式等。

### (三) 二手车行纪合同的注意事项

1. 车辆控制权在委托方还是经纪公司

车辆控制权若在委托方，经纪公司可能面临无车可看，有客户需求但委托方反悔等情况。因此，合同约定必须由委托方交付定金，并且要承诺保证随时提供车辆。若车辆控制权在经纪公司，则通常约定车辆不能被使用。

2. 提供证件原件还是复印件

若是卖方控制车辆，则提供复印件，与定金条款同时使用；若是行纪人控制车辆，则提供相关的证件原件。

3. 过户手续办理

过户手续是委托人自己办还是行纪人代办？若是行纪人代办，则行纪人要求委托人提供有关证件原件。

# 第四节 二手车委托拍卖合同

当前，二手车委托拍卖是二手车交易的一种重要方式，其不仅是二手车销售的一种重要方式，也是收购二手车的一个重要渠道来源。

## 一、委托拍卖合同概述

### (一) 委托拍卖合同的概念与特征

1. 委托拍卖合同的概念

委托拍卖合同是指委托人为拍卖物品或者财产权利而与拍卖人签订的明确双方权利义务关系的协议。在委托拍卖合同法律关系中，委托人是指委托拍卖物品或财产权利的公民、法人或者其他组织。拍卖人是指依法从事拍卖活动的企业法人。

2. 委托拍卖合同的特征

(1) 委托拍卖合同的目的是处理委托人的物品或者财产权利。

(2) 委托拍卖合同为要式合同。根据《中华人民共和国拍卖法》的规定，委托拍卖合同必须以书面的形式签订。

(3) 委托拍卖合同为有偿合同，即委托人在拍卖成交之后，应当向拍卖人支付一定数额的佣金。

(4) 委托拍卖合同法律关系和法律性质具有特殊性。

就合同的订立和履行而言，委托拍卖合同有三方面的法律关系：其一，委托人与拍卖人之间的关系。委托人与拍卖人的关系是委托代理关系，这一关系发生在委托拍卖合同的签订阶段。其二，拍卖人与竞买人、买受人之间的关系。拍卖人与竞买人、买受人之间的关系是拍卖、竞买、买受等订立买卖合同的民事法律行为关系，是委托拍卖合同的履行阶段。其三，买受人与委托人之间的关系。买受人与委托人之间的关系，即其拍卖合同生效（拍卖成交）后的合同权利、合同义务后果直接归属于委托人。根据《中华人民共和国拍卖法》第二十四条的规定，拍卖成交后，拍卖人应当按照约定向委托人交付拍卖标的的价款，并按照约定将拍卖标的移交给买受人。这一规定充分表明买受人与委托人之间是合同权利、合同义务后果的归属关系。相对于拍卖合同或其他有关合同而言，这种三方关系鲜明地体现了委托拍卖合同法律地位的特殊性。这一特殊性表现为委托拍卖合同的直接目的是更好地使拍卖成交，合同的前提条件是必须有拍卖合同，否则委托拍卖合同就失去了存在的价值。可见，拍卖合同是主合同、主权利、主法律行为、主债；委托拍卖合同是从合同、从权利、从法律行为、从债，并且是属于非担保之债性质的从合同、从权利、从法律行为和从债。

（二）委托拍卖合同的主要内容

（1）委托人、拍卖人双方的姓名、名称、联系方式、住址等有关情况。

（2）拍卖标的的概况、保留价。

（3）拍卖的时间、地点。

（4）标的物交付或转移的时间、方式。

（5）价款、佣金及支付方式、期限。

（6）双方的权利和义务。

（7）违约责任。

（8）争议的解决方式。

（9）其他事项。

（三）委托拍卖合同的注意事项

（1）委托人在订立委托拍卖合同时，必须全面了解拍卖人是否具备从事拍卖业务的资格，即了解拍卖人是否是经过国家有关主管部门审核许可，并向工商行政管理局申请登记，领取营业执照的企业法人。

（2）委托人委托拍卖物品或者财产权利，应当提供身份证明和拍卖人要求提供的拍卖标的的所有权证明或者依法可以处分拍卖标的的证明及其他材料。

（3）法律、行政法规禁止买卖的物品或者财产权利，不得作为拍卖标的。依照法律或者按照国务院规定需经审批才能转让的物品或者财产权利，在拍卖前，应当依法办理审批手续。委托拍卖的文物，在拍卖前，应当经拍卖人住所地的文物行政管理部门依法鉴定、许可。

（4）委托人在订立委托拍卖合同时，应当向拍卖人说明拍卖标的的来源和瑕疵。

（5）拍卖人接受委托后，未经委托人同意，不得委托其他拍卖人拍卖。

（6）委托拍卖合同，必须以书面方式订立，而且必须明确双方当事人权利义务及违约责任。

## 二、二手车委托拍卖合同

### （一）二手车委托拍卖合同的概念与特征

1. 二手车委托拍卖合同的概念

二手车委托拍卖合同是委托人为拍卖二手车而与二手车拍卖公司（简称拍卖人）签订的明确双方权利义务关系的协议。

2. 二手车委托拍卖合同的特征

（1）二手车委托拍卖合同的当事人是委托人和依法设立并具有二手车拍卖资质的二手车拍卖公司。

（2）二手车委托拍卖合同的标的是二手车。

（3）二手车委托拍卖合同须采用书面形式。

（4）委托人在拍卖成交之后，应当向拍卖人支付一定数额的佣金。

### （二）二手车委托拍卖合同的主要内容

（1）委托人、拍卖人的名称或姓名、联系方式、住址等情况。

（2）二手车的基本信息、评估价、保留价等概况。

（3）拍卖方式。

（4）佣金标准及支付方式、期限。

（5）拍卖款支付和标的物交付的时间、方式。

（6）双方的权利和义务。

（7）违约责任。

（8）争议的解决方式。

（9）其他事项。

### （三）二手车委托拍卖合同的要点

（1）委托人委托拍卖二手车，应当提供身份证明和车辆的所有权或处分权证明及相关车辆证件资料。

（2）拍卖人应当核实委托人的身份、车辆的所有权或处分权证明，查验车辆的合法性。

（3）委托人在订立二手车委托拍卖合同时，应当向拍卖人说明拍卖标的的来源和瑕疵。

（4）拍卖人接受委托后，未经委托人同意，不得委托其他拍卖人拍卖。

（5）明确约定佣金标准及支付时间和方式、拍卖款支付和标的物交付的时间及方式。

（6）明确约定双方的权利义务和违约责任。

# 第五节　基于“互联网+”的二手车交易合同的变化

随着互联网在我国的快速发展，不断催生出一些新业态。二手车电子商务的发展给二手车交易合同带来了一些新变化。

## 一、合同的电子化

合同的电子化是相对于传统的书面合同而言的，即合同的载体发生了变化，传统的书面形式合同，其载体为纸张，而电子合同的载体主要是计算机设备。电子合同可以直接储存在计算机或云端，不会占据物理空间，并且易于分类，调取查阅也比查阅纸质合同更加便捷。

## 二、合同的格式化

合同的格式化是指在互联网背景下，二手车交易合同越来越具有格式合同的特点或格式条款越来越多。格式合同是指一方当事人为了重复使用而预先拟定或印制，并在订立合同时未与对方协商（对方若想完成交易只能签字别无选择）的合同。格式条款是指一方当事人为了重复使用而预先拟定，并在订立合同时未与对方协商的条款。当然，二手车交易合同的格式条款应参照国家工商总局公布的二手车买卖合同范本，二手车经销公司、经纪公司、拍卖公司、鉴定评估机构等不能任意规定二手车交易格式条款而侵害另一方当事人的合法权益。

## 三、合同交易虚拟化

合同交易虚拟化是指随着二手车电子商务的深度发展，“线上线下模式”（ON LINE TO OFF LINE）将成为主流。在这种模式下，二手车交易双方当事人不需要见面，直接在网上看车和进行车辆鉴定，出具评估报告，然后在线付款，线下提车，办理转移登记过户和税险变更手续。

## 四、网络竞拍普及化

在TOB和TOC模式下，车商和个人要想获得二手车的竞买资格，必须在网络二手车交易平台上进行竞买或竞拍，只有竞买或竞拍成功者才有资格与卖方签订二手车交易合同。通过网络竞拍这种方式，克服了传统二手车交易中信息不对称、不透明的弊端，吸引了更多竞争者参与二手车交易活动，最终的成交价最能接近反映二手车的真实市场价值，实现了卖方利益的最大化。

# 一、思考题

1. 二手车买卖合同有哪些主要内容？
2. 二手车居间合同与二手车行纪合同有哪些区别？
3. 签订二手车拍卖合同应注意哪些事项？
4. 基于“互联网+”的二手车交易合同将会有哪些变化？

## 二、案例分析题

1. 二手车交易有隐情，行纪人依法应担责

2004 年 7 月 1 日，叶女士花了 2.1 万元从陈某手里买下一辆旧面包车，两人一手交钱一手交车，并一道去有关部门办理车辆过户手续。陈某随即与原车主黄女士补签了车辆转让合同，明确从 2004 年 7 月 1 日起黄女士以 1.7 万元的价格将其名下的汽车转让给陈某。这一倒手，陈某就赚了 4 000 元。然而叶女士没有想到，这辆车无法实际使用。叶女士在法庭上说，自己与黄女士并不相识，是直接从陈某手里购得车辆。陈某交车时没有提供购置附加费凭证、养路费缴纳凭证等相关证件，存在手续不全的事实，并且该车的车辆购置税、养路费、滞纳金等均未付清，导致自己至今无法实际使用该车辆。

叶女士因此以存在重大误解和显失公平为由，要求法院判令撤销买车合同，退还车款。陈某则辩称，车辆既然能够过户，说明当时的办理手续是齐全的，他不同意退回车辆，但表示可以帮助叶女士再将面包车卖掉。

法院查明，当初陈某与黄女士签订车辆转让合同时就约定，由陈某负责办理过户一切手续，并明确 2004 年上半年养路费未缴，由陈某负担，该车无车辆购置附加费等。根据《中华人民共和国合同法》的规定，一方以欺诈、胁迫手段或者乘人之危，使对方在违背真实意思的情况下订立的合同，受损害方有权请求法院或仲裁机构变更或者撤销。由于陈某在合同订立时存在欺诈行为，致使叶女士买车后正常使用的合同目的难以实现，据此法院判决撤销了叶女士与陈某之间的车辆买卖合同。

问题：

(1) 陈某与原车主之间存在何种合同关系?

(2) 在此种合同中，陈某应当承担哪些责任?

2. 购买二手车，合同约定很关键

2006 年 3 月 14 日，萧先生在当地通过二手车交易市场与原车主宋先生签订旧机动车转让合同，约定以 4.6 万元的价格购买别克赛欧二手小轿车一辆，并约定车辆交付前该车辆所发生的违章、曝光、事故、盗抢嫌疑等问题与责任由原车主宋先生承担。

3 月 16 日，萧先生在该市场将购车款交付给了宋先生，宋先生则将车辆及钥匙、行驶证、赛欧用户手册、赛欧保养及保修手册等随车物件及文件交付给萧先生，双方也于当日到车管所办理了车辆过户登记手续。

萧先生取得车辆不久即发现该车仪表盘上指示灯闪亮及配置有问题，并于 3 月 19 日将车开至某汽车维修公司进行检测。检测后该公司出具了一份估价单，认定该车的安全气囊、ABS 系统、空调系统已经损坏，需要维修，工时及材料费共计 1.2 万余元，并告知萧先生此车不久前可能发生过交通事故。

萧先生一怒之下将宋先生告上了法院，要求宋先生赔偿修车费 1.2 万余元。法院审理查明，2006 年 2 月 16 日，涉案别克赛欧车曾与一辆丰田车发生碰撞，并造成交通

事故，宋先生负全责，宋先生在发生交通事故后立刻通知保险公司出险，保险公司对该车被损坏的雾灯、水箱、传感器、主气囊、副气囊等部件的材料费和工时费进行了定损。3 月 23 日，宋先生从保险公司领取了车辆损失、施救费以及第三者责任险等赔付款共计 3.01 万元。

问题：

(1) 萧先生能否胜诉？理由是什么？

(2) 宋先生的行为是否构成违约？依据是什么？

# 第八章　二手车鉴定评估方法与交易价格

通常情况下，二手车的交易价格以鉴定评估价格为基础实现。对二手车估价需考虑市场环境、二手车折旧、是否有事故等多种因素。随着互联网的发展，其对二手车的鉴定评估和交易也起到了促进的作用。

通过本章的学习，学习者应掌握二手车鉴定评估的基本方法、折旧方法，掌握如何确定二手车交易的价格。

## 第一节　二手车鉴定评估方法

二手车鉴定评估是指由专门的鉴定估价人员，按照特定的目的，遵循法定或公允的标准和程序，运用科学的方法，对二手车进行手续检查、技术鉴定和价格估算的过程。

二手车鉴定评估由六大要素构成：

第一，鉴定评估的主体，即从事二手车鉴定评估的机构及专业评估人员；第二，鉴定评估的客体，即鉴定评估的具体对象，通常是指被评估的车辆；第三，鉴定评估的目的，通常有车辆买卖、车辆置换、车辆拍卖、企业资产变更、车辆抵押、车辆保险、司法鉴定、修复价格评估等目的，目的不同，鉴定评估的标准和方法也会随之变化；第四，鉴定评估的程序，通常是签署鉴定委托协议→检查验证→现场勘查→评定估算→撰写评估报告；第五，鉴定评估的标准，即对二手车鉴定估价采用的计价标准，包括重置成本标准、现行市价标准、收益现值法标准以及清算价格标准等；第六，鉴定评估的方法，用以确定二手车评估值的手段和途径，包括重置成本法、现行市价法、收益现值法以及清算价格法等。

### 一、现行市价法

#### （一）现行市价法的定义

现行市价法又称市场法、市场价格比较法，是指通过比较被评估车辆与最近市场上售出的类似车辆的异同，并将类似车辆的市场价格进行调整，从而确定被评估车辆价值的一种评估方法。该方法是二手车评估中最直接、最简单的一种评估方法。该方法的基本思路是通过市场调研，选择一个或几个与评估车辆相同或类似的车辆作为参照物，分析参照车辆的构造、功能、性能、新旧程度、地区差别、交易条件、成交价格等，并与被评估车辆进行比较，找出它们之间的差别及反映在价格上的差额，经过调整，计算出被评估车辆的价格。

（二）现行市价法的适用条件

1. 需要有一个交易发达和活跃的二手车交易市场

该二手车交易市场需要具备一定的规模，二手车交易量较为稳定，交易市场公开，交易价格真实可靠。一个发达的二手车交易市场，使得现行市价法具有可行性和可信度。

2. 需要市场上有可比较的参照物和被评估车辆有可比较的指标

只有找到参照物，并且参照物具有可比性，现行市价法才具有意义。可参照的车辆一定是近期交易的同种类的车辆，包括车辆的品牌、规格、型号、功能、性能、内部结构、产地、新旧程度、维修状况以及其他交易条件等具有可比性。

（三）现行市价法的适用范围

现行市价法重点考虑的因素是市场因素，因此较为适合交易量大的畅销车型。这类车型交易的数据充分可靠，较易获取，并且评估人员熟悉该车型的交易情况，交易时间也较短，具有很高的经济性，容易获得交易双方的认可。

（四）现行市价法的评估步骤

1. 考察被评估车辆

为了解被评估车辆，需要收集被评估车辆的类别、名称、型号、车辆用途、车辆性能、新旧程度、使用情况等信息，获得被评估车辆的主要参数。

2. 选定参照对象

所选定的类比车辆必须具有可比性。可比性因素包括：

（1）车辆型号与车辆制造厂家。

（2）车辆地域。不同地区的交易市场价格差别较大。

（3）车辆使用性质，即家庭用、公务用、商务用，或者是营运车辆价格上有较大差别。

（4）车辆行驶年限与行驶里程数。

（5）车辆现有技术状况。

（6）交易动机和目的。不同的交易动机和目的，交易价格的计算不相同。例如，为清偿目的交易和为收购后再次交易目的交易的，相同的车辆，其交易价格不同。

（7）市场状况。

（8）成交数量。

（9）成交时间。一般情况下应采用近期成交的车辆作为参照的对象。

3. 比较被评估车辆和选定的参照对象

比较被评估车辆和选定的参照对象应对两者的差异尽可能予以量化和调整。这具体包括：

（1）销售时间差异的量化。在选定参照对象时，应尽可能选择在评估基准日成交的案例。若参照对象的交易时间在评估基准日之前，可以采用指数调整法将销售时间差异量化并予以调整。

（2）车辆性能差异的量化。这主要体现在车辆运营成本的差异上。

（3）新旧程度差异的量化。由于评估车辆和选定的参照对象在新旧程度上不完全一致，这就要求对评估车辆与选定的参照对象新旧程度的差异进行量化。具体公式为：

差异量=参照对象价格×(被评估车辆成新率-参照对象成新率)

（4）销售数量、付款方式差异的量化。销售数量多少、采用何种方式付款均会对车辆的成交价格产生影响。对销售数量差异的调整采用未来收益的折现方法解决；对付款方式差异的调整，通常按照一次性付款方式确定，若采用分期付款方式，则可按当期银行利率将各期分期付款额折现累加，即可得到一次性付款总额。

4. 计算被评估车辆评估值

对上述各差异因素量化值进行汇总，得到被评估车辆的评估值。其数学表达式如下：

被评估车辆的评估值=参照对象现行市价+∑评估车辆比交易参照对象优异的价格差额-∑交易参照对象比评估车辆优异的价格差额

或

被评估车辆的评估值=参照对象现行市价×(1±调整系数)

### （五）运用现行市价法进行评估的注意事项

现行市价法评估的关键是全面了解和掌握市场的情况，需要建立各类二手车技术和交易参数的数据库，以提高评估的效率。对此可以充分利用互联网技术，在互联网上建立相应的数据库，通过收取相应费用的方法，输入关键的参数，即可获得评估车辆的基本评估值。

现行市价法评估已包含了评估车辆的各种贬值因素，包括有形损耗的贬值、功能性贬值和经济性贬值等。因此，运用现行市价法评估不再专门计算功能性贬值和经济性贬值。

## 二、重置成本法

### （一）重置成本法的定义

重置成本法是指在现时条件下重新购置一辆全新状态的被评估车辆所需的全部成本（即完全重置成本，简称重置全价）减去该被评估车辆的各种陈旧贬值后的差额作为被评估车辆现时价格的一种评估方法。被评估车辆的各种陈旧贬值包括实体性贬值（有形损耗）、功能性贬值（功能性损耗）、经济性贬值（经济性损耗）等。

### （二）重置成本法的基本计算公式

被评估车辆的评估值=重置成本-实体性贬值-功能性贬值-经济性贬值

或

被评估车辆的评估值=重置成本×成新率-功能性贬值-经济性贬值

或

被评估车辆的评估值=重置成本×成新率×调整系数

通常被评估车辆的评估值用 $P$ 表示，重置成本用 $B$ 表示，成新率用 $C$ 表示。

实体性贬值也称有形损耗，是指机动车在存放和使用过程中，由于物理和化学原因导致车辆实体发生的价值损耗，即由于自然力的作用发生的损耗。确定实体性贬值要依据新旧程度，包括表体及内部构件、部件的损耗程度等。

功能性贬值是由于科学技术的发展导致的车辆贬值，即无形损耗。这类贬值又可以分为一次性功能贬值和营运性功能贬值。一次性功能贬值是由于技术进步引起劳动生产率的提高和成本的降低，导致原车辆价值的贬值。营运性功能贬值是由于技术进步，出现了新的、性能更优的车辆，使原有车辆的功能相对新车型已经落后从而引起的价值贬值。

经济性贬值是指由于外部经济环境变化所造成的车辆贬值，这一外部环境包括宏观经济政策、市场需求、通货膨胀、环境保护等，贬值不是由车辆本身的因素导致的。

### （三）实体性贬值的估算

1. 观察法

观察法也称成新率法，是指对评估车辆，由具有专业知识和丰富经验的工程技术人员对车辆实体的各主要总成、部件进行技术鉴定，并综合分析车辆的设计、制造、使用、磨损、维护、修理、大修理、改装情况和经济寿命等因素，将评估车辆与其全新状态进行比较，考察由于使用磨损和自然损耗对车辆功能、技术概况带来的影响，判断被评估车辆的有形损耗，从而估算实体性贬值的一种方法，其计算公式为：

车辆实体性贬值=重置成本×有形损耗

2. 使用年限法

使用年限法是指对车辆实体性贬值主要考虑已使用年限和规定使用年限比率的方法。其计算公式为：

车辆实体性贬值=（重置成本−残值）×（已使用年限/规定使用年限）

残值是指旧机动车在报废时净回收的金额，在鉴定评估中一般略去不计。因此，计算公式为：

车辆实体性贬值=重置成本×（已使用年限/规定使用年限）

### （四）二手车成新率的确定

成新率是反映二手车新旧程度的指标。二手车成新率是表示二手车的功能或使用价值占全新机动车的功能或使用价值的比率，即二手车的现时状态与其全新状态的比率。

二手车的有形损耗率与二手车成新率的关系如下：

成新率=1−有形损耗率

或

有形损耗率=1−成新率

### （五）重置成本的计算

重置成本的估算在资产评估中方法较多，对于二手车评估定价一般采用重置核算法和物价指数法两种方法。

1. 重置核算法

重置核算法又称直接法，即按照被评估车辆的成本构成，以现实市场价为标准，计算被评估车辆重置全价的一种方法。这也就是将车辆按成本的构成分成若干组成部分，先确定各组成部分的现时价格，然后相加出待评估车辆的重置全价。依据评估目的不同，二手车重置成本全价的构成一般有以下两种情形：

（1）属于所有权转让行为和司法部门、执法部门提供证据的鉴定行为，可按被评估车辆的现行市场成交价格作为被评估车辆的重置全价，其他费用可略去不计。

（2）属于企业产权变动的经济行为，如企业合资、合作和联营，企业合并、分立等，其重置成本构成除了考虑被评估车辆的现行市场购置价格外，还应当考虑国家和地方政府对车辆加收的其他税费，如车辆购置税、车船税等一并计入重置成本价。

2. 物价指数法

物价指数法是在二手车辆原始成本基础上，通过现时物价指数确定其重置成本的方法。其计算公式如下：

车辆重置成本＝车辆原始成本×车辆评估时物价指数/车辆购买时物价指数

或

车辆重置成本＝车辆原始成本×(1+物价变动指数)

如果被评估车辆是淘汰产品或者进口车辆，当查询不到现时市场价格时，物价指数法是一种很有用的方法。

### （六）重置成本法的特点及运用

重置成本法比较充分地考虑了车辆的损耗，特别是在不易计算车辆未来收益或难以取得二手车交易市场参照物条件下可以广泛适用，使评估结果更趋合理。当然，该评估方法也存在一些缺点，如评估工作量较大、经济性贬值不易准确计算、确定成新率时主观因素影响较大等。对一些进口车辆或停产车辆，难以查询到相同车型的市场报价，因此也难以准确地确定其重置成本或重置成本价。尽管如此，重置成本法仍然是当前市场上应用较为广泛的一种评估方法。

## 三、收益现值法

### （一）收益现值法的定义

收益现值法是将被评估车辆在剩余寿命期内的预期收益，折现为评估基准日的现值，以此来确定车辆价值的一种评估方法。现值即为车辆的评估值，现值的确定依赖于未来的预期收益。该方法的实质是将汽车未来收益转换成资产现值，将其现值作为待评估资产的重置价值。

### （二）收益现值法的应用及特点

鉴于运用收益现值法是以车辆投入使用后连续获利为基础的，在二手车交易时，购买方购买的主要目的不是车辆本身，而是车辆获利的能力，因此，该方法适用于投资运营的车辆。

该方法具有以下特点：一是与投资决策相结合，能真实和较为准确地反映车辆预期价值，容易被交易双方接受；二是受未来不可预见因素影响，购买者对其预期收益额预测难度较大。

### （三）收益现值法的评估计算

被评估车辆的评估值等于剩余寿命期内各期的收益现值之和，当未来预期收益不等值时，其计算公式如下：

$$P = \sum_{t=1}^{n} \frac{A_t}{(1+i)^t} = \frac{A_1}{(1+i)^1} + \frac{A_2}{(1+i)^2} + \cdots + \frac{A_n}{(1+i)^n}$$

当未来预期收益等值时，即 $A_1 = A_2 = \cdots = A_n = A$ 时，即 $t$ 从 $1 \sim n$ 未来收益均相同且为 $A$ 时，其计算公式如下：

$$P = A \cdot \left[\frac{1}{(1+i)^1} + \frac{1}{(1+i)^2} + \cdots + \frac{1}{(1+i)^n}\right]$$

$$= A \cdot \frac{(1+i)^n - 1}{i \cdot (1+i)^n} = A \cdot (P/A,\ i,\ n)$$

以上式中：

$P$ 为评估值；

$A_t$ 为未来第 $t$ 个收益期的预期收益额；

$n$ 为收益年期（二手车剩余使用年限）；

$i$ 为折现率；

$t$ 为收益期，一般以年计。

### （四）收益现值法中参数的确定

1. 剩余使用寿命期的确定

剩余使用寿命期是指从评估基准日到车辆到达报废的年限。如果剩余使用寿命期估计过长，就会高估车辆价格，反之，则会低估车辆价格。就各类汽车而言，可参照汽车报废标准确定其剩余使用寿命期。

2. 预期收益额的确定

收益额是指被评估车辆在使用过程中产生的超出其自身价值的溢余额。对溢余额的确定应把握两点：

（1）无论是所有者还是购买者，判断二手车是否有价值，首要的是判断该车辆是否会带来收益以及会带来多大的收益。对其收益的判断不仅仅看当前的收益能力，还要预测未来的收益能力。

（2）收益额的构成。以企业为例，关于收益额的构成目前有以下几种观点：一是企业所得税后利润；二是企业所得税后利润与提取折旧额之和扣除投资额；三是利润总额。为估算方便，建议采纳第一种观点，目的是准确反映预期收益额。

3. 折现率的确定

折现率是将未来预期收益折算成现值的比率。折现率是一种特定条件下的收益率，说明车辆取得该项收益的收益水平。收益率越高，意味着单位资产增值率越高，在收益一定的情况下，所有者拥有的资产价值越低。

在计算折现率时必须考虑风险因素的影响，否则会高估车辆的价值。一般而言，折现率包括无风险收益率和风险报酬率两方面的风险因素，即：

折现率=无风险收益率+风险报酬率

无风险收益率是指资产在一般条件下的获利水平，风险报酬率则是指冒风险取得报酬与车辆投资中为承担风险所付出代价的比率。折现率与利率不完全相同，利率是资金的回报，折现率是管理的报酬。利率只表示资产（资金）本身获利能力，而与使

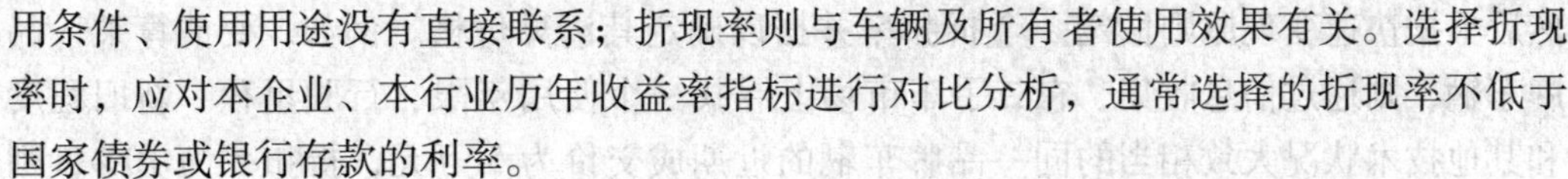

用条件、使用用途没有直接联系；折现率则与车辆及所有者使用效果有关。选择折现率时，应对本企业、本行业历年收益率指标进行对比分析，通常选择的折现率不低于国家债券或银行存款的利率。

## 四、清算价格法

### （一）清算价格法的定义

清算价格法又称价格清算法，是指以清算价格为标准，对二手车辆进行评估。清算价格是指由于企业破产或其他原因，要求在一定的期限内将车辆变现，在企业清算之日预期出卖车辆可收回的快速变现价格。清算价格法适用于企业破产清算、处理车辆抵押物、清理企业资产等情形，其在原理上基本与现行市价法相同，所不同的是迫于停业破产，清算价格往往低于现行市场价格。

### （二）决定清算价格的主要因素

1. 破产形式

如果企业丧失车辆处置权，出售的一方无讨价还价的可能，以买方出价决定车辆售价；如果企业未丧失车辆处置权，则以双方协议价决定车辆售价。

2. 债权人处置车辆的方式

债权人处置车辆的方式按合同约定实施，如公开拍卖、变卖等，或收回已有。

3. 清理费用

在企业破产清算等情况下评估车辆价格时，应对车辆清理费用及其他费用给予充分考虑。

4. 拍卖时限

一般而言，规定的拍卖时限长，售价会高些；时限短，售价会低些，这是由快速变现实现原则所决定的。

5. 公平市价

公平市价是指车辆交易双方都满意的价格。在清算价格中，实现买方满意的价格较难。

6. 参照车辆价格

参照车辆价格是指市场上出售相同或类似车辆的价格。一般而言，市场上参照车辆价格高，车辆出售价格就会高，反之则低。

7. 车辆现行市价

与被拍卖车辆相同或类似车辆的现行市价高，被拍卖车辆的清算价格通常也会高，反之则低。

8. 车辆的拍卖方式

若车辆与破产企业的其他资产一起整体拍卖，其拍卖值可能会高于包括车辆在内的各单项资产变现价值之和。

### （三）决定清算价格的方法

1. 现行市价折扣法

现行市价折扣法是指对清理车辆，首先在二手车市场上寻找一个相适应的参照物，然后根据快速变现原则估定一个折扣率并据以确定其清算价格。例如，要清算某一品牌车辆，则通过信息收集，在二手车市场上寻找一个使用年限、行驶里程、新旧程度和其他技术状况大致相当的同一品牌车辆的近期成交价为5万元，折扣率为10%，则其清算价格为5×(1-10%)=4.5万元。

2. 意向询价法

意向询价法又称模拟拍卖法，是根据向被评估车辆的潜在购买者询价的方法取得市场信息，后经评估人员分析确定其清算价格的一种方法。该方法确定的价格受供需关系影响较大，应充分考虑其影响程度。例如，有一辆某品牌二手车，评估人员向5个意向客户征询，其估价分别为8万元、9万元、10万元、8.5万元、9.5万元。综合考虑各种因素，对该二手车的清算价格确定为8.8万元。

3. 竞价法

竞价法是由法院按照法定破产清算程序或由卖方根据评估结果提出一个拍卖的底价，在公开市场上由买方竞争出价，谁出的价格高就卖给谁。

## 第二节　二手车折旧方法

折旧是指企业的固定资产在预计使用年限内由于磨损和损耗而逐渐转移的价值。机动车折旧是指机动车随着时间的推移或在使用过程中，由于损耗而转移到产品中去的那部分价值，称为机动车折旧。这部分转移的价值以折旧费的形式计入成本费用，并从企业营业收入中得到补偿。

### 一、二手车折旧方法的基本原理

二手车折旧额是二手车所有者已经得到的价值补偿，剩下的价值，即重置成本全价减去二手车已使用年数的累计折旧额，才是二手车现有的价值。评估时，应以这个价值作为评估价。车辆鉴定评估时，如发现车辆的某些功能丧失，需要维修和换件的，还应当考虑扣减相应的维修费用。其计算公式为：

被评估二手车的评估值=重置成本全价-累计折旧额-维修费用

### 二、二手车折旧方法的选择与适用

#### （一）平均折旧法

平均折旧法又称等速折旧法、直线折旧法、使用年限法等，是指将二手车的转移价值平均分摊至其使用年限中，即用车辆的原值除以车辆的使用年限。其计算公式为：

$$D_t = (K_o - S_v)/N$$

式中：

$D_t$：二手车年折旧额；

$K_o$：二手车原值；

$S_v$：二手车残值（往往忽略不计）；

$N$：机动车规定使用折旧年限。

平均折旧法计算简单，易于理解，但也存在不足，主要是随着车辆使用年限的增加，使用后期的维修费用支出将高于使用前期的维修保养费用支出，即该方法没有考虑二手车使用过程中相关支出摊配于各个使用年限的均衡性。

（二）加速折旧法

加速折旧法是指随着年限的增加折旧的速度并不相同的一种折旧的方法。在二手车的交易中，通常在开始的几年贬值快，后几年则贬值相对缓慢，这就是加速折旧。加速折旧法较好地反映了各个使用年度负担二手车使用成本的均衡性。在二手车估价中，大多采用加速折旧法。加速折旧法又可分为年份数求和法和双倍余额递减法两种。

1. 年份数求和法

年份数求和法是指每年的折旧额可以用车辆原值减去残值的差额乘以一个逐年递减系数来确定折旧额的一种方法。其计算公式如下：

$$D_t = (K_0 - S_v) \times \frac{N + 1 - t}{\frac{N(N + 1)}{2}}$$

式中：

$D_t$：二手车年折旧额；

$K_0$：二手车原值（实际评估时，取评估基准日的重置全价）；

$S_v$：二手车残值；

$N$：二手车规定使用折旧年限；

$t$：已使用年限数（实际评估中，把已使用的总月数折算为年度数计算）；

$\frac{N + 1 - t}{\frac{N(N + 1)}{2}}$：递减系数，也称为年折旧率。

2. 双倍余额递减法

双倍余额递减法是根据每年二手车剩余价值和双倍的等速法折旧率计算二手车折旧的一种方法。用这种方法计算时不考虑二手车预计的净残值。其计算公式如下：

$$D_t = [K_0 \times (1 - a)^{t-1}] \times a = K_0 \times a(1 - a)$$

式中：

$D_t$：二手车年折旧额；

$K_0$：二手车原值（实际评估时，取评估基准日的重置全价）；

$a$：年折旧率，$a = 2/N \times 100\%$，$N$ 为二手车规定使用折旧年限；

$t$：已使用年限数（实际评估中，把已使用的总月数折算为年度数计算）。

应用时，要把评估基准日当年所有已使用的月份数折算为年数。因为无论是年份数求和法还是双倍余额递减法均是以年为单位得到折旧率的。

此外，由于采用双倍余额递减法在确定二手车折旧率时，不考虑二手车的净残值因素，因此在连续计算各年折旧额时，如果采用双倍余额递减法计算的折旧额小于采用平均折旧法计算的折旧额时，则改用平均折旧法计提折旧。

（三）二手车折旧方法的适用

由于折旧法与其使用年限挂钩，并且可以采用加速折旧法计算二手车价值的转移，使二手车剩余价值相对较小，这对二手车收购方而言是较为有利的。因此，二手车折旧方法普遍适用于二手车收购中。

## 三、二手车折旧方法的计算

二手车折旧方法的计算公式如下：

$$P = B - \sum D_t - F_s$$

式中：

$P$：二手车评估值；

$B$：二手车重置成本全价；

$D_t$：二手车折旧额（$t$=1，2，3，…，$N$，$N$为预计使用年限）；

$\sum D_t$：二手车已使用年限内的累计折旧额；

$F_s$：二手车需要的维修费用。

# 第三节　二手车交易价格

二手车交易价格是指交易主体最终确定的二手车成交价格。在二手车交易过程中经常会遇到四种价格：评估价格、收购价格、标价和交易价格。以上四种价格之间并没有必然的逻辑关系，评估价格并非必要的，即使没有评估价格，也会有收购价格，经销公司的标价通常会高于收购价格，成交价格通常会低于标价，但在特殊情况下，标价或交易价格会低于收购价格。

二手车交易的类型较多，按照交易双方的行为和参与程度的不同可分为二手车收购、置换、销售、拍卖、寄售、代购、代售、租赁、经销、经纪、鉴定评估、转让、让与等。不同的交易形式，交易价格的确定亦不相同。以下重点介绍二手车收购定价和二手车销售定价。

## 一、二手车收购定价

（一）影响二手车收购价格的因素

1. 车辆本身的价格

车辆在使用一段时间后其本身的价格，包括使用年限、行驶里程、维修记录、车辆配置、车辆装饰、车辆外观等因素综合考虑确定的价格。这一价格往往可以通过鉴定评估的方法予以确定。

2. 各项手续的价格

这主要包括二手车的登记证、行驶证、购车发票、购置税等各项手续是否齐备，当年的车船税、交强险是否缴纳，车辆商业险的承保范围及承保时间等，这些都会影响到车辆的收购价格。若手续不全，则会增加汽车交易的成本甚至不允许交易，收购时需要对此加以考虑。

3. 保值率和维修服务的费用

不同品牌的二手车由于其品牌的不同，保值率不同。例如，一些知名品牌的汽车由于质量好、性价比高、知名度高、市场占有率高等因素，其二手车保值率相对较高；与此相反的二手车，其保值率相对较低。此外，不同品牌车辆售后服务条件不同也会影响二手车的收购价格。那些售后服务网络发达、售后服务便利、质保期长的二手车，其收购价格会相对稳定。但市场上少见的车型，维修服务不够便利的，则二手车价格往往会与同类型汽车相比而偏低。这主要也是受到市场需求的影响，因此在进行二手车收购时，就应当同时考虑到其销售的情况。

4. 市场宏观环境的影响

这主要是国家政策对汽车产品的影响，进而影响二手车的收购价格。近几年，国家出台政策，对排量在1.6升及以下的乘用车车辆购置税减半，在进行1.6升及以下的二手车交易时，其交易价格就会回落，尽管购置时车辆购置税没有减半。又如，这几年国家对新能源汽车给予了财政补贴，但没有规定在新能源二手车交易时给予相应的补贴。实际上，由于新能源汽车在新车销售时已经给予了补贴，因此在二手车交易时是不会再给予补贴的，这就限制了新能源二手车的交易。

5. 市场微观环境

这主要是指同类型新车价格变动和新车型的上市对同品牌的二手车会产生较大的影响，其收购价格会随之下降。有的品牌的新车在较长时间内保持着相对稳定的价格，其二手车的保值率会相对较高，但有的品牌的新车在较短时间内价格下降较快，其保值率相对较低。

6. 经营者因素

二手车经营者通常会根据库存和需求状况调节车辆的收购价格，当某种车型畅销，出现断档时，会提高该车型的收购价格。

7. 供应者因素

由于二手车供应者销售二手车的目的和状况各不相同，也会影响二手车的收购价格。有些供应者急需出手二手车，这就使得二手车的收购价格相对较低；有些供应者对二手车进行了合法的改装，可能会使得二手车的收购价格提升。

需要说明的是，在以上影响因素中，除了车辆本身的价格可以进行较为科学的鉴定评估外，其他影响因素则难以评估，主要依靠评估人员的经验和主观判断。可见，即便是对相同的二手车而言，由于其收购者对收购因素的考虑不同，其收购价格也是不相同的。即使是收购价格相同，收购者考虑的因素也可能是不同的。

### (二) 二手车收购估价的方法

二手车的收购估价有其特定的目的，通常情况下是在二手车鉴定估价的基础上，充分考虑市场的供求关系和收购者获取的利润，对评估值做快速变现的特殊处理，按以下方法确定二手车的收购价格：

1. 以现行市价、重置成本法确定收购价格

通常情况下先应用现行市价法或重置成本法计算出二手车的评估值，再根据市场供求关系估计一个折扣率，并以此确定收购价格。其计算公式如下：

二手车收购价=现行市价或重置成本评估值×(1-折扣率)

2. 以清算价格确定收购价格

这种方法主要适用于由于破产、抵债等原因要求快速变现的情形。这种方法要求首先运用现行市价法确定被评估二手车的正常价值，再根据处置情况和变现要求乘以一个快速变现的系数，最后确定收购价格。

3. 以销售预期价为基础确定收购价格

其计算公式如下：

收购基准价=销售期望价-纯利润期望值-经营成本

销售期望价是指对这辆二手车将来可能成交价格的判断；纯利润期望值是指收购后再销售获得的利润；经营成本是指收购过程至销售出去之间该二手车发生的或分担的总费用。这是一种倒推的方法确定收购价格，这一方法有其合理性，也是收购者经常会考虑采用的一种方法，但这一方法也有其局限性，主要是对供应者的情况和市场的情况考虑不够。因此，采用这种方法，对收购者要求较高，而且不同收购者对纯利润期望值不同，也会影响收购的基准价。

4. 以快速折旧的方法确定收购价格

常见的快速折旧法有年份数求和折旧法和双倍余额递减折旧法。收购价格的估算公式为：

收购价格=重置成本价-累计折旧额-维修费用

关于这一方法的运用，前已述及，这里不再赘述。

(三) 二手车收购估价与鉴定估价的区别

二手车收购估价与鉴定估价都是对二手车的现时价格进行评估，但二者相比较有明显区别，主要体现在以下几个方面：

1. 估价主体不同

二手车收购估价的主体是交易双方，通常是购买者与出售者进行价格谈判，根据车辆本身状况、供求价格规律进行协商定价。二手车鉴定估价是具有独立属性的第三方机构，通过对被评估车辆的技术鉴定和综合考量其他因素反映其客观价格的一种行为，其鉴定的价格不能够随意变动，即使二手车交易价格与鉴定估价不同，也不得随意变更鉴定估价。

2. 评估目的不同

二手车收购估价以经营为目的，通常是购买者估算车辆价格，便于购买者确定车辆的收购价格。二手车鉴定估价则是专门的鉴定评估机构接受委托人的委托，为被评估车辆将要发生的经济行为提供价值依据，是以服务为目的的。

3. 估价的方法不同

二手车收购估价虽然受到国家有关评估法规的指导，参照评估的标准和方法进行，也使用与二手车鉴定估价相同或相似的方法，但具有一定的灵活性，交易双方可以进

行协商。二手车鉴定估价则要求鉴定评估机构严格按照国家出台的评估的标准和方法进行，具有不可变更性和严格的约束性。

4. 估价的价值概念不同

虽然二手车收购估价与二手车鉴定估价都具有交易价值和市场价值，但二手车收购估价受快速变现原则的作用，通常情况下价格低于市场价格，有利于收购者。

## 二、二手车销售定价

在确定了二手车收购定价后，就要考虑二手车的销售定价。当然，许多情况是有了销售价格，倒推出收购价格。实际上，在二手车交易中，就收购者而言，是收购价格，但对出售者或处理者而言，则是销售价格。

### （一）影响二手车销售价格的因素

影响二手车销售价格的因素主要有成本因素、供求关系、竞争状况、国家政策法令等。

1. 成本因素

二手车的收购成本和经营成本是二手车销售价格确定的基础和根本因素。二手车流通企业销售定价应分析价格、需求量、成本、销量、利润之间的关系，正确估算成本，以此作为定价的主要依据之一。二手车销售定价应考虑收购车辆的总成本费用，其公式表示如下：

总成本费用=收购价格×固定成本费用摊销率+变动成本费用

固定成本费用摊销率是指单位收购价值包含的固定成本费用，即固定成本费用与收购车辆总价值之比。例如，某企业预计某年度收购100万元的车辆价值，分摊固定成本费用1万元，则单位固定成本费用摊销率为1%。

变动成本费用是指收购车辆随收购价格和其他费用变化而相应变动的费用，主要包括车辆实体价格、运输费、保险费、日常维护费、维修翻新费、资金占用的利息、场地占用（租赁）费等。

2. 供求关系

在市场经济中，产品的价格由买卖双方相互作用来决定，以市场供求为前提，因此决定价格的基本因素是供给与需求。若供大于求，价格会下降；若供小于求，价格会上升，这就是市场供求规律。二手车销售也遵循这一规律。此外，二手车销售也要考虑到需求价格弹性的变化。所谓需求价格弹性，是指因价格变动引起的相应需求变动率。一般情况下，二手车价格的上升或下降会引起需求量相应的减少或增加。

3. 竞争状况

在供大于求时，竞争必然激烈。二手车的定价必然要考虑本地区同行业竞争对手的价格状况，甚至有的二手车经营公司就是参照竞争对手定价的。

4. 国家政策法令

这主要体现在两个方面：一是二手车经销企业对二手车的定价收到国家政策法令的规制和物价部门的监管；二是二手车的定价应当充分考虑国家政策法令的变化因素，如一些城市对车辆限牌、限行、限排的规定必然会影响到二手车的销售价格。

（二）二手车销售价格的定价目标

在确定二手车的销售价格时，获取利润是其主要目标之一，但并非全部目标。例如，有的二手车经销企业以较低价格销售二手车的目标或许是为了减少亏损而加快资金回笼，或许是为了占领市场。由于二手车经销企业所处的市场环境不同，自身条件和不同时期的营销目标不同，其定价目标也不相同。因此，二手车经销企业应综合考虑市场环境、自身状况及经营目标，将利润目标与市场占领目标相结合确定二手车的销售价格。

（三）二手车销售价格的定价方法

定价方法是二手车流通企业为了实现定价目标，为产品制定基本价格和浮动范围的方法。二手车销售价格的定价方法目前主要有成本导向定价法、需求导向定价法和竞争导向定价法三种基本定价思路。

1. 成本导向定价法

成本导向定价法又可分为成本加成定价法、目标收益定价法、边际成本定价法三种方法。成本导向定价法也称为加额定价法、标高定价法或成本基数法，是应用的较为普遍的一种定价方法。该方法的计算公式如下：

单位产品价格=单位产品总成本×(1+成本加成率)

目标收益定价法又称投资收益率定价法，是根据企业投资总额、预期销量和投资回收期等因素确定价格。

边际成本是指每增加或减少单位产品所引起的总成本的增加或减少。采用边际成本定价法是以单位产品的边际成本作为定价依据和可接受价格的最低界限。在价格高于边际成本的情况下，企业出售产品的收入除完全补偿变动成本外，还可用来补偿部分固定成本，甚至会提供利润。这一定价方法具有较强的灵活性，对于有效应对竞争、开拓市场、调节需求的季节差异、形成最优产品组合可以发挥较大作用。

2. 需求导向定价法

需求导向定价法以消费者的认知价值、需求强度及对价格的承受力为依据，以市场占有率、品牌形象和最终利润为目标，真正按照有效需求策划价格。需求导向定价法又称顾客导向定价法，是二手车流通企业根据市场需求状况和消费者的不同反应分别确定产品价格的一种定价方式。其主要特点是平均成本相同的统一产品价格随需求变化而变化。

3. 竞争导向定价法

竞争导向定价法是以企业所处的行业地位和竞争定位而制定价格的一种方法，是二手车流通企业根据市场竞争状况确定商品价格的一种定价方式。其特点是价格与成本和需求不发生直接关系。其主要以竞争对手的价格为基础，并与竞争品价格保持一定的比例。竞争品价格未变，即使产品成本或市场需求变动，也维持原价；竞争品价格变动，即使产品成本和市场需求未变，也要相应调整价格。

（四）二手车销售价格的确定

二手车流通企业通过以上方法制定的价格，只确定了价格的范围和变化的途径。为了实现定价目标，对二手车交易的价格还需要考虑国家的价格政策、用户的需求、产品的性价比、品牌的价值、售后服务水平等多种因素，通过各种灵活的定价方法达成交易的价格。当然，在二手车销售时，还应当将价格策略与其他营销策略相结合，以形成最终的交易价格。

### 三、"互联网+"对二手车交易价格的影响

随着互联网的发展，其对二手车收购价格和销售价格均有着较大的影响。

#### （一）"互联网+"对二手车收购价格的影响

二手车的收购价格通常以评估价格为基础，综合考虑各项手续的价格、收购后支出必要费用的价格、环境和政策变化导致价格的变化、二手车品牌、市场竞争和供求关系、售后服务等多种影响因素。随着互联网的发展，大量的二手车信息可以在互联网上查询，甚至对二手车的简单评估也可以在网上实现，影响二手车收购价格的影响因素也可以在短时间内从互联网上获得。这就相对提高了对二手车收购价格确定的效率和科学性。此外，大量的二手车售价信息可以通过互联网查询，使得以现行市价方法确定二手车收购价格变得相对容易和普及。

#### （二）"互联网+"对二手车销售价格的影响

二手车的销售定价通常要考虑其收购成本、供求关系、竞争状况、国家的政策法规、企业的目标、消费者的心里等多种因素。随着互联网的发展，以上信息的获取变得相对容易，销售者和购买者之间信息不对称的现象得到了明显改善，二手车的销售利润正逐步走向合理的空间，二手车的必要利润正得到越来越多购车者的认可，二手车销售的高利润时代一去不复返了，不诚信的二手车销售行为终将被市场淘汰。

综上所述，互联网不仅对二手车交易的价格产生了积极的影响，还对二手车交易本身有着重大的促进和规范作用。当然，运用互联网加强对二手车的监管也是十分必要的。

## 一、思考题

1. 二手车鉴定评估的方法有哪些？
2. 二手车的折旧方法有哪些？
3. 影响二手车收购价格和销售价格的因素分别有哪些？

## 二、案例分析题

1. 王女士于2008年9月购置了一辆捷达轿车，购买价格为97 800元，初次登记日期为2008年9月，于2012年12月进入二手车交易市场估价交易。经现场查勘，该车车身外观较好，发动机运转平稳，无异常响声，制动系统良好。该车行驶历程为8万千米，在评估时，该车的市场销售价格为79 800元，其他税费不计。

问题：

（1）用使用年限法评估该车的现时市场价值。

(2) 试为使用年限法编制一个程序，使其适用于在互联网上运用该方法评估二手车。

2. 刘先生于2007年7月购置了一辆国产奥迪车，作为家庭用车，于2012年7月到某二手车交易市场进行交易。该车行驶里程为13万千米，已知该车新车市场价格为490 000元。经评估人员现场查勘，该车技术状况较好，使用维护较好，该车主要在市内行驶。

问题：

(1) 试用重置成本-综合分析法评估该车的价值。

(2) 试为重置成本-综合分析法编制一个程序，使其适用于在互联网上运用该方法评估二手车。

3. 在某二手车交易市场，张先生准备将一辆10座的旅游车用于载客营运。根据《汽车报废标准》的规定，该车辆剩余使用年限为4年，适用的折现率为9%，经预测得出4年内各年预期收益的数据分别为12 000元、10 000元、8 000元、7 000元。

问题：

(1) 试用收益现值法评估该车辆目前的价格。

(2) 试为该方法编制一个程序，使其适用于在互联网上运用该方法评估二手车。

# 第九章　二手车金融

二手车与新车一样涉及消费信贷、融资租赁等金融方面的内容。互联网的发展有力地促进了二手车消费信贷、融资租赁业务的开展，促使其运行机制及模式发生变革。二手车置换是二手车的一项十分重要和普及的业务，其不仅是旧车换购新车的一种交易模式，更是二手车来源的一个重要渠道。“互联网+”与汽车置换的融合，产生了互联网金融的运行机制，导致了互联网金融的业务模式。

通过本章的学习，学习者应主要掌握二手车消费信贷、二手车融资租赁、二手车置换的概念，掌握“互联网+”二手车消费信贷业务的运行机制及模式、“互联网+”二手车融资租赁的运行机制及模式、“互联网+”二手车置换业务的运行机制及模式。

## 第一节　二手车金融概述

### 一、汽车金融概述

汽车金融是由消费者在购买汽车需要贷款时，可以直接向金融机构申请优惠的支付方式，可以按照自身的个性化需求，来选择不同的车型和不同的支付方法。目前我国传统汽车消费信贷的主体主要有五种：商业银行、汽车金融公司、汽车生产商、汽车经销商、保险公司。

商业银行开展的汽车信贷业务于1998年年底开始，中国人民银行批准建设银行成为首家进行汽车消费信贷业务的专业试点银行，随后工商银行、农业银行、中国银行相继进行试点。自1999年中国人民银行发布了关于开展个人消费信贷的指导意见后，商业银行的汽车信贷业务也开始迅速发展。

汽车金融公司的建立及发展始于2003年年底。《汽车金融公司管理办法》及《汽车金融公司管理办法实施细则》允许符合条件的中外公司介入汽车金融机构，为经销商及购买者提供融资服务。大众、通用、丰田、福特等汽车生产商均在国内汽车信贷市场上开展多种业务。

汽车生产商的信贷业务开展较早。1996年，中国人民银行发布《企业集团财务公司管理暂行办法》，但是业务范围仅限于汽车生产商与经销商之间的商业融资，金融机构未介入，因此信贷风险和业务开展难度较大。1998年以后，金融机构与生产商合作提供信贷服务开始发展起来，之后银企合作的方式快速发展，为汽车信贷的普及创造了很好的条件。

以汽车经销商为主体的信贷服务是对汽车产品反应最直接和最及时的一种业务方

式。这是因为经销商直接面对客户，了解市场。汽车经销商也可以有效地通过开展资信调查来有效控制风险，并随时提供更贴切的针对客户的信贷产品。

保险公司涉及汽车消费信贷领域最早始于20世纪90年代初，即开办了汽车抵押贷款保证保险。2001年年底，中国保监会批准可以在全国范围内正式开办机动车辆消费贷款保证保险，其目的是为了降低金融机构的风险，这也是中国汽车信贷业务的一个强有力的保障。

我国汽车消费信贷传统的商业银行信贷模式为购车人与商业银行发生关系，银行向客户提供借款，保险公司为银行提供车贷险，在这个模式下的受益方为商业银行和保险公司。其大致流程如图9.1所示。

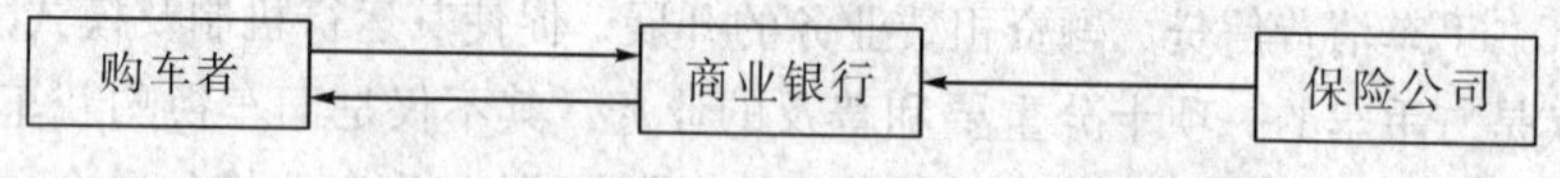


图9.1　商业银行为主导的汽车信贷模式

一种比较新型的模式随着汽车金融公司的发展，如大众、通用、丰田、福特等汽车金融公司将原来传统的三方关系简化为金融公司和客户之间的两方信贷关系，即由购车者向金融公司以抵押车来获得贷款，汽车金融公司提供贷款并提供保险担保，业务可用于新车、二手车等购车业务，汽车金融公司为受益方。其大致流程如图9.2所示。

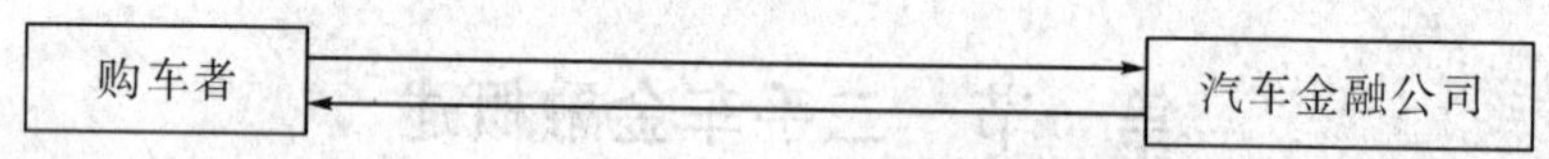


图9.2　汽车金融公司为主导的汽车信贷模式

经销商为主导的汽车信贷模式的主要业务流程是首先用户选定要购买的车型后在经销商处提交贷款申请，然后经销商将资料提交商业银行审核，商业银行对其进行评估后通知经销商，随后经销商协助购车者与商业银行签订合同，抵押登记车辆，商业银行收到合同后向客户发放贷款，经销商提交购置车辆，用户在之后按照规定进行还款。其主要流程如图9.3所示。

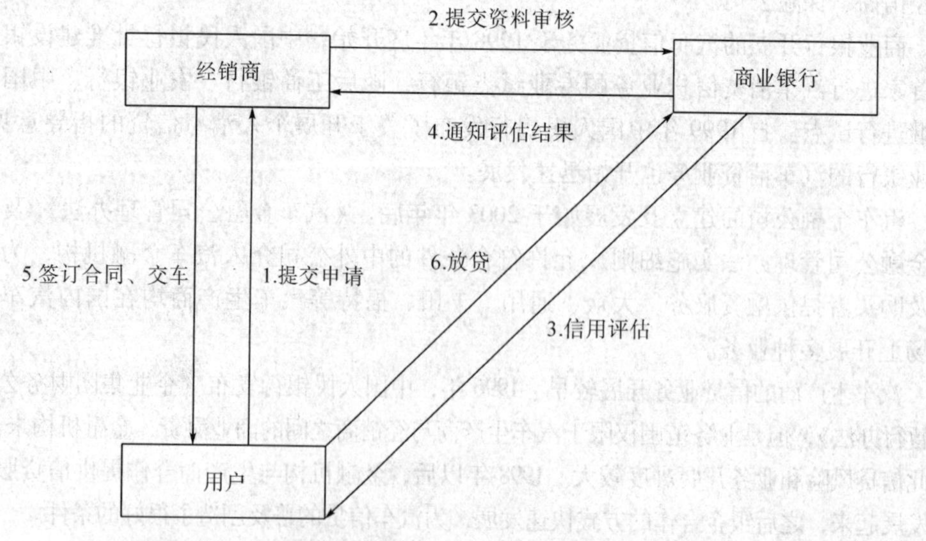


图9.3　经销商为主导的汽车信贷模式

总体而言，我国目前汽车消费信贷以商业银行的“间客”模式为主，汽车金融公司的业务普遍处于萌芽状态。相比而言，发达国家的汽车金融公司业务范围非常广泛，以其汽车的专业性和专业服务主导市场，而商业银行的业务起到补充作用。

## 二、传统汽车消费信贷存在的问题

### （一）个人征信制度欠缺

目前，我国个人信用征询系统刚开始在个别城市少数人群中开始建立。由于我国地域广大，人口众多，科技水平相对较落后，因此要想建立起全国性的信用查询系统仍然是一个很漫长的过程。就银行而言，在开展汽车消费信贷业务时，既想加快扩大市场的速度，同时又没有个人信用资料这个强大的后盾。银行没有精力从社会各个领域去收集、整理和归纳出借款人的全面信用信息，因此银行在放贷时仍需要借款人采用担保、抵押、质押的方式。想要做到一个小时就能把所有的借款手续办好直接提车，这就需要一个全社会的信用体系和信用网络，而这不是一朝一夕能够完成的。汽车消费信贷业务具有客户分散、金额小、难度大、笔数多、管理成本高的特点，一般以借款人的收入作为还款的第一来源，其收入是否稳定将直接影响到银行是否能收回贷款。商业银行的贷款是一种商业性行为，经营目的是追求利润最大化和确保信贷风险最小化。如今个人信用脆弱、居民收入透明度较低，银行必须严格审查借款人的借款申请和资信情况，直接表现为贷款手续繁琐及贷款审批时间长。所以说，社会信用制度的不健全，在无形中抬高了汽车消费信贷的门槛，很大程度上阻碍了汽车金融信贷行业的发展，严重抑制了消费者贷款购车的热情。

### （二）贷款手续繁杂

到银行办理汽车信贷业务，手续十分繁杂已经成为许多有意贷款购车的消费者面前的拦路虎。目前在中国想要完成一项汽车贷款业务需要至少经过 7 个机构的许可或批准：经销商、银行、保险公司、整车制造商、公安局车管所、交管局以及公证机构。购车手续复杂，花费时间冗长，是消费者反响最为直接和强烈的问题之一，部分消费者在采用汽车消费贷款的方式购车以后，常常会发出“早知道这样麻烦就不贷款”的感叹。据往年的数据统计，有 29%的购车人因手续繁多而放弃贷款。

### （三）贷款成本偏高

传统的汽车消费信贷业务涉及很多方面，包括银行、汽车经销商、保险、公证、车管、司法执行等各个部门，中间环节冗多。某些部门工作效率较低，服务意识较差，收费标准不合理，给消费者带来较多麻烦，导致原来有购买欲望的消费者望而却步。汽车消费贷款涉及的税费包括车辆购置附加税、车险费、保证保险费、公证费、抵押登记费、车商管理费等。以购置一辆价值为 10 万元的富康轿车为例，目前必须缴纳的各种税费共计为 16 200 元，费率达汽车价格的 16.2%，其中不少带有强制性痕迹。例如，机动车险中的自燃险和盗抢险本应由消费者自行选择购买，但因为有保险公司为其承担履约保证责任，所以必须购买此两种险种；又如，汽车经销商收取的管理费明显不合理，据了解最高收费达 6 000 元。汽车使用过程中产生的高成本也使不少消费者对贷款进行汽车消费望而却步。我们仍以上述富康轿车为例，必需的固定支出包括保险、车船使用税、保养费等，其一年支出共计约6 690元；非固定的弹性支出包括油费、洗车费、停车费等，其一年支出共计约6 200元；意外支出，如车辆剐蹭或者意外违章等，少则几百元，多则上千元。按照上述的计算方法，即使汽车一年未发生任何意外事故，也要在车辆上花费将近14 000元左右。买车及养车成本高昂，"买得起车，养不起车"严重阻碍了汽车消费快速发展的进程。

（四）缺乏汽车信贷方面的法律框架系统的支持

目前，我国商业银行开展汽车消费信贷业务的主要依据是1998年制定的《汽车消费贷款管理办法》和1999年出台的《关于开展个人消费信贷的指导意见》。这两份规范性文件出台时，我国汽车消费信贷业务才刚刚起步，还处于过渡阶段。但是到目前为止，十几年过去了，汽车信贷市场发生了天翻地覆的变化，汽车消费信贷业务也在迅速发展，但是相应的法律法规却仍然没有变化，存在许多不足和漏洞。

### 三、二手车金融概述

二手车金融是指与二手车相关的融资方式。二手车金融是汽车金融服务的细分，是将二手车从汽车产业链中独立出来，对相关环节的金融服务给予支持。二手车金融通常是指二手车车源采购、物流、库存、销售等过程中对经销商、消费者所提供的融资及其他金融服务，包括经销商库存融资、用户消费信贷、融资租赁以及售后延保等。其表现形式有二手车消费信贷、二手车抵押、二手车质押、二手车融资租赁等。广义的二手车金融也包括二手车置换，因为置换也可以达到融资的效果。

现阶段我国二手车金融主要业务模式有经销商库存金融、消费者购车信贷、售后延保服务。汽车金融公司、融资租赁公司、互联网金融平台、汽车电商平台、传统金融机构是市场上的主要参与者与竞争者。

虽然我国汽车产业发展迅速，汽车年销量一直位居全球第一，但由于国内二手车行业起步较晚，二手车金融尚处于起步阶段。尽管如此，二手车金融有着广阔的发展空间。据中国汽车工业协会预测，到2020年，中国汽车金融业市场容量将达2万亿元，渗透率将达50%；汽车金融将成为汽车产业中利润率最高的一个环节；二手车在汽车产业中的比重将会大幅提升。

## 第二节 "互联网+"二手车消费信贷

### 一、"互联网+"二手车消费信贷业务发展现状及优势

随着互联网汽车金融业务的发展，继传统的汽车金融公司和商业银行之后，互联网金融企业正在逐渐成为拥有上万亿元规模的汽车消费信贷市场的新势力。在汽车金融贷款购车市场中，有约80%的份额来自实体汽车金融公司、商业银行提供的消费信贷和信用卡业务，但是目前仍有一部分汽车贷款需求无法得到满足，这就给互联网汽车金融带来了巨大的商业机会。在对汽车信贷市场进行跟踪调研后，我们发现，在过

去的10年，我国的汽车销量增长超过300%，但汽车信贷渗透率却仅有20%，不仅远远低于美国80%的水平，也落后于印度等发展中国家。因此，在互联网汽车金融快速发展的今天，这一行业所蕴含的发展空间和潜在价值正在被逐步挖掘。随着互联网社交、手机支付、大数据、云计算等信息科技的迅速发展，互联网汽车金融企业迅速发展壮大，互联网行业和汽车金融业的紧密结合促进了传统金融业务运作体系的全面转变。

（一）背靠万亿级市场规模

“互联网+”二手车消费信贷业务天生就具有普惠金融的基因（所谓普惠金融，是指降低金融服务的门槛，让更多人需要它的人受益）。互联网金融所要面对的就是那些汽车金融公司和银行无暇顾及与不愿去做的三四线城市或二手乘用车的分期贷款业务，从而让更多的家庭轻松实现购车梦。例如，互联网金融服务平台——元宝365发布的“百城千乡计划”，即用3年时间将线下资产下放到100个城市和1 000个县城，到2017年希望通过线上平台使放贷规模达到100亿元，成为汽车消费金融细分市场的第一平台。但是，3年做到100亿元的规模并不是一件轻松的事情。该公司自信的原因就是目前的汽车金融发展大环境。有关统计数据显示，当前我国汽车保有量超过1.4亿辆。在未来6年，新车销售增长率将保持在7%左右，二手车销量增长率为20%左右；到2020年，预计新车和二手车的销量将超过4 600万辆，其中二手车销量占新车销量的一半。按照我国目前汽车销售中贷款购车的比例增速来测算，到2018年这一比例将超过25%，这就意味着贷款购车将达到1 000万辆。我们以每辆车贷款额10万元计算，到2018年，我国的汽车信贷市场规模将超过一万亿元。就算除去汽车金融公司和银行所占的80%的业务份额，仍然有超过1 700亿元的车贷空白需要用其他平台和方式填补。这就意味着，如果一家互联网车贷企业能够占有这当中的12%，那么就可以成为行业第一。但是目前车贷市场上形成线上与线下割裂的格局，这对该行业发展非常不利。线上P2P平台缺少仅仅专注于汽车消费贷款的优质资产，而线下汽车分期贷款的机构又缺少线上P2P平台。因此，“互联网+”二手车消费信贷业务要做的就是突破线上和线下分离的格局，将线上与线下相结合。近年来，P2P融资拓展迅速，2007—2013年P2P平台数量如表9.1所示。

表9.1　P2P平台数量表

| 年度（年） | 2007 | 2008 | 2009 | 2010 | 2011 | 2012 | 2013 |
|---|---|---|---|---|---|---|---|
| 数量（个） | 1 | 1 | 5 | 15 | 50 | 148 | 523 |
| 增长率（%） | — | 0 | 400 | 200 | 233 | 196 | 253 |

（二）互联网金融专注于汽车金融信贷业务

作为互联网金融的典型业态，P2P平台近年来发展迅猛。随着互联网信贷平台“强者恒强”的马太效应越来越明显以及出现的各种新的网络贷款平台、金融资产交易平台不断涌现，因此未来P2P平台将朝着越来越细化的趋势发展，会有更多P2P平台专注于“互联网+”二手车消费信贷业务。实际上，互联网汽车消费信贷领域目前不乏进入者，但问题在于现存的车贷 P2P 平台大多是汽车抵押贷款，利率高、风险高、坏账率高；同时，资产端不足，市场规模较小；此外，专门针对个人汽车消费分期贷款的也不多。据了解，以当前主流业务模式抵押贷款为例，在"押证不押车"方式下，半年内短期贷款月息可高达 3%。我们经过调查后发现，在互联网汽车金融领域，专注于汽车分期贷款的企业并不多，而这就是商机所在。将既有的汽车金融信贷服务纳入到线上互联网金融交易平台，同时加大线下投资，打通供求两端直接进行交易，提高借贷双方的资金利用率的这种"互联网+"二手车消费信贷业务运行机制的前景是很可观的。

（三）当前车贷新型运作方法

针对目前车贷行业 P2P 平台资金成本高、风险大等问题，小型互联网汽车金融机构通常选择从三四线城市及二手乘用车的分期贷款起步。通过调查和分析统计数据，我们发现在未来几年内有购车计划的消费者中，来自三四线城市的占到 68%，其中购买 8 万~12 万元价格区间的占到 34%。在形成与现有汽车金融公司和银行错位发展的线上战略定位后，互联网金融公司采取线上线下相结合的方式，线上专注于车贷资产的转让，线下资产端则借助汽车金融与车行、经销商、4S 店等深度合作，提供汽车消费分期贷款。"不集合、不拆标、无担保、不搞资金池，平均每个标仅有 10 万元，做到每个标背后都对应一个真实的车主和家庭"是目前小型"互联网+"二手车消费信贷业务的宗旨和目标。在体现普惠金融理念的同时，这一商业模式也由于实行"小额分散、风控闭环"的方式，降低了贷款风险。目前，互联网平台从营业部到总部实行三级风控审核，旨在降低风险；平台平均借款额度在 8 万元左右，均以车辆实物抵押。

（四）"互联网+"二手车消费信贷业务发展的可行性

1. 互联网技术优势

依托信息技术的快速发展，互联网有着自己的技术优势。一是互联网信息传播迅速，检索速度快。由于具有信息传播广泛、快速、获取成本低等优点，互联网能够快速实现信息的交换、处理和检索。二是互联网信息留痕。随着存储技术的发展，信息存储成本越来越低，互联网时代所有的信息都可以留下痕迹，并被保存下来，互联网信息也成为当前大数据时代的重要数据来源。三是接入广泛，充分发挥用户潜能。互联网技术绕开了广播电视、报纸等传统渠道限制，任何接入互联网的人通过开放的互联网平台都可以发出和接受信息，受到的管制和约束较少，能够充分发挥全社会的创造潜能。

2. 互联网信贷优势

互联网金融信贷业务能够通过提高资源配置效率，降低信贷业务交易成本来促进经济增长，产生较大的社会效益。互联网金融模式中资源配置的特点是资金供需信息直接在网上发布并匹配，供需双方能够直接联系和交易，不需要经过银行、券商或交易所等中介。互联网金融具有金融资源的可获得性强、交易信息相对对称、资源配置去中介化等优势。在互联网金融中，供需信息几乎完全对称、交易成本极低，这种资源配置方式最有效率，达到社会福利最大化，也最公平，供需方均有透明、公平的机会，诸如中小企业融资、民间借贷、个人投资渠道等问题就容易解决。专业化分工是社会发展的主流方向，银行等金融中介是金融专业化发展的结果，因此我们并不认为互联网金融的目的在于去中介化，互联网最大的优势是使原本存在信息鸿沟的各方通过互联网进行沟通，基于互联网的信息沟通降低信息不对称。

基于互联网信贷业务上述的优势，我们有理由认为在互联网平台上发展汽车信贷业务是可行的。

## 二、"互联网+"二手车消费信贷业务的运行机制及模式

### （一）"互联网+"二手车消费信贷业务的运行机制

所谓运行机制，通常是指有机体内各组成部分相互联结、彼此制约并相互协调的运转，以共同实现其总体功能的这样一种综合体概念。对于"互联网+"二手车消费信贷业务的运行机制而言，由于其建立在互联网金融大数据系统之内，因此运行机制体现的功能就在于实现汽车信贷系统的整体功能，即通过互联网金融机构的运行在一定的层面上满足客户想要购车的愿望。首先，在互联网汽车金融系统内，不同金融需求主体有着不同层次的信贷需求，互联网金融机构信贷业务以其中较低层次的小额信贷需求为最主要的服务对象。其次，互联网金融机构小额信贷的供给由互联网作为中介，通过一些互联网平台进行融资，这是运行的机构基础。由此，互联网汽车金融信贷有效运作的内在机制主要体现在针对互联网汽车金融需求主体特征，在金融机构实现合理利润目标的基础上，以汽车信贷产品为载体，实现信贷资金在供需主体之间的良性互动。具体来说，正规金融机构小额信贷的运行机制主要包括需求机制和供给机制两方面的内容（见图 9.4）。

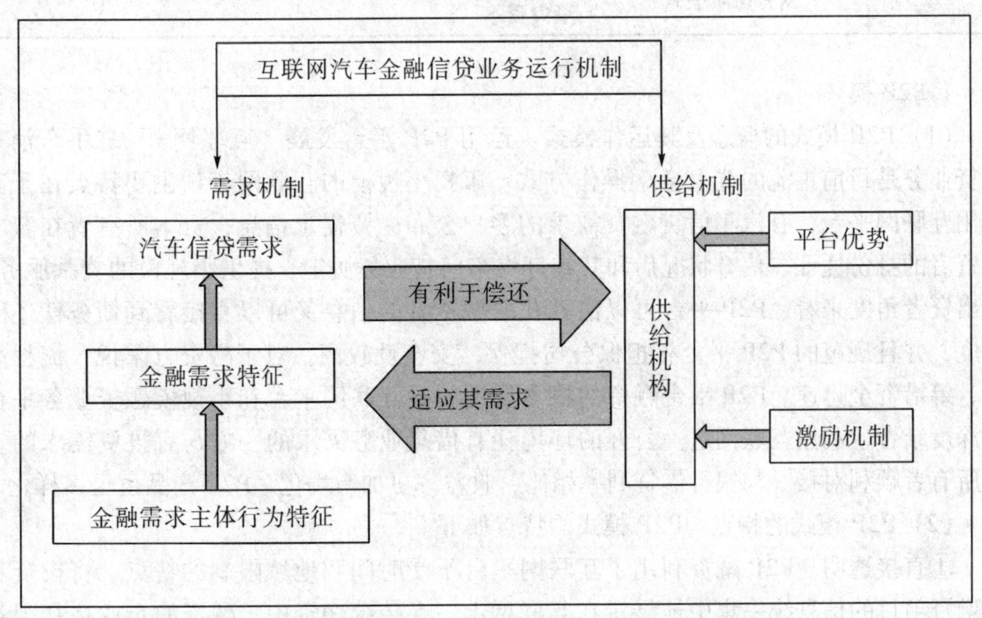


图 9.4　"互联网+"二手车消费信贷业务运行机制

1. 需求机制

这是"互联网+"二手车消费信贷业务运行的基础。就互联网金融系统而言，不同

的需求主体由于其经济行为特征不同，因此其对于金融服务的需求也存在不同的特点。作为对汽车信贷有需求的主体，鉴于其贷款需求的经济活动内容和规模不同，其金融需求表现出多层次的特征。根据额度的大小，客户可以分为小额贷款客户、中额贷款客户和大额贷款客户。这里的小额客户与中额客户是互联网金融信贷的主要目标群体。对于这些客户的金融需求的分析和特征的把握是"互联网+"二手车消费信贷业务运行机制的基础。

2. 供给机制

面对一定的汽车信贷需求市场，互联网金融机构如何在合理的利润目标下开展汽车信贷业务是金融机构小额信贷有效运行的关键。在此涉及的问题有两个：其一是关于供给机构的分析。互联网作为信贷业务的媒介，在贷款需求方和资金供给方中起到了非常重要的作用，互联网金融机构主要负责筹集资金、发放贷款。其二是关于信贷产品的分析。互联网汽车金融公司主要针对小额汽车信贷的客户。因此，金融产品要符合客户的心理预期，真正做到简单、快捷、便宜、便利。

### (二)"互联网+"二手车消费信贷业务的模式

"互联网+"二手车消费信贷业务主要通过三种融资方式进行借贷（见表 9.2）。

表 9.2　　汽车金融信贷业务融资方式表

| 信贷融资模式 | P2P 模式 | 通过资格认证的中介组织，资本所有者和需求者都可以利用其开展投资、融资业务 |
|---|---|---|
| | 电商小规模信贷模式 | 通过平台积累的信息审核有贷款需求的公司信誉 |
| | 众筹融资模式 | 项目创办人通过中筹平台公开融资诉求，同资本所有人募集资本 |

1. P2P 模式

（1）P2P 模式的概念及其运作模式。运用 P2P 平台发展"互联网+"二手车消费信贷业务是目前主流的线上金融操作方式。P2P 小规模的互联网贷款主要特点在于其利用互联网平台，有汽车信贷融资需求的客户公布融资需求信息，资本所有者在获取融资者的身份凭证、信誉状况后和其签订汽车信贷业务协定，提供小规模的贷款服务。从出资者角度来看，P2P 平台可以使其获取融资者的信息又可以直接看到债务偿还的进度，并且规范的 P2P 平台有担保公司担保，安全性较高。对于融资方来说，流程简单，筹措资金迅速。P2P 平台融资的根本属性就是互联网平台和小规模融资业务平台的深度结合，利用互联网这一公开的环境让有借贷业务需求的一方与有投资需求的资本所有者顺利对接。与银行借贷利率相比，收益率更加市场化，P2P 产品也更多样化。

（2）P2P 模式的特点。P2P 模式的特点如下：

①直接透明。P2P 融资利用了互联网平台不受时间和地域限制的特点，将投资者和融资项目的信息统一集中地展示在互联网上。在传统融资中，融资的企业往往很难找到投资者或者没有渠道去寻找投资者，而投资者寻找项目也通常是依靠熟人关系，双方的匹配效率很低，而且中间信息会存在盲区，沟通不到位。P2P 融资刚好解决了这个问题。P2P 互联网信贷还可以迅速准确地获取融资方的身份资料、偿还能力、资

金用途和信誉状况等资料。投资者也能了解到借款人的还款动向，有利于风险的控制。在这一融资流程中，P2P 网络信贷大体上摆脱了传统的资本束缚，为融资需求者和投资者提供了高效的业务操作环境。

②大数据分析管控风险。P2P 融资平台可以通过交易平台对想要贷款买车的资金需求者认证、注册信息、历史交易记录、银行流水等方面信息进行定量分析和定性分析，同时还可以通过引入心理测试系统判断贷款人的性格特征，通过建立数学模型测评分析借贷人的掩饰程度和撒谎程度，在此基础上分析出其信用特征，降低投资者的投资风险。P2P 融资进行数据分析还可以很好地把投融资双方进行分类，帮助双方建立匹配关系，精准地为投融资双方寻找到合适的群体，一方面可以提高融资的速度和效率，另一方面可以提高融资的成功率。

③流程简化。传统汽车金融信贷业务流程相对繁琐，融资活动的推进速度很慢，常常需要消耗多达数月的时间。而 P2P 平台融资活动借助互联网信息科技，并充分利用民间资本的流动性特点，能够迅速地匹配资金需求方和资金供给方，大大简化了整个汽车信贷业务的流程和业务审核，有效缩减融资成本，通常只要花费几天时间就能够完成整个车贷业务的操作。P2P 网络小额汽车贷款业务的发展，大大方便了想要贷款购车的消费者，满足了他们的流动资金收益需求，实现了资金的合理配置；同时，实现了自有资本的投资收益，为大量的民间闲散资金提供了收益平台。

④低成本优势。P2P 融资的特点之一就是成本较低。相对于传统融资成本高的问题，P2P 融资可以在线获得融资，节省了大量的时间成本和金钱成本，对于跨区域融资更是带来了极大的优势。同时，互联网金融的推广成本极低，可以利用较低的成本帮助投融资双方进行推广，进一步增加融资的成功率。

2. 电商小规模信贷模式

（1）电商小规模信贷的概念及其运作模式。电商小规模信贷简称电商小贷，一般是小规模信贷公司借助互联网电商平台帮助其资金需求者融资，这些小规模信贷公司一般具有信息流的优势。电商小规模贷款可以采集多种数据，整体监控供应链的可控制风险，从而有效提高投资者对于风险的管控，促进供应链系统的稳定性而且能够提高运作效率。小规模信贷公司的资金发放渠道与资金来源均相对独立，并以公司独立法人承担相应的风险。

在小规模信贷公司中，用户上交融资申请，企业通过审批和信息交流来判断用户的信誉状况，以此为依据来决定是否放贷。其运作目标在于将资金需求方的活动信息转变为信誉信息，利用网络平台为想要贷款购车的客户提供全天候的高效快捷的贷款业务。其具体运行模式如图 9.5 所示。

（2）电商小规模信贷的特点。电商小规模信贷的特点如下：

①流程创新。电商小规模信贷大幅度简化贷款申请和审批程序。车贷需求方申办信贷、相关审查、贷款发送和偿还的整个流程都利用网络平台进行数据化管理。只要满足电商小规模信贷诚信信誉要求，用户就能够自主通过网络平台完成小规模的贷款申办，整个程序用时很短，只需短短几分钟。

②全时监控。电商小规模信贷利用网络平台可以高效完成传统汽车金融信贷业务

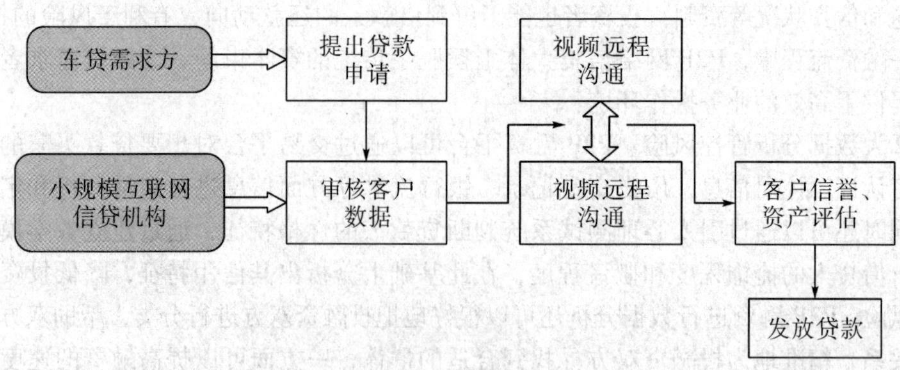


图 9.5 电商小规模信贷运行模式

不能完成的全流程监管，在电商小规模信贷平台上，每个用户的业务运作状况的任何一个细节都可以直观地体现在网络服务平台上。同时，电商小规模信贷公司利用网络服务平台能够对贷款用户的资料准确记录，这就大大降低了汽车信贷产生违约或拖延还款期限的概率。在还款期限之前，服务平台管理方会提前发出还款请求。若还款过程产生问题，则针对具体情况实施“互联网全网通缉”。

③征信系统完善。互联网的共享性质决定其自身具备很强的信息处理能力和数据储备能力，这就为电商小规模信贷机构构建一个完善的信用数据库奠定了深厚的基础。电商小规模信贷在某种程度上来说比其他金融机构更全面地掌握贷款用户的资料，而且资料更新速度更快。实时更新的资料使电商小规模信贷机构不仅能够掌握用户申请时的资料，同时能够掌握用户的动态活动资料，为全程监督提供了基础。

3. 众筹融资模式

(1) 众筹融资的概念及运作流程。众筹融资特指通过实物、服务或舆论传导作为支持措施，利用网络平台向广大投资者或指定的公共筹资项目融资的创新型融资方式，筹资项目创办人不能向投资者进行任何形式的收益承诺，主要是通过实物、服务或舆论传导等创新措施进行回报，对特定筹资项目的支持本质是消费活动，而非投资活动。但是众筹怎么圆购车梦呢？目前，有不少的互联网汽车金融信贷平台开始推出“众筹购车”活动，让想要购车的人乐此不疲地在朋友圈“刷屏”，让亲友纷纷成为这辆车的“股东”。我们可以发现，这样的机构就是通过众筹模式进行了巧妙的售卖转换。这种模式并没有直接引进现金流，而是帮助潜在客户募集资金，从而实现客户购车的行为。如果一个潜在顾客想要获得购车基金，他就需要发动朋友圈帮助筹款，慢慢形成雪球效应。

众筹业务涵盖了项目创建人、支持群众和中介组织三大参与方。众筹商业模式运作流程是通过众筹平台将筹资人和支持群众联系起来，众筹平台要利用互联网技术支持，把项目创办人的想法和信贷要求资料公布在信息网络中，方便投资方了解。但是在项目公布之前，服务平台要对申办公布的购车项目开展详细的审查，保证其项目的合理性、安全性和合法性。其构建及流程图如图 9.6 所示。

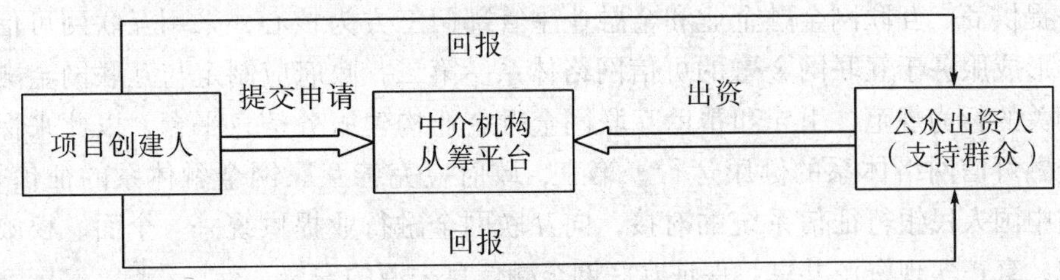


图 9.6　众筹信贷运作模式

（2）众筹融资的特点。众筹融资的特点如下：

①成本低廉、操作流程简单。传统的金融借贷业务主要是利用自身的人际关系或者通过资产抵押、收入证明、职业担保等方式向相关汽车金融组织获取汽车信贷业务支持。然而在众筹业务中，汽车贷款需求方只需要通过向公共服务平台申请众筹，从公众出资人那里获取项目投资，同时只需要承诺用项目有关的实物、感谢等措施来回报，简便快捷。在获取公众支持后，筹资人就能够以较低成本乃至无资金成本进行购车活动。利用众筹的方式能够有效帮助想要买车的客户，使其无需利用太多的人际关系，减少申请贷款的时间精力消耗，有效规避利用人际关系筹资的障碍。

②准入门槛较低，项目申请程序简单。购车项目被公众投资后，获益能够通过感谢、项目相关产品等多种非资本方式来回报。由于其人均筹资量较低，个体投入的资金量较低，进而十分有效地提高其支持率。

③具有调节市场供求的作用。通过众筹平台融资借贷可以根据公众资金持有者的融资意向来了解市场对项目中新产品的需求，通过产品展示与关注者互动，能够了解现实市场中存在的潜在需求。和传统的销售调查措施对比，通过众筹方式调研不仅能够保证其调查结果的真实性，而且人力资源消耗也比较低。

## 三、“互联网+”二手车消费信贷业务的发展策略

“互联网+”消费信贷业务是汽车金融信贷业务发展的大趋势，无论是传统汽车金融、互联网金融还是金融发展的其他形式都会表现为借助互联网技术实现汽车金融信贷的作用。互联网汽车金融的目的和价值在于为广大消费者提供更加便利的汽车金融信贷服务，并以此推动汽车行业经济发展方式的转变，实现汽车行业经济结构的优化升级和对国民经济中汽车金融行业薄弱环节的支撑。尽管“互联网+”二手车消费信贷业务具有传统二手车汽车金融信贷不可比拟的优势，但从目前情况看，我国互联网汽车金融发展过程中仍然存在各种阻碍和困扰。因此，我们需要做的就是明确发展思路，并结合其发展趋势提出促进中国“互联网+”二手车消费信贷业务健康可持续发展的对策建议。

### （一）政府方面

“互联网+”二手车消费信贷业务是一种具有创新意识的金融业态，目前的互联网金融监管体系和制度仍有待完善，政府需要做的就是明确各部门监管责任，出台相关的法律法规。从政府方面来说，政府应明确监管责任、出台相关规章、积极引导政策实行。

第一，政府应在考虑国家战略安全的基础上，构建信息安全服务保障体系，以安

全服务提供商、互联网金融企业和金融业主管部门三方为核心，采用互联网可信网络技术，形成服务于互联网金融的可信网络体系。第二，政府应制定与互联网金融信息安全相关的行为规范，引导和帮助互联网金融企业构建服务信息平台，以此来保证互联网金融可信网络体系的健康运行。第三，政府应完善互联网金融体系的征信平台，实现与中国人民银行征信系统的对接，向互联网金融行业提供统一、全面、权威的征信系统，真正实现资源共享，保证互联网金融信息来源的安全。

1. 尽快明确对互联网金融企业的监管责任

政府应该尽快明确互联网汽车金融机构的监管责任，在保证监管到位的前提下，做到对互联网金融行业兼容并包，各个部门要建立良好的互联网汽车金融协调保护机制。我国政府应结合互联网金融发展的实际情况，明确相应企业、相应业务的监管部门。行业监管部门应从风险控制、信息技术、业务创新的角度进行监管，中国人民银行和中国银监会可以联合专门的研究机构加强对互联网金融的研究，共同探索并建立网络和风险的安全屏障，避免系统性风险的发生。目前，我国互联网金融行业监管办法将陆续出台，监管责任也逐渐明朗，中国银监会负责监管 P2P 行业，中国证监会负责监管众筹网络，第三方支付则由中国人民银行负责监管。随着互联网金融的发展，监管责任也不是一成不变的，而是随着发展动态调整的。在调整的过程中，监管责任重新划定，从而提高监管协调机制，完善对风险的管理。只有对监管机制不断完善，才能确保互联网金融实现可持续发展。

2. 政府主管部门尽快出台相关规章

在 2014 年召开的深圳市“两会”上，有两份关于 P2P 网络贷款平台的提案（议案），地方版的 P2P 监管标准首次被提出。提案（议案）建议以地方性法规的形式出台行业准入标准和管理办法。政府相关部门应尽快出台规章制度，使互联网信贷监管做到有章可循，应该着重对互联网金融的监管法规、退出机制、业务执行范围等方面进行界定。该界定应当具有认定互联网金融企业的性质及涉及资金活动的功能，明确互联网金融的本质属性，对涉及金融业务的网络平台在经营范围、组织形式、行业自律以及风险控制等方面予以规范，明确平台参与双方的交易方式、权利义务和违约责任，从法律角度保护企业和客户的合法权益。

3. 积极引导政策的实行

吸引优秀的互联网金融企业入驻，也是地方经济发展的契机。为了促进企业进入，地方政府也在抓紧推出新政策，增强政策的吸引力，希望在互联网金融领域取得先发优势。由于互联网金融仍然处在监管之外，监管政策正在制定中，互联网金融的潜在风险值得警惕。同时，我们也应该注意互联网急剧扩张背后的产业泡沫，防止互联网金融产业向泡沫化方向发展。在这种情况下，政府有必要引导政策实行，防止互联网金融发展过热，使互联网金融健康发展。

政府部门应当加强对政策的引导，积极建立必要的风险补偿、财政补贴、减免税收等正向的激励措施，以此来降低互联网金融企业的运营成本。互联网金融企业必须在既定的政策条件下，合法、合规、健康发展，绝对不能碰触非法吸收公共存款、非法集资的红线。除此之外，政府还应加大对互联网金融备案登记的支持力度，充分发挥备案登记的积极作用。政府应该进一步完善我国征信系统，使互联网金融企业能够与中国人民银行征信系统实现顺利对接，各个企业之间也能够真正实现信用信息共享机制，从而大大降低征信成本，使违约、失信的情况大大降低，促进互联网金融规范、健康发展。

（二）企业方面

1. 形成互联网汽车金融行业自律

行业自律与相关部门的监管相比也有自己的优势，行业自律的优势主要在于效果明显、自觉性强、作用范围大。互联网金融行业的自律程度不仅对监管的效果有很大的影响，同时对整个互联网金融行业发展的前景也有很重要的影响。因此，在今后一段时间内，既要强化监管，防止系统性和区域性金融风险的产生，又要积极促进行业自律，引导和支持互联网金融企业管理的完善。

2. 企业自身加强风险内部控制

当前在互联网金融发展过程中，除了政府组织和市场组织以外，还需要第三部门的发展壮大。作为第一部门的政府组织，与作为第二部门的市场组织之间的协调机制还不够健全，使得第一部门和第二部门很难达成协调统一。从企业角度来说，互联网金融企业应该进行必要的沟通和合作，发挥企业的自主性和能动性，制定自律标准，建立约束机制，因此应培育互联网金融行业的自律组织，从而引导行业健康发展。在2013年的互联网金融年度论坛上，通过了一项重要的行业自律倡议，该项行业自律倡议是由100多家互联网金融企业共同发起的，包括P2P信贷公司、第三方支付公司以及大数据金融等互联网行业龙头企业。该自律倡议具体包括以下几个方面的内容：第一，互联网金融企业中的业务信息要保持高度透明，以便接受社会各界的监督；第二，对收益率要做到实事求是，不得利用虚假信息来吸引用户；第三，建立健全信息共享机制，降低信息收集成本；第四，互联网金融企业的业务创新要在监管范围内，不得越界；第五，建立互联网金融行业的风控指标体系，将风险控制在可控范围内；第六，要在行业内形成良好的竞争环境，在合作中共同前进；第七，对市场行为要有成文的行业规范，积极配合行业协会制定行业标准；第八，积极向用户普及信息安全知识，帮助公众识别金融风险，提高自我保护能力。互联网金融企业可以将企业标准进一步提高，并逐步将企业标准转化为行业标准，最终形成公众认可的行业自律规范。在政府与企业之间，应该培育更多的自律组织、社会组织，使政府的措施可以通过自律组织、社会组织进行传达，将自律组织、社会组织发展成互联网金融发展中的柔性缓冲带，从而找到监管和企业创新发展的平衡点。

（三）公众方面

1. 防范互联网金融信息安全风险

目前我国互联网信息技术还不成熟，安全保障水平仍有待提升，加强互联网金融信息安全应着重开发自有知识产权的信息产品。为了保证互联网金融信息安全，防止信息安全风险的进一步蔓延，公众应该加强防范互联网金融的风险。

互联网金融面临许多风险，公众信息安全风险便是其中之一。除了传统的网络安全隐患之外，随着新技术、新形势的不断更新，安全风险也面临挑战。伴随着互联网金融的发展，新兴技术的发展还不够成熟，安全机制仍然有待完善，互联网金融业务的信息安全问题必须得到高度重视。

2. 强化对互联网金融理念和认识，加大对金融知识的普及

在互联网金融向我们生活逐步渗透的同时，加大金融知识普及力度成为当务之急。在此基础上，我们应积极倡导责任金融和普惠金融的理念，深入贯彻三个策略，也就是落实监管部门、行业自律和消费者能力提高。在此基础上，政府的相关部门、金融机构及互联网企业应当通过网络、媒体开展金融知识宣传教育，对金融知识进行普及；同时，通过媒体、网络曝光互联网金融安全信息欺诈行为，引起消费者的重视，向用户普及保护自身信息安全的知识，帮助公众识别金融风险，提高公众的自我保护能力，使公众有意识地对个人隐私及安全密码等信息进行保护，维护自身的利益不受损害。

3. 注重互联网金融人才的培养

要跟上互联网金融高速发展的步伐，对金融和互联网复合型人才的培养不容忽视。互联网与金融业务不断融合，金融业务逐步由线下向线上转移，这一过程需要更多专业的互联网金融人才。未来的互联网金融行业对专业人才来说既是机遇又是挑战，新兴互联网金融市场的不断发展必然会带来很多就业机会，同时对人才的要求会越来越高，专业型人才的缺口可能会超出想象。注重培养互联网金融专业人才，就要拓宽眼界，探索新方法，突破革新。在此，笔者建议高校加强对互联网金融领域的研究，开设互联网金融专业，教授金融专业知识和计算机专业知识，在教授学生基本知识的同时培养学生的互联网思维，打造互联网金融领域的复合型人才，实现校企人才对接，填补互联网金融人才需求缺口。

## 第三节　"互联网+"二手车融资租赁

互联网技术提供的灵活、便捷、快速、安全的云数据信息管理能力为汽车置换业务提供了平台。这个诞生于互联网基础上的无边界平台，也为汽车经销商和消费者以及汽车厂商之间的竞价提供了最优的机制，为汽车置换中的残值计算和差价补偿提供了合理而透明的竞争价格方式。互联网金融进一步改善了现行的以商业银行为主体的支付体系，为汽车置换中的支付清算流程提升了效率。上述几点使得互联网金融与汽车置换业务的功能耦合性得到极大程度上的提高。

我国的汽车市场正处于高速成长期，对于二手车交易，政府也出台了新政策，二手车交易多元化的状态也在逐步形成。当前品牌经销商在二手车的流通中所起的作用越发重要。汽车置换的核心就是二手车交易，品牌二手车交易是汽车置换的主体，为汽车置换提供评估、售后等业务的汽车厂商和经销商是汽车置换业务的基础。同时，互联网金融在汽车置换业务中的作用也越发重要。互联网具有信息流整合功能，再加上现代计算机硬件和软件的提升带来的大数据计算能力创造了云数据时代。而在这个云数据时代，互联网开放、平等、协作、分享的精神，为数据的获得创造了天然的平台，从而较好地解决了汽车置换中信息不对称的问题。通过互联网二手车网站平台、经销商后台服务信息网上汇总平台和移动互联网用户信息搜集平台这三个主要信息收

集点，可以获取并汇总各个平台上的数据，看到汽车置换的潜力，同时从数据中可以看到各个品牌对于汽车置换表现出的属性有什么样的不同。而通过数据的收集与分析，还可以看出车主希望置换的汽车品牌和可用于置换的汽车品牌，从而得出汽车品牌的依赖程度。《二手车流通管理办法》对汽车置换业务的相关程序和规范进行了明确，相关法规的出台是国家对于汽车置换业务的规范性重视。互联网金融又存在着技术性风险及其他风险，因此对于互联网汽车置换业务的运行机制与模式的研究是十分必要的。

## 一、“互联网+”二手车融资租赁概述

### （一）二手车融资租赁概况

1. 二手车融资租赁的模式与服务

目前，二手车融资租赁模式为售后回租，即承租人将自有车辆出售给租赁公司后再租回，按月支付租金，期末重新获得所有权。通过这种方式，承租人盘活了固定资产，获得短期流动性。与售后回租模式不同的是在直租模式下车辆以融资租赁公司名义注册，车辆所有权归融资租赁公司拥有。如果采用售后回租方式，车辆继续使用承租人的牌照，在一定程度上打消了承租人的顾虑。

2. 我国二手车融资租赁现状

在我国，从事二手车融资租赁的公司大部分都与汽车生产企业、汽车经销商、银行和保险公司有着紧密的联系。它们之间或者相互控股，或者汽车融资租赁企业本身就具备前后关联企业的某种特性。例如，与汽车生产企业密切合作，一方面可以使汽车生产企业提高企业的知名度和市场占有率，另一方面可以使得汽车融资租赁公司在经济上更为有利，汽车融资租赁公司在汽车技术运用上更为合理。汽车融资租赁公司在开展主营业务的同时可以开发多元化的经营模式，通过与银行、保险公司合作开展二手车销售、车辆保险等业务，这样可以形成链式效益。

国外发达国家的汽车融资租赁发展很快，其发展模式已经十分成熟，有着非常高的市场认可度，每年约30%以上的汽车销量都是通过汽车融资租赁方式交易的。相比发达国家，我国的汽车融资租赁业虽然逐年增长，但规模远不及发达国家。除了国人的消费观念外，汽车融资租赁本身也有一些问题，其中风险管理落后与融资渠道狭窄是制约融资租赁发展的两个关键因素。

（1）风险管理能力落后。对于汽车融资租赁公司而言，风险贯穿了整个信贷过程，因此风险管控能力是决定一个汽车融资租赁公司生存和发展的重要因素。与美国完善的风险管理体系相比，我国在风险管控方面存在较大的差距，提升空间巨大。对个体公司而言，由于宏观风险是其自身无法控制的，因此以信用风险和资本风险为代表的微观风险便成为个体公司面临的两大主要风险。

（2）融资渠道狭窄。如前所述，除信用体系不完善之外，融资渠道狭窄也是我国汽车融资租赁业面临的主要问题。根据《金融租赁公司管理办法》的规定，金融租赁公司的最低注册资本为1亿元人民币或等值的自由兑换货币。除注册门槛高外，前期还需要投入大量的资金购置车辆，仅依靠自有资金是无法正常运作的，这就意味着融资租赁公司面临巨大的资金需求。我国仍处在市场经济发展的初级阶段，投融资体系

尚未成熟，资金来源较为单一。以股权融资为例，由于近几年资本市场低迷，新股上市屡次被叫停，企业通过上市来融资变得非常艰难。在债券融资方面，发行公司债券因为受国家发改委严格控制而难以广泛开展。因此，绝大部分企业选择银行贷款等间接融资方式，而不是直接融资。我国银行业实行分业经营，对银行资金有着严格的监管，使得在国外普遍存在的银行背景的汽车融资租赁公司无法在我国得以有效发展。上述种种因素均导致了我国汽车融资租赁公司的筹资渠道过于狭隘，并且资金成本较高。如果无法解决融资难的问题，对个体以及整个行业的发展都有相当大的阻碍。

### （二）二手车融资租赁与互联网的结合

#### 1. 互联网金融及其模式

在金融全球化的新时代，随着我国互联网的普及范围不断扩大，我国的金融行业已经全面进入一个全新的互联网时代，互联网金融应运而生。互联网金融由于与生俱来的高效、便捷、精确等特点，极大地提高了金融体系的效率，逐渐成为人们生活中必不可少的一种支付和投资手段。互联网金融又称电子金融，是指借助于互联网、移动网络、云计算、大数据等技术手段在国际互联网实现的金融活动，包括互联网金融机构、互联网金融交易、互联网金融市场和互联网金融监管等方面。互联网金融是存在于电子空间的金融活动，它的形态是虚拟化的，它的运行方式是网络化的，这正是互联网金融与传统的物理形态的金融活动不同的地方。互联网金融是适应电子商务发展需要和随着互联网技术飞速发展而产生的金融运行模式。

当前，我国互联网金融应用进入了高速发展阶段，传统金融行业加强与互联网行业、其他服务行业的跨界融合，形成了优势互补的混业经营模式，创新了多种金融服务。

#### 2. 互联网金融的特点

互联网金融之所以飞速发展，主要原因是互联网用户、手机用户的数量爆发式增长，客户基础广泛；基于互联网的金融服务获得了巨大的认同，推动了互联网金融快速发展。与传统金融相比较，互联网金融有其独有的特点。

（1）交易成本低。金融业的本质是服务业，通过网上银行办理一笔金融业务，成本只有实体网点成本的1/10，其他互联网金融业务的情况也类似。互联网金融对实体服务的替代使得业务提供方的运营成本大幅降低，随着用户的增，未来的互联网金融成本将更加低。

（2）服务覆盖范围大。互联网金融通过互联网、移动网络办理相关业务，信息网络的无边界特性打破了传统金融服务在时间和空间上的限制，为消费者节约时间成本，大大提高了客户覆盖率。

（3）客户筛选能力强。银行的核心竞争力在于筛选客户、进行风险管理的能力，互联网金融的参与者的所有信息均通过网络被收集、分析和处理，可以通过大数据挖掘、云计算技术不断创新网络征信手段，实现客户的有效甄别，并准确预测客户行为，使银行在营销和风险控制方面有的放矢。

（4）业务效率高。互联网金融业务主要由信息网络设备进行处理，操作流程完全标准化，不需要排队等候，业务处理速度更快，用户体验更好，更易于用户接受。

3. 二手车融资租赁与互联网结合的必要性

没有融资租赁的资本市场，不是一个发达完整的资本市场。要想发展二手车融资租赁业务，首先要解决的就是融资租赁企业自身资金需求问题，因为融资租赁在经营的过程中前期需要大量的资金购置车辆，中期也需要大量的后续资金购买新车，而汽车金融的融资渠道与汽车产业的发展、金融市场环境和政策环境密不可分。由于传统的汽车金融公司资金来源单一，狭窄的融资方式制约了我国汽车金融公司的发展。可以看出，互联网金融交易具有成本低、覆盖范围大、客户筛选能力强等特点，对于制约汽车融资租赁发展的制约因素能够起到一定的弥补作用。“互联网”二手车金融租赁的这一模式，恰好是将两者结合后的产物，让传统的二手车金融租赁进入“互联网+”的快车道。这必将对二手车的销量及二手车乃至汽车行业的整体发展起到积极的促进作用，由此也说明了发展“互联网+”二手车金融的必要性。

## 二、“互联网+”二手车金融租赁的运行机制

通过对国内外学者关于互联网金融相关产品运行机制与二手车金融的分析和总结，以及对相类似企业成功经验的归纳，并结合我国二手车租赁行业的具体情况，我们将“互联网+”二手车金融租赁运行机制的整体架构分为三部分，包括公司运营管理机制、车辆采购机制、车辆出租机制。

### （一）公司运营管理机制

为降低管理成本，提高公司的运营效率，“互联网+”二手车金融租赁公司的组织管理采用扁平化的结构，这样可以让公司高层更有效地控制公司的运行，保证公司平稳发展。公司组织结构图如图 9.7 所示。

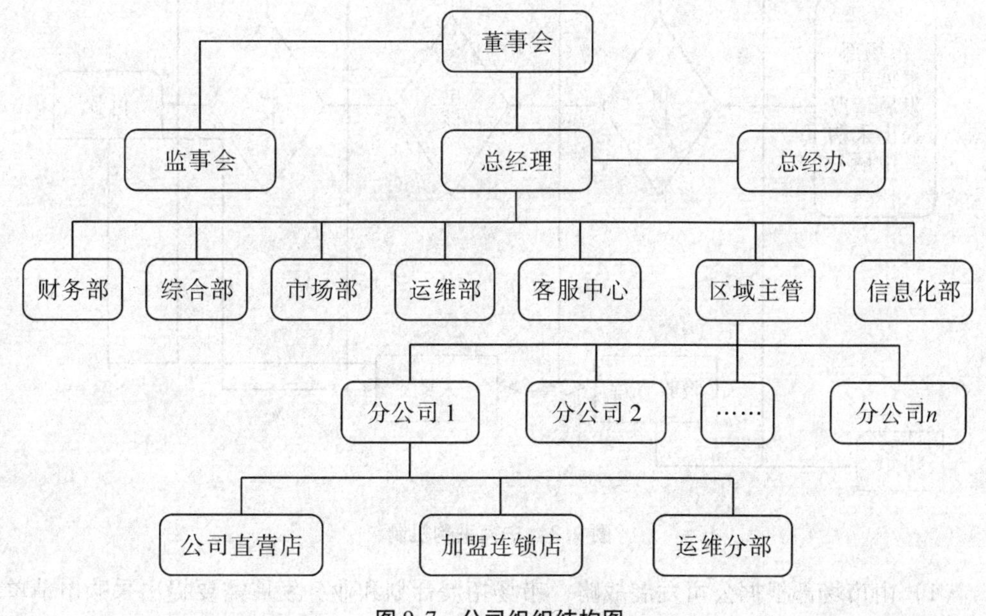


图 9.7　公司组织结构图

公司各部门的功能和职责如下：

（1）财务部：主要职责是公司日常财务工作，管理公司日常流动资金，监督资金流安全。

（2）综合部：主要职责是员工管理、公司杂务等。

（3）市场部：负责开拓汽车租赁市场，分析业务发展情况，并对业务发展进行适时调整。

（4）运维部：负责公司车辆的维护管理，包括车辆检修、日常维护、检审管理、客户技术支持、出险救助等。车辆日常保养、维修的具体工作，可以外包给4S店来承担。

（5）信息化部：负责企业资源计划（ERP）平台的运行维护，保证业务平台平稳运行；对各种业务数据进行挖掘分析，为公司业务发展提供数据支持。

（6）客服中心：负责公司客服平台的管理，为客户提供电话呼叫中心服务；管理客户资料，负责客户的二次营销服务。

（7）区域主管：区域主管下辖多个分公司，各分公司管理着直营店、加盟连锁店、运维分部等三级部门并负责所辖区域内所有分公司的日常运营工作。

（二）车辆采购机制

作为"互联网+"二手车金融公司，公司可以采取与汽车厂商合作的方式来作为自己运营的产品，本部分就以购买汽车方式来说明"互联网"二手车金融公司的车辆采购机制，以此可以对公司整体的运营有更深刻的了解。车辆采购机制流程如图9.8所示。

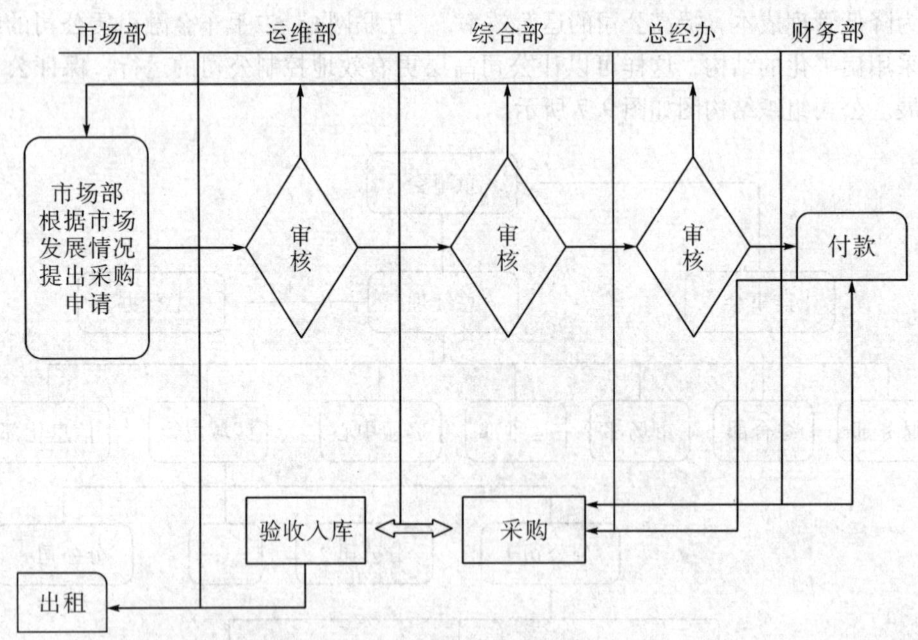


图9.8 车辆采购机制

（1）由市场部根据公司发展战略、市场拓展计划和业务发展需要提出采购申请单。

（2）采购申请经运维部、综合部、总经理批准后转财务做采购资金准备后交由综合部进行采购。

（3）综合部完成采购后交由运维部办理验收和入库手续，然后将相关入库信息返回市场部。

（三）车辆出租机制

租车机制是“互联网+”二手车金融租赁公司的核心业务，机制的合理与否关系该项业务能否成功开展下去。车辆出租机制流程如图9.9所示。

（1）客户到市场部通过系统选取车辆，市场部将相关车辆信息发到运维部。

（2）运维部对所选车辆进行查询，有车则将信息返给市场部，无车则进行推荐，客户如果接受推荐则转到市场部。

（3）市场部收到运维部的车辆信息后，对客户的身份信息进行核实，并提取客户信息存入系统进行资料收集。

（4）市场部与客户签订相关合同，收取押金，审核客户的信用担保。

（5）财务部完成押金担保后，将信息返给运维部，并将押金单返给客户。

（6）财务部生成出车单，通知运维部交付车辆。

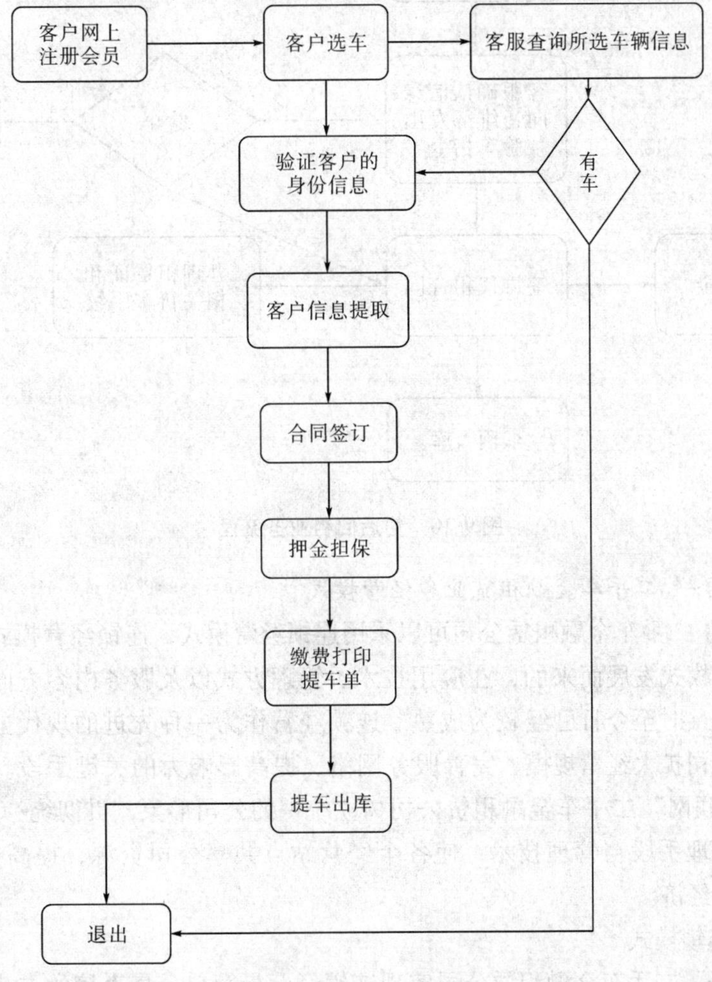


图9.9　车辆出租机制

## 三、“互联网+”二手车金融租赁业务模式

随着我国经济的不断发展和互联网金融业务的蓬勃开展，“互联网+”二手车金融租赁业务模式在传统汽车金融模式的基础上发展起来，售后回租租赁方式是主要的业务模式，同时采用连锁经营方式开展各项租赁业务。

### （一）“互联网+”二手车租赁的业务模式——售后回租租赁方式

公司与客户以双方协议价格购买客户现有车辆，再以长期租赁方式回租给客户，并提供必要服务，这样能摆脱目标客户的管理负担，有效降低固定资产比例，并能有选择地分解有关费用。回租可以设计为融资性租赁，也可以设计为经营性租赁。售后回租业务流程如图 9.10 所示。

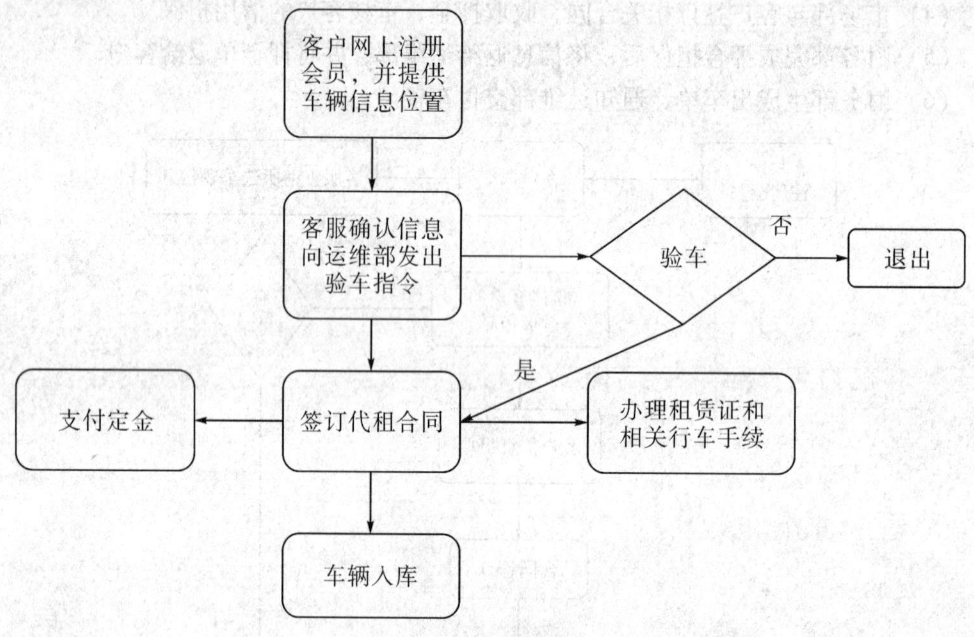


**图 9.10　售后回租业务流程**

### （二）“互联网+”二手车金融租赁业务经营模式

“互联网”二手车金融租赁公司可以采用连锁经营模式，连锁经营模式是根据汽车金融租赁经营模式发展而来的，在应用技术、管理方式以及服务内容方面都进行了不断调整与发展，时至今日已经较为成熟。连锁经营作为一种先进的现代公司经营管理方式，也是公司扩大经营规模、完善服务网络、提高影响力的关键手段。在连锁经营模式下，“互联网”二手车金融租赁公司树立统一的公司形象，贯彻统一的经营内容，采用先进的管理手段与管理技术，使各个经营站点共享公司资源，提高公司竞争力，进而产生规模经济。

1. 直营连锁模式

“互联网+”二手车金融租赁公司实现连锁经营最简单、最直接的方式就是设立公司直营店。互联网汽车租赁公司直营店是由公司自身投资经营的服务网络站点，并不

接受其他组织、个人的加盟。在这种经营模式下，公司对各个直营站点直接管理，各网点是公司在不同区域的功能延伸，通过经营站点的拓展来扩大自身的销售渠道与受众群体进而获得高额利润。由于各直营店是租赁公司直接注资开展经营的，因此直营连锁店的经营权归总公司所有。总公司对各门店不收取任何费用，对各直营店实行统一管理、统一规划、统一核算。公司总部承担全部的利润与风险。

2. 特许经营模式

与直营连锁不同，特许经营是公司将自身经营的品牌、商标、技术等资源有偿地授予其他组织、个人使用，设立特许经营加盟店。各特许经营加盟店向公司总部缴纳经营权使用金，并按照公司总部统一规划开展经营业务。公司总部对加盟站点享有监督的权利和指导经营的义务。在这种经营模式下，特许经营加盟店的所有权归各投资人所有，对公司商标、经营专利等仅仅具有使用权。“互联网+”二手车金融租赁公司总部在分担连锁站点部分费用的同时也分享其部分利润。这样汽车租赁公司与各特许加盟站点就形成了风险共担、利润共沾的局面，有助于双方的精诚协作，共同发展。

3. 自由连锁模式

相比于直营连锁店与特许经营加盟店完全依附于公司总部的资源所设立，自由连锁经营门店原本就已存在，具有明显的公司间强强联合、共享资源的特点。这种合作主要体现在租赁车辆的购买、营运车辆的维修救援以及网络平台共享方面。租赁公司与加盟店更多的是合作、扶持的关系。在自由连锁经营模式下，门店及商品所有权归各加盟者所用，并且保留原有资本管理权与所有权。各门店不但具有很大的人事自主权，在经营业务范围、管理方式、营销手段上都可以灵活调整。另外，加盟店在向公司总部缴纳一部分的加盟费的同时也会获得总部一定的返利。这种相对开放的经营模式的运用就会整合一部分中小租赁公司的资源，实现迅速扩张。

## 第四节　“互联网+”二手车置换

### 一、二手车置换的概念及现状

#### （一）二手车置换的内涵

1. 二手车置换的概念

二手车置换业务在国外兴起。汽车置换业务是在我国新兴起的一种汽车交易模式，二手车置换是用手头的旧车来换购新车的一种交易模式。我国目前二手车置换业务可分为广义和狭义两种。狭义的二手车置换业务就是以旧换新，如现在国家倡导的家电下乡及购买家电补偿，用旧家电抵押一部分新货物的货款等。广义的二手车置换业务不仅包括以旧换新还包括旧货物的后续服务，包括二手商品的整新、二手商品的再销售或者分期抵押等，形成了一种新的销售模式。

2. 二手车置换的种类

（1）同品牌的旧车换新车。有些汽车厂家为了增强自身品牌在市场上的占有率，推出用本品牌的车置换新车提供优惠的政策，这种置换方式有助于增强自身的竞争力。例如，本田汽车对用本田旧车置换新车给予优惠，那么原有本田二手车的车主必然会选择继续购买本田的新车，这种方式使得消费者购买新车更加便利。

（2）用不同品牌的旧车置换某品牌的新车的业务。这种方式是二手车车主将手中所有品牌的二手车全部用来置换一种新的车型。这对于二手车车主来说可以一次将旧车处理掉，避免了东奔西跑的顾虑；对于二手车经营者来说用一种新车获得了多种型号的旧车，丰富了自身二手车的种类。

（3）品牌不同的二手车之间旧旧相易，比如二手别克车换二手奥迪车。

（二）我国二手车置换现状

就 2015 年而言，我国二手车市场的交易总量为 941.71 万辆，比 2014 年增长了 2.32%，市场交易总额达到了 5 535.40 亿元。2015 年 12 月的交易量为 101.68 万辆，环比上升 20.13%；当月交易额为 611.19 亿元，环比上升 21.51%（见图 9.11）。

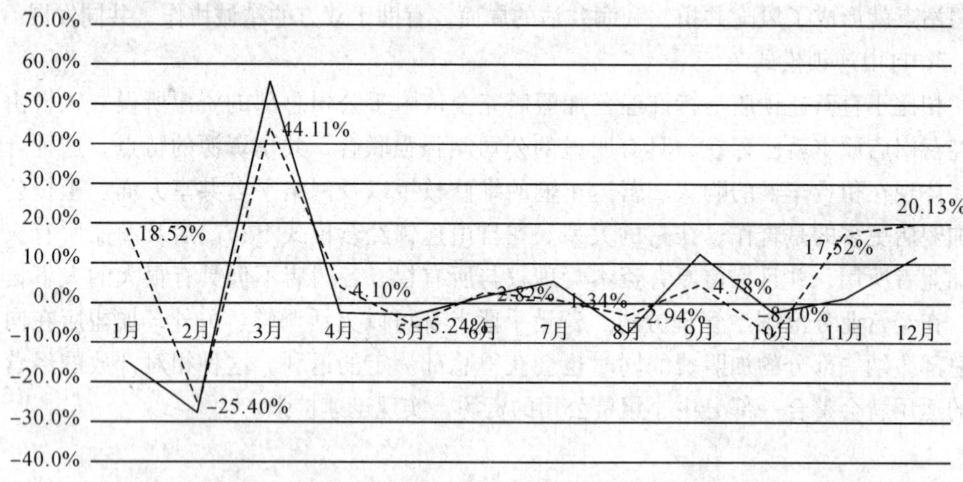


图 9.11　2014—2015 年 1～12 月二手车交易量环比增速

由于汽车保有量的增加和二手车交易发展阶段的提高，必然带来的是用户的置换意愿增强。而这一增长的置换需求也助推了二手车供给增加。因为二手车交易环境越发优良，人们也越发地接受二手车交易。可以预测的是，2020 年，二手车的交易量将会达到 2 000 万辆左右，二手车对新车的交易比重接近 50%。

由于低价格和高性价比，二手车交易的迅猛发展对于低端新车来说无异于当头一棒。因为自主品牌的新车基本上是依赖性价比获得优势，尤其是前几年自主品牌新车飞速成长，致使二手车的发展速度有些迟滞。但是欲速则不达，前期过快的发展速度使得自主品牌新车的数量大幅提升，其质量却出现短板。同时，合资品牌二手车却在技术上有突出优势，创造了良好的市场口碑。在市场竞争中，以技术取胜的合资品牌二手车赢得了再购率，这也导致自主品牌新车的再购用户发生流失。

在我国，二手车行业已有几十年的发展历史，但我国二手车行业仍有沉疴。近年来"互联网+"成流行趋势，在"互联网+"二手车的影响下我国二手车行业增长趋势呈爆发态势。而纵观二手车行业的发展历程，其起步于单纯的信息发布阶段，而后日趋成熟，并最终拥有成熟的商业模式和盈利模式。

“互联网+”二手车正处于起步期和快速发展期之间承上启下的过渡阶段。现阶段有如下特点：

（1）虽然“互联网+二手车”渗透率低，市场集中度也不尽如人意，但是电商发拍量、成交量和成交率都突飞猛进，由此可见市场和企业的发展潜力都十分巨大。

（2）用户端未形成大规模买方市场，仍未打通的二手车产业链使车源成为必争之地。在产业链前端的车辆收购环节和车辆流通环节中，C2C 和 B2B 模式有助于品牌经销商对车源的问题进行处理，这使得这两种模式变成了目前和可预见的一段时间内常用的交易模式。而在这两种模式之中，B2B 模式业务的两端都是品牌经销商，提高了车源的密集度，便于大量销售。

（3）用户端市场状况开始吸引到更多的注意力。一方面，培养用户的消费习惯是一个长期而艰巨的过程；另一方面，企业也需要数量庞大的车源来吸引用户。B2B 模式在前期主要服务于品牌经销商，在具有高信任度的情况下，为将来在下游用户端的发展构成了一定的保障。

（4）一些互联网二手车交易平台在自身生态圈建设方面已有一定发展，一方面开展了部分金融服务，另一方面也开始了对于新盈利模式的研究。

### （三）我国二手车置换市场存在的问题

#### 1. 信息不对称

信息不对称主要表现在以下方面：

（1）在二手车的交易中，用户往往处于信息相对弱势的地位。在二手车置换交易中，卖方为了攫取更大利益，有时会谎报二手车的一些信息，因此消费者可能会面临购买非法车、质量欺诈、价格欺诈等各方面的问题，容易造成市场混乱，发生道德风险问题和逆向选择问题，结果使得消费者对二手车市场产生信用上的怀疑，导致旧车市场的需求不容易转化为实质性的二手车需求。

（2）车辆档案未实现数据共享，消费者很难知道想要购买的二手车的具体配置、使用年限、存在问题、保险等具体情况。

（3）信用体系不够完善，二手车卖方可能会存在信息造假。这些问题会导致二手车市场的资源配置不合理，也将成为阻碍我国二手车市场发展的一大障碍。

#### 2. 规范化机制缺乏

目前我国二手车置换市场的功能和职能比较单一，服务功能、设施和手段匮乏，而售后服务也如凤毛麟角，这便导致二手车的置换交易没有任何保证，消费者的利益得不到保障。这种现状导致二手车行业缺乏相应的监督，没有宏观调控能力，使得二手车置换市场产生恶性竞争。同时，我国二手车置换市场起步晚、发展快、体制建设跟不上，造成二手车置换市场混乱，缺乏有约束力的交易流程，使得消费者对二手车的信用产生怀疑，这些都阻碍了我国二手车置换市场的整体发展。

#### 3. 售后质保问题

我国二手车置换市场缺乏相应的售后保障服务，而产生这个问题的原因主要有以下几点：

（1）信息不对称造成的诚信问题。二手车商家为了牟取暴利向消费者提供虚假信息，隐瞒车辆存在的问题。

（2）由于某些原因，有的车主曾经对新车进行了改装，而在出售此车时又将车辆恢复了出厂配置，不是非常专业的二手车经营者很难发现车辆是否经过了改装。这些改装会对车辆造成一定的损伤，即使是在保质期内，生产厂商也不会对这些经过改头换面的车提供质保服务。

（3）车辆技术相对比较复杂，而二手车的鉴定评估缺乏专业人才，评估结果得不到肯定，因此即使签订了二手车质量担保协议，也无法达到消费者和经营者的信息完全对称、理解完全一致，在二手车真正需要售后服务的时候容易产生分歧。

（4）随着互联网时代的到来，信息流通更为迅速和广阔，地区经济发展的差异造成二手车在不同区域价格不同，会发生二手车跨区域流通，但是二手车置换服务尚不完善，导致即使在购买二手车时提供了质量担保，由于距离问题也无法真正解决二手车售后服务问题。

（5）二手车经营资格没有严格的审查制度，有些经营者以低价或者非正常手段获取了二手车，然后以诱人的价格卖给一些经济实力差或者贪图价格便宜的消费者，这些低价购来的二手车基本上没有任何售后服务。

以上这些问题普遍存在于我国各地二手车置换市场，导致二手车置换市场因售后问题发展缓慢。

4. 保险服务问题

二手车置换中保险服务的实质就是质量担保。二手车质量担保在我国发展不久，因为投保车辆基数小，所以目前的二手车质量担保服务开展的规模小、成本高。与此同时，由于二手车质量担保业务对于我国的保险公司来说是新兴事物，即使保险公司之前有商业车险的理赔数据，但没有建立系统的车辆维修费用数据库。因此，对保险公司来说，这项业务的初期开展过程中必须保持谨慎态度，这也就使得现在二手车质保费用相对较高。同时，因为市场诚信暂时不能得到保证，所以保险公司在开展此项业务时，在和二手车置换市场内的经纪公司以及一般的经营公司的合作问题上显得畏首畏尾，一般只会和汽车生产厂商合作，在4S店开展二手车质量担保服务。

5. 检测技术不到位

当前虽然存在《关于调整汽车报废标准若干规定的通知》等关于二手车交易的文件，但还是存在明显的缺陷，国家没有明文规定二手车在置换前必须经相关技术检测，而现阶段我国的二手车经营者也做不到主动检测，这给消费者和驾驶员的安全带来一定的威胁。

6. 评估体系不健全

我国现阶段二手车置换主要存在着交易前没有评估、评估没有统一的标准、评估结果得不到广大消费者的认可等问题。虽然我国有专门从事二手车鉴定评估资格的考试，但是目前通过此项考试的人员全国只有2 000多人，并且在实际操作中因主观因素占较大部分，定价随意性强，一些压低价格抢市场的现象十分猖狂，给我国的税收和消费者的利益带来较大的影响。

7. 二手车置换交易税收标准不统一

全国二手车置换交易税税率根据不同地点从2%到17%不等，由于这一税率没有全国的统一标准，因此使得车辆无法有效流动。税费问题成为阻碍二手车市场的发展的又一大障碍。

(四) 我国二手车置换贸易发展的阻碍因素

1. 市价波动大，市场不稳定

自从2008年全球经济危机以来，我国汽车市场价格波动较大，二手车经销商的交易风险增大。新车市场和二手车市场息息相关，新车市场价格的变动必然会影响二手车市场价格，因为如果二手车市场价格和新车市场价格相距不大，消费者一般不会选择购买二手车，二手车市场业务难以开展。

2. 评估鉴定人员不足

我国目前从事二手车评估鉴定的专业人员过少，全国只有2 000多人。二手车评估鉴定人员是二手车进行置换交易的必要基础，关系着二手车发展中消费者是否能对二手车产生信用。虽然这些鉴定人员取得了资格证，但是在二手车交易中能发挥的作用较小，他们一般是鉴定高档车或者解决二手车纠纷。

3. 城市用地匮乏

由于城市用地匮乏，要想在一个具有区位优势的地方建设一个二手车交易市场需要付出较高的代价。购买二手车的消费者需要一个集中、方便的地方挑选二手车，因此这个矛盾也阻碍着我国二手车市场的发展。

4. 市场交易功能不健全

我国目前的二手车置换交易市场功能尚不健全，大多所谓的二手车经营者只是简单地提供二手车，顺带办理手续和收取相关费用，市场缺乏监督管理，采用传统的销售手段，缺乏一定的行业信任。虽然互联网在日常生活中扮演着重要角色，但是在二手车领域还没有完全发挥作用。

5. 市场门槛高

随着我国二手车市场的发展，国家对二手车市场的经营监管能力增强，国家开始对二手车经营资质方面做出了相应的政策规定，提高了二手车经营门槛。国家政策规定二手车经销商要对其出售的二手车进行检测和质量保证，而做到这一点需要有专业的人才和硬件方面的保障，这都将增加二手车的经营成本，一些小规模的经营者目前很难做到。因此，一些规模较小的经销商将在这次改革中淘汰出局，留下一些具有一定规模、经济实力和管理能力较强的公司。

6. 需要解决的问题多，周期长

随着我国对外开放深化和对二手车经营主体资格的放松，出现多种经营主体并存的局面。外资企业和民营企业凭借其创新的经营模式具有一定的优势，现有的经销商应不断提高自身的经营管理水平和销售水平。但是目前受传统模式的影响其很难在销售方式和经营模式方面做出大的突破和创新。因此，现有经销商必然面临着改变经营模式和经营理念、增强服务、拓展二手车置换市场功能、拓宽二手车置换市场的经营服务范围等调整，才能立足于未来的二手车置换市场。这并不是短时间内能改变的，为了解决这些问题，必然需要在长期反复实践中加以探索和总结。

（五）我国二手车置换的发展趋势

1. 利润减少

地区价差缩小、供应方供货充足、竞争对手增加，使二手车置换利润减少。依靠汽车生产厂商的政策扶持并非长久之计。经济发展重心已经逐渐从沿海向内陆转移，减小地区间的经济差异已成为近期目标，各地区之间的经济趋同是大势所趋。在此背景下，不同地区之间的消费水平会越来越接近，利用地区需求差别而获得的利润也会成为分寸之末，而这一同质化变化过程也无疑是"互联网+"汽车置换推动的。根据前期的高利润率与各大厂家的互相进入策略，可以预测的是汽车置换领域的竞争会愈演愈烈。同行业之间的竞争为寡头垄断提前打上终止符，行业平均利润率也会再次下降。

2. 注重服务质量和管理水平的提升

未来置换业务领域竞争中的制胜法宝是经营质量和管理水平。利润提高的来源便是提高管理水平，降低成本，进行规模化、网络化经营，以服务取胜。

（1）明辨业务本质，牢固树立业务中心。置换业务为何存在？因为它提供了服务，所以服务是置换业务的根本利润来源。置换业务的经营者应该以服务为中心展开置换业务，不断钻研改进。例如，置换业务的经营者应为客户找寻其关心的销售信息或者即时行情；不断丰富可置换车辆种类，提升置换车辆品质；实行旧车零公里运输；展开对顾客的跟踪服务与满意度调查；宣传和推广汽车知识；用一目了然的方式明晰置换流程，加强买卖双方情报沟通；等等。只有当"以服务为工作重心"的观念得到买卖双方的一致认同时才能改善企业形象，从而为企业未来的发展打好基础。

（2）业务发展如日初升，市场先机不可失去。当置换业务发展到一定水平时就会出现一个问题：当地要进行置换的车源日渐枯竭，而在提高市场占有率、挖掘市场潜力上想更进一步却不是一时可以解决的。区域外的置换市场虽然机会遍地，但由于营销力量无法满足而力不从心。因此，经营者就面临着一个积极向外发展、尽快形成规模的难题。从效果上看，将置换业务外向化发展，尽快实现网络化具有多重意义。

第一，经营成本可以得到降低。经营区域的扩大就代表着成交机会的增加，而单位成交车辆的销售成本也会同步回落。网络化发展可以使经营合作者分摊一部分经营费用，而且将网店开到了外省（市、区），这一事件本身就引人注目，有利发掘新闻价值，共同的企业形象识别也可以节约广告费用。

第二，网络化经营可以降低经营风险，联通各地区之间的资源，一方面可以扩大置换车源，另一方面可以为收购车辆拓宽出路。同时，一些地区存在一些特殊的地方政策（如上海的二手车只能转籍不能过户，而有的城市的规定却又不同），如果开展网络化经营，就可以有效规避各地政策差异的限制，将一些原本不可能的市场机会掌握于手中。

第三，网络化可以做到信息即时共享。现在市场上的信息很多是二手信息，其来源是商业网络。这种信息针对性不强，信息分辨成本高，而且时效性差，经常会失去良好的市场机会，同时针对信息中反映的而做出的应对方针会由于时间延迟而影响最终的结果。但是网络化可以对瞬息万变的市场即时行情做出最快的反应，尽可能把握所有商机。

针对当前汽车置换行业现状来看，依靠大汽车生产商的品牌优势，对外进行软件输出，以品牌、管理模式、营销方式等无形资产与区域外有实力的地区同业者进行合作是最合适的，同时也最有利于迅速、高效地铺开网络，形成相应的经销网络，以最短的时间提高企业知名度与业务的公众知晓度。

总之，汽车市场激烈竞争和市场需求多样化使得置换业务应运而生。作为一个如日初升的新业务，汽车置换前进的道路上会充满荆棘，但也充满了机遇。

## 二、"互联网+"汽车置换的融合基础——互联网金融

如前所述，汽车置换中存在的许多问题均可以利用互联网的优点加以解决。在"互联网+"汽车置换的融合过程中，起到基础性作用的"黏合剂"便是互联网金融。

### (一) 互联网金融的运行机制

谢平、邹传伟等认为，互联网金融的三个核心是支付方式、信息处理和资源配置。在这三个核心部分中，支付方式是基础建设部分，支付方式作用于金融活动的形态。中心环节是信息处理，信息处理是金融资源配置的基础性架构，互联网金融模式与商业银行间接融资、资本市场直接融资为何存在如此大的差异，其原因就是由于信息处理存在差异。资源配置则是金融的根本目标，互联网金融模式相较于其他模式的最大长处便是其有着最高的资源配置效率。

1. 互联网金融的支付方式

金融活动的形态由其基础设施，即支付方式决定。互联网金融支付方式是基于移动支付的，即通过移动通信技术进行的支付行为。

以智能手机等的流行为标志的移动通信技术和移动通信设备的高水平发展是移动支付的基础。2016 年 1 月 12 日，中国人民银行科技司原司长陈静在"2016 中国移动支付年会"上演讲表示："中国的移动支付井喷态势是大势所趋，有预测表明，10 000 亿美元将是全球移动支付的下一个突破口。"移动环境下的支付、转账、贷款、代收和代缴公共事业费用以及股票等业务都可以通过移动支付来实现。中国人民银行统计数据表明，2015 年前三个季度移动支付金额达到了 84.76 万亿元，同比增长了 44.66%。

移动支付的发展依赖于移动互联网技术和其他网络技术的有机结合。随着无线保真（Wireless-Fidelity）和第四代信息技术（the 4th Generation Mobile Communication Technology）的发展，互联网和移动通信网络已经越发珠联璧合。基于此，移动支付也和各种现有的电子支付方式有机结合。现在的移动支付正向更加便捷化、大众化、人性化方向发展。随着 4G 时代的到来和身份认证技术、数字签名技术等安全防范软件的发展，移动支付、移动银行业务将大放异彩，用手机代替现金、支票等方式指日可待。

云计算（Cloud Computing）基于互联网的相关服务的增加、使用和交付模式，通常涉及通过互联网来提供动态易扩展且经常是虚拟化的资源。云计算保障了移动支付所需的存储和计算能力。移动通信设备的智能化程度虽然不断提高，但为了便捷性和移动通信设备较小的体积要求在设计时依然会受到相应的限制，因此其移动通信设备

的存储能力和计算速度在当前还是无法与电脑一较短长。但是云计算恰好可以补齐移动通信设备在这方面的短板。存储和计算功能本身存在于手机等移动通信设备上，但是为了使移动通信设备的信息处理更为简便快捷，降低系统负荷，云计算将这两者移动到了云计算的服务器云端。通过云计算，移动通信终端能将手机传统功能和移动支付高效率有机结合起来。

互联网金融模式下的支付系统有以下四个本质特征：

第一，参与其中的个人和机构（法律主体）都在中央银行的支付中心（超级网银）开账户（存款和证券登记）。

第二，移动互联网络成为证券、现金等金融资产的支付和转移的平台与方式，智能手机和平板电脑成为其具体操作工具。

第三，支付清算的电子化程度极高，这就导致社会中几乎不需要现钞的流通，即使存在小额现金支付也无伤大雅。

第四，二级商业银行账户体系不复存在。当个人和企业的存款账户都集中于中央银行时，货币供给定义和货币政策都会因此产生巨大变化，从而使得货币政策理论和操作同步改变。例如，原本作为备付金而存在的活期存款数额会降低，相应地，定期存款在总存款中所占的比例会提高。当前社交网络内存在自行发行的货币，一般用于支付网民之间虚拟商品交易，并建立了内部支付系统。

2. 互联网金融的信息处理

金融的核心，也就是构成金融资源配置的基础的东西，是信息。而在金融信息之中，最重要的信息是资金供需双方的信息，尤其是资金需求方的信息。米什金（Mishkin）提出，在直接融资和间接融资模式下，信息的处理方式分为两种：第一种是信息的私人生产和销售，如券商和信用评级机构。其建立专门的部门收集整理用以区分资金需求者良莠的信息，之后将该信息出售给资金供给者。第二种是政府管制，也就是政府命令或者激励资金需求方提供真实信息。例如，政府对上市公司的会计准则、审计报告和信息披露的监管。

信息处理方式的差异是互联网金融模式和资本市场直接融资、商业银行间接融资之间最大的差异。这一差异由三个部分构成：一是社交网络生产和传播信息；二是搜索引擎可以对信息进行筛选和搜索，可以有效缓解信息量过大的问题，可以有选择地达成信息的获取；三是云计算带来的对大量信息的高效率处理能力。总体来说就是，在云计算的技术基础下，资金供需双方的信息通过社交网络得到披露并传播，接着被搜索引擎整理和筛选出来，最后得到了在不间断的时间中处于不断变化的信息序列。这三个部分的作用具体如下：

（1）社交网络及其作用。社交网络是将现实中的社会关系同步到网络上并且加以延伸。社交网络是人们发布、传播和分享信息的平台，有其自愿性和共享性。社交网络的基础有两个部分：一是人类作为社会动物的特点，即交换性、一致性、传染性、传递性；二是互联网和移动通信技术的提高，大大减小了信息发布、传播和共享的成本。

个人和机构在现实社会和社交网络中均拥有许多利益相关者，而他们都各自享有部分信息，如资产现状、经营状况、信用水平等。某一个利益相关者所掌握的信息可能是不够的，但是如果他们都在社交网络上分享各自拥有的信息，那么如果得以汇总，便可以得出完整的信息。这就是社交网络的信息揭示作用。社交网络的这一特性使得人和人、人和机构之间的社会资本能够得到积累，人们的诚信水平得到提升，减小了金融交易的成本，对金融交易起到基础性的影响；同时，更加减少了人们的不诚信动机和道德风险。

（2）搜索引擎及其作用。从数不胜数的信息中筛选出用户想要的内容必须归功于搜索引擎。搜索引擎与社交网络趋于融合，也就是社会化搜索。社会化搜索不但能搜索出已有的信息结果，还能将这一搜索需求提交给合适的人来寻求帮助，或者通过社交关系筛选掉不可信的内容，因此可以进一步提高诚信水平。

（3）云计算及其作用。云计算通过网络云端分担了计算任务，让用户可以根据需求取得计算能力、储存空间和信息服务。云计算为处理大量的信息提供了技术基础，是搜索引擎赖以发展的基础。云计算提供的计算能力是金融业迫切需要的。在处理金融交易中相关信息时，无论遇到什么问题，云计算都能够找出相应的数据和所需要使用的软件来解决。例如，由于信息技术的发展，一个人的关键信息和行为记录于网络，信息中存疑的部分可以通过社交网络和搜索引擎来筛选掉。这样确认个人信用情况变的高效。相比较来说，在股市中，股东就只能通过交易情况来表达自己对盈利前景的判断，而不是直接在社交网络上进行信息的发布。

3. 互联网金融的资源配置

资金供应方和需求方的信息会直接在互联网上发布并且进行合理配置，供需双方可以直接联系并且通过后续交流确认是否可以达成交易，以此绕过银行、证券公司、交易所等中介。这就是互联网金融资源配置的特点。

### （二）互联网金融的业务模式

传统金融业务互联网化、互联网支付清算、互联网信用业务、网络货币是我国当前存在的四种互联网金融模式。互联网金融对于每个业务领域的作用都较为有限，其对银行的作用在短期来说极为有限，但就长期而言则可能会比较深远。而对于金融体系整体来说，互联网金融的作用是具有包容性和综合性的，虽然这种作用在当前看来还较为有限。金融的本质并没有因为互联网金融而发生改变。传统金融依赖互联网技术作为媒介，在理念上进行升级，在思维上进行拓展，在流程上进行延伸，在业务上进行创新，这就是互联网金融。

1. 传统金融业务互联网化

所谓的金融互联网，也就是传统金融业务互联网化。传统金融业务互联网化主要包括以下三个方面：

（1）互联网技术和已有的传统金融业务有机结合，这种结合是对于原有的金融业务的数字化升级，如自助柜员机业务。

（2）传统金融业务在互联网技术的支持下进行的金融业务新拓展，其中范例便是以余额宝为代表的互联网货币基金。

（3）传统金融服务和互联网金融业务都需要平台来进行相应服务的供应，如供应链金融等。

由于适应金融服务的便利性、高效性和安全性的需求，传统金融业务互联网化得到进一步发展。对此业务模式，互联网金融作为传统金融业务的依托，帮助传统金融业务对于传统的业务流程进行“互联网+”传统金融业务升级，对原有的服务模式进行网络化改进，对风险模块进行数字化的专业强化管理，进而让金融服务的影响范围更大、更为方便、更能兼顾安全和高效。在互联网金融与传统金融服务进行融合的过程中，金融机构的管理实现了数字信息化、高效集约化、流程明细化，金融业务要趋于完善必将经过互联网的有机融合，互联网便是金融业务改进优化的坚实基础。

2. 第三方支付及其运行机制

互联网的支付清算体系是以第三方支付和移动支付为基础的，这种新的支付体系是在高技术的移动终端（如智能手机、平板电脑等）的支持下构成的。第三方支付和移动支付促进了“互联网+”支付体系的形成。即使不是金融类企业也通过互联网实现了业务支付的网络化，显而易见的例子就是生活中许多商家都接受支付宝或微信支付。

在第三方支付体系中，包括网关支付、账户支付、电话支付、移动支付等模式，核心的业务模式主要是网关支付模式（独立第三方支付模式）和账户支付模式（综合第三方支付模式）。网关支付模式的运行机制并不复杂，即第三方支付平台的前端和后端分别连接客户和银行（或另一客户），在将许多银行的基础支付接口捆绑在一起后，提供一个平台，让客户通过第三方支付平台向后端客户的银行账户或者第三方支付平台付款，从根本上来说就是替代了银行的支付功能。例如，快钱、易宝等就是典型代表。而账户支付模式却是依靠其本身拥有的电子商务平台，这种模式除了可以完成第三方支付业务以外，还可以提供交易担保业务。更巧妙的是，其通过把银行体系中的部分资金抽调出来，可以达到备付金账户的资金多样化处理的结果。例如，存在余额宝中购买货币基金。

3. 互联网信用业务及其运行机制

互联网信用业务是由多个业务模块构成的，如网络贷款和众筹等，具体可以分为两个部分：网络债券融资和网络股权融资。通过网络贷款平台，资金供需双方以网络信用为基础便可以完成信用交易。一种运作机制是利用自身网络和数据优势，直接介入信贷市场，其范例是阿里小贷。众筹平台则是网络股权融资的标准范例，中小企业或者个人可以通过众筹平台对某项活动或者业务进行众筹，以此来获取资金支持。

为了达到金融“脱媒”的目的，资金供需双方只要通过网络信任，凭借互联网信用业务作为诚信保证，便可以完成融资。以阿里小贷为例，实际上是将前端（淘宝、天猫、阿里巴巴等）供应商及其客户的商品流、资金流转化为中端（支付宝与阿里云）的信息流，再通过终端（阿里金融）将信息流转化为资金流，并进入前端的供应商，从而实现了商品流、信息流和资金流的融合与循环，并完成贷款业务。这个业务流程和商业银行没有什么关联，这就是“脱媒”。

和传统金融业务相融合的阿里小贷“脱媒”程度较高。在初期阶段，阿里小贷尝试过和商业银行取得合作，在资金渠道共享的基础上进行合作放贷，但是由于这种模式本身的不足，导致申请贷款的成功率较低，因而失败。接着阿里小贷就尝试将阿里金融旗下的三家小贷公司作为资金来源，并使这三家公司以资本金 150%作为最高限额来从银行借贷，形成“商户→电商平台→阿里小贷→小贷公司→银行”的运作模式，其本质上还是和商业银行对接。之后由于资金来源受到限制，阿里小贷选择了和券商合作，在利用资产转让获取资金的同时，通过在深圳证券交易所挂牌交易从而形成了“商户→电商平台→阿里小贷→资产转让”的新的运作机制。

4. 互联网虚拟货币

在国外，许多门户网站都提供网络虚拟货币的业务，许多大型商场、超市也提供虚拟货币的充值业务。这些虚拟货币一般用来购买网络虚拟产品，但是其在一定程度上也具有现实购买力。比特币作为网络虚拟货币的典型，已经脱离了银行系统，自行进行金融交换。不过由于国情不同，我国在虚拟货币的控制方面十分严格，因此互联网虚拟货币业务在短时间内在我国国内发展前景十分有限。

## 三、“互联网+”二手车置换业务的运行机制及业务模式

### （一）“互联网+”二手车置换业务的运行机制

1. 互联网信息平台的整合作用

互联网具有的信息流整合功能再加上现代计算机硬件和软件的提升带来的大数据计算能力创造了云数据时代。在云数据时代，互联网开放、平等、协作、分享的精神为数据的获得创造了天然的平台，从而较好地解决了汽车置换中信息不对称的问题。通过“互联网”二手车网站平台、经销商后台服务信息网上汇总平台和移动互联网用户信息搜集平台这三个主要信息收集点，可以获取并汇总各个平台上的数据，看到汽车置换的潜力，同时从数据里面可以看到各个品牌对于汽车置换表现出的属性有什么样的不同。通过数据的收集与分析，还可以看出车主希望置换的汽车品牌和可用以置换的汽车品牌，从而得出汽车品牌的依赖程度。

目前国内市场上已有淘车网、第一车网、太平洋汽车网等网站正在进行相关的尝试并且通过这种尝试得到了一些在传统的汽车置换业务中难以得到汇总反映的信息。从淘车网在 2014 年 11 月公布的部分数据（9 万多条）显示出的信息，可以得到用以置换的旧车的车龄、希望置换的汽车品牌、置换出去的汽车品牌、各地区汽车置换的地域性偏好等。通过这些数据的来源可以发现，互联网的汽车置换平台贡献的汽车置换信息占 62. 1%，通过经销商进行汽车置换的占 37. 7%，而通过手机应用软件平台进行置换的比例仅为 0. 2%。这说明用户在置换的过程中没有渗入手机端，而更多的是通过网络信息平台或通过经销商进行置换。这也为今后的“互联网”二手车置换信息平台的发展提供了新的思路和方向，即在进一步提升“互联网+”二手车置换平台的构建程度的同时，着重加强手机应用软件平台的开发和推广。

“互联网+”二手车置换平台的信息整合除了可以缓解二手车贸易的信息不对称问题，同时可以帮助解决体制规范问题、售后质保问题、保险服务问题和评估问题。

就体制规范问题而言，“互联网+”二手车置换平台的信息整合功能可以在平台上对于某经销商的服务进行评估，比如在经销商信息中列举出消费者对于其服务的评价，并通过服务质量评级来纳入平台搜索引擎的筛选项目；对经销商进行较为统一的服务

流程要求（由于"互联网+"二手车置换平台不可能仅仅基于互联网平台的一站式服务便可完成汽车置换业务，因此通过平台寻找到经销商后置换流程一般视具体情况酌定），通过统一要求可以在一定程度上规范经销商的服务，避免消费者因为信息不对称而使服务缺失。

对于售后质保问题，"互联网+"二手车置换平台同样可以通过规范制度、统一标准的方法来解决。通过平台的服务评价和评级筛选，可以让消费者选择信用放心的经销商；同时也在一定程度上增加了经销商的失信成本，减少了二手车商家为了牟取暴利向消费者提供虚假信息、隐瞒车辆问题的可能。

"互联网"二手车置换平台通过整合功能，组建各个地区的二手车服务站，对本地区二手车经销商进行鉴定评估方面的技术指导，减少由于检测技术不到位、评估体系不健全而带来的问题；同时对于这些经销商起到监督的作用，促进经销商诚信经营，改进服务。在客户端平台上建立二手车评估系统，通过品牌、车型、地区、车牌、行驶里程、事故情况等，使用重置成本法、收益现值法、现行市价法综合估值，对消费者用以置换的二手车进行评估；同时在网页上添加专家服务项目，便于消费者进行咨询。

保险服务问题的解决也可以依托"互联网+"二手车置换平台的信用评价和评级筛选。保险公司不敢轻易和二手车交易市场内的经纪公司以及一般的经营公司合作的原因是诚信问题，而通过信用评级筛选后，可以大大降低保险公司的风险，使二手车质保业务保费一定程度上得到降低，业务范围也从4S店扩大到信誉良好的经纪公司和经营公司。

2. 互联网金融资源配置在汽车置换中的作用

在汽车置换中会出现资金需求，从而产生了贷款需求。由于资金供应方和需求方的信息会直接在互联网上发布并且进行合理配置，供需双方可以直接联系并且通过后续交流确认是否可以达成交易，以此绕过银行、证券公司、交易所等中介。

例如，人人贷公司通过架构投资者间交易贷款的平台，根据相应的信用评级核定利率，在贷款存续过程中将从借款者收取的本息转交给投资者，并处理延迟或违约情况。

在移动支付、社交网络、搜索引擎和云计算等现代信息科技的助推之下，个体之间的直接金融交易作为最早的金融模式，将会绽放新的生机。因为供需信息的对称和低交易成本的条件，互联网金融模式形成了"充分交易可能性集合"，双方乃至多方交易不但在进程方面可以达到同步，而且在信息的透明度上水平极高，在定价方面则是公平的竞争环境，如采用拍卖的定价形式。作为最高效的资源配置方式，互联网金融模式资源配置方式可以最大限度地利用有限的资源满足人们日益增长的物质文化需求。同时，互联网金融模式的资源配置方式也是最为公平的，给资金供应方和资金需求方都提供了公平的环境与机会，这样就使中小企业融资、民间借贷等问题可以得以解决。而互相之间并不熟悉的人或企业也可以通过这种"借贷"关系构建新的社交网络关系，在某种程度上成为"熟人"，进而有利于下一步的合作，如投资入股或买卖产品。

汽车置换业务中，无论对于B端车商还是C端用户来说融资都是一个重要的环节。

通过互联网金融的资源配置方式有利于 B 端车商直接基于网络平台信任机制取得融资，从而有利于品牌经销商扩大车源的规模。对于 C 端用户来说，在购车环节有时需要借贷，通过互联网金融便利的资源配置模式，用户可以便捷地取得融资以达成交易。

3. 第三方支付在汽车置换中的作用

互联网的支付清算体系是以第三方支付和移动支付为基础的，这种新的支付体系是在高技术的移动终端（如智能手机、平板电脑等）的支持下构成的。第三方支付和移动支付促进了“互联网+”支付体系的形成。即使不是金融类企业也通过互联网实现了业务支付的网络化，显而易见的例子就是生活中许多商家都接受支付宝或微信支付。在通过“互联网+”二手车置换平台寻到汽车置换信息后，实际交易中利用第三方支付来支付差价和经销商服务费等费用比较安全。由于只有支付中介拥有信用卡信息或者账户信息，从而使得信用卡信息和账户信息的安全性得到提升。同时，由于支付中介形成了海量电子小额交易规模效应，因而支付成本较低，而且使用方便，对支付者而言，只需要点击支付就可以了；第三方支付的支付担保业务也能保障付款人的利益。因此，在汽车置换业务中的各个环节，在支付货款时使用第三方支付，可以大大提升信息安全性、交易便捷性和成本低廉性。

### （二）“互联网+”二手车置换业务的业务模式

1. 当前“互联网”二手车置换平台模式——以车易拍为例

车易拍作为一个二手车电子商务平台，具有竞价透明、实时更新、国内一体的特点。

截至 2015 年年末，车易拍的业务覆盖范围已经囊括 30 个省（市、自治区），总计覆盖接近 400 个城市，旗下的签约二手车经销商也近 5 000 家。车易拍的分公司和综合物流中心覆盖了我国 15 个主要城市，在 22 个城市里拥有车商业务中心。因为车易拍的理念是全国一体化，所以其在当前限购或限迁的政策下具有明显的优势。

2015 年，车易拍针对其平台上的汽车经销商提供了供应链金融产品，这一举措很大程度上激发了汽车经销商的交易量迅猛提升。在继续深度发掘 B2B 的车源，使市场份额得以增长的同时，车易拍还通过“268V 检测评估”与公车拍卖取得联系；又与阿里汽车共同进行“一诺千金求好车”等业务合作，在 C2B 领域异军突起。除此之外，车易拍还凭借“268V 检测评估”的技术优势，推出了“行质保”业务，对二手车交易中的产品进行质保延保，在交易达成的一年以内做质量保证，提供免费维修。这一服务对于购车人的利益无疑是极大的保障，购买方车主均拍手叫好。

车易拍以 B 端商户为核心，依靠互联网在线平台开展线上预约、上门检测、在线竞拍、代办过户、售后物流、金融信贷、质保延保等服务。除此之外，车易拍在经销商的通力配合之下，对于互联网上和现实中的资源均进行了整合。车易拍在 20 多个城市设立了社区服务网络，在经销商店内设立服务点，以便用户接受线下业务服务。

作为中国第一批二手车电子商务从业者，车易拍的工作重心一直放在打造在线交易平台上。车易拍自 2010 年起将 B 端商户作为其服务重点，“268V 检测评估”作为车易拍手中的王牌，独具事故等级评级、车况综合鉴定和价格评估三大功能，使 B 端商户可以享受到兼顾安全性和有效性的高质量服务。现如今，每天有 2 000 多辆车在车易拍登录信息，其覆盖范围囊括了 43 个主要城市，600 多个服务网点同步服务于各地商家。

车易拍服务模式表如图 9. 3 所示，车易拍生态系统布局如图 9. 12 所示。

表 9. 3　　车易拍服务模式表

| 流程 | 具体操作 |
|---|---|
| 线上预约 | 应用软件在线直约或预留联系信息<br>客服致电确认检测时间 |
| 车辆检测 | 上门或就近到店<br>40 分钟免费检测<br>二手车标准化检测 |
| 在线竞拍 | 15 分钟全国买家竞价<br>竞价过程公开透明，价高者得 |
| 交付代办 | 24 小时内代办过户，安全快捷<br>过户后手续证件等送回卖方<br>相关进程全程在线查询 |
| 交易管家 | 为外地买家提供车况复核、代办过户、远程物流等全流程售后服务，让跨地域交易更便捷 |
| 商信通 | 根据加盟商信用等级，以最优利率授信，支持车商做大规模 |

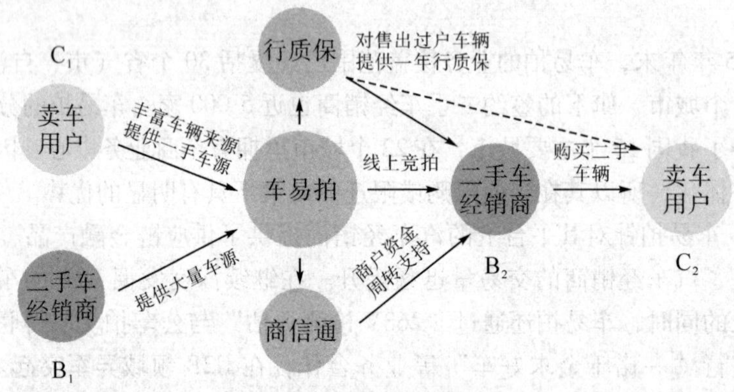


图 9. 12　车易拍生态系统布局

2. "互联网+"二手车置换平台运行模式展望

(1) 平台端。

①"互联网+"汽车置换平台网站。"互联网+"汽车置换平台网站通过大数据收集和整合，搭建汽车置换信息整合平台和交流平台，一方面为品牌汽车经销商提供广告服务，在成功交易后提取平台使用费或无论交易成功与否均收取信息发布费，以获得盈利；另一方面无偿为消费者提供信息整合平台、搜索引擎和筛选工具，以此提高平台网站使用率和交易成功率。"互联网+"二手车置换平台网站应对于经销商在汽车置换业务中的残值评估等环节进行监管和技术辅助，以降低交易者风险。

②移动互联网平台。移动互联网平台，即手机应用软件移动互联网二手车置换平

台。例如，优信二手车、平安好车、瓜子二手车等拥有数量相当庞大的二手车资源，网络覆盖面积之大，甚至连很多偏远地区和小县城都囊括其中。但是由于线下实体店面的数量不足，车源上传方一般都是经销商，因此车源的品质不容易有效把控。正是因为这一点，使得通过手机应用软件移动互联网二手车置换平台达成汽车置换业务的消费者数量较少，市场空白需要填充。手机应用软件平台网站应当协助行业协会审核经销商资质，通过地方代理等方式对偏远地区的汽车置换业务进行监管，提高手机应用软件平台的使用率和交易成功率。

③第三方支付平台。第三方支付平台为汽车置换中的支付流程中提供服务，具体通过手续费、广告费、沉淀资金利息收入和服务费进行盈利。

（2）品牌经销商端。汽车经销商通过在“互联网+”二手车置换平台上发布信息，宣传本店或本品牌汽车置换的具体信息和所能提供的其他服务。

消费者通过“互联网+”二手车置换平台搜集到的信息选择了某一经销商，经销商应对其予以接待。第一阶段主要是前期准备工作，销售顾问与客户接触并建立起相互之间的信任，通过与客户的沟通收集客户的信息。当客户前来咨询时，销售顾问通过简单的沟通了解客户的需求，将客户分为三类：第一类，即初次购车，销售顾问在向客户介绍新车时可以告知客户公司有新车销售、旧车置换业务，若客户的朋友有旧车可以来置换新车，介绍置换业务；第二类，即二次购车，销售顾问向客户介绍的重点有认证二手车业务，如果客户想置换新车的话，可以给客户提供专业的置换服务；第三类，即旧车置换，对于这一类型的客户，销售顾问首先要引导客户选择新车，咨询客户想要置换的车型，谈后通知二手车鉴定评估专业人员对二手车进行鉴定，同时引导客户试驾新车。

有了第一阶段的初步了解后进入第二阶段，即成交阶段。工作人员根据二手车评定结果进行定价，然后将最后的价格录入到操作系统，打印收车证明和置换合同，在与客户签订新车销售订单后，二手车业务部负责联系买家导出二手车，并录入二手车操作系统打印出售合同，客户在二手车价格的基础上补足新车的差价就可以提车。至此，一辆旧车便完成了置换。

经销商可以通过“互联网+”二手车置换平台的二手车服务机构或者二手车交易行业协会对于利用“互联网+”二手车置换平台的信息发布便捷性与低验证性来发布虚假信息出售报废车、证照不全车、走私车、非法组装车等违规违法车辆的不法分子进行监管和举报，提高行业整体素质，降低消费者风险。

（3）消费者端。

①信息收集阶段。消费者通过“互联网+”二手车置换平台网页客户端的二手车评估系统，输入自己用于置换的二手车信息，对自己的车辆进行评估；之后通过搜索引擎，输入自己所需的筛选信息，查找心仪的车型或经销商；然后利用微博、微信、车友论坛等社交网络确定该经销商的口碑，降低交易风险；最后通过“互联网+”二手车置换平台提供的经销商信息与经销商进行初步的在线接触。

②交易进行阶段。消费者通过“互联网+”二手车置换平台提供的经销商信息，来到经销商门店，对自己用于置换的二手车进行评估，若对评估结果有异议可以联系

"互联网+"二手车置换平台的二手车服务站来寻求帮助。在二手车服务站的帮助下对想要换购的汽车进行检测，看是否存在欲购车为报废车、证照不全车、走私车、非法组装车的情况。

③交易达成阶段。在交易达成阶段，消费者对于所需支付的余额进行支付，可选用互联网金融提供的小额信贷工具，同时使用第三方支付的方式降低支付风险和支付成本。

## 一、思考题

1. 何谓二手车消费信贷？"互联网+"二手车消费信贷具有怎样的优势？
2. 何谓众筹融资？其具有怎样的特点？
3. 何谓互联网金融？其具有怎样的特点？
4. 当前我国二手车置换存在哪些问题？
5. "互联网+"二手车置换业务有哪些特点？

## 二、案例分析题

1. 二手车互联网金融的三种玩法：钱从哪里来？

二手车电商行业毛利率低，行业内公司正在努力转型提供金融服务，以覆盖其运营成本。

高歌猛进的二手车电商行业仍然没有找到多种盈利模式。多数二手车线上交易平台仅仅依靠2%~3%的交易手续费或佣金，远不能覆盖其运营成本。

2015年上半年，车易拍完成了D轮融资，优信拍完成C轮融资，大把烧钱的同时，上市压力开始浮现。交易量的增长，无法掩盖整个行业的亏损现实。心急火燎的二手车电商开始寻求交易之外的盈利点，大家不约而同地把目光投向汽车金融。

理论上，二手车金融有着美妙的增长空间，关键就看二手车电商怎么玩儿，要么拉上传统金融机构一起玩，要么想出个颠覆性的玩法彻底互联网金融化。

目前能看到的主要玩法有如下几种：

(1) 玩法一：经销商贷款笼络"黄牛"。

从线下来看，中国大大小小的二手车经销商有好几万户。如果把那种二手车黄牛也算上，可能全国有上百万经销商。

大多数经销商都是夫妻店，两三个人在二手车市场上租个摊位，一个月交易十几辆车，小日子过得也还滋润。

不要小看这些线下的黄牛，他们做的二手车都加在一起，占了整个中国二手车交易量的90%以上。二手车电商面临的难题之一，便是如何把这些线下的交易都搬到线上去。

人人车这类C2C模式的电商号称要革了黄牛的命，不过是讲给投资人听的故事。

事实上，做平台类的二手车电商，没有不依赖黄牛（经销商）的。不管你是 B2B、C2B 还是 C2C 模式，要么帮经销商卖车，要么卖车给经销商，要么充当经销商之间的中介。经销商在二手车整备、过户、跨地区交易当中发挥了不可替代的作用。

既然革不了黄牛的命，就要把黄牛笼络到二手车电商平台上，这也是 O2O 的目标。但如何让黄牛也对平台产生粘性呢？车源和交易是勾引手段之一，更关键的是和真金白银挂钩，给他们提供贷款输血才能粘住黄牛。

银行这类传统金融机构是不愿意和黄牛打交道的，夫妻店风险太大了，而且银行不了解二手车车况，天知道这辆车出过什么事故有什么“暗病”？银行最喜欢简单粗暴的抵押物和担保，而这些对于黄牛来说过于奢侈了。

经销商贷款目前做得最大的是平安好车。据了解，其平台上 2 000 多家经销商有一半在使用平安好车的“车商贷”，每个车商最多可以获得 300 万元的授信额度，无需抵押和担保，月息低于 1.8%。优信拍也有类似的针对车商的贷款服务，但签约车商数量有限。

为什么二手车电商平台敢做银行不敢做的事情？因为前者作为交易平台积累了大量车商的数据，比如过去半年车商的库存周转情况、在平台上拿了多少辆车、销售情况如何、资金结算速度怎样……这些都是风险定价的基础。如果冠以大数据的名义，这就是互联网金融的特质之一，通过数据分析来识别风险并匹配定价，解决线下金融机构风险识别成本过高的问题。

除了二手车电商平台，第一车贷、第一车网也在推动经销商贷款，但缺乏平台的推广，尚未形成气候。

（2）玩法二：二手车贷款吸引消费者买车。

如果把经销商贷款看成批发业务的话，那么针对消费者的二手车贷款则是零售业务——这部分的发展空间也叫人垂涎三尺。

根据中国汽车流通协会的统计，未来两年二手车的交易量将突破 1 000 万辆，如果二手车贷款能够在其中占比达到 20%，每辆车的贷款金额以 10 万元计，整个二手车贷款的市场规模就能达到 2 000 亿元。五年后的市场规模还将翻倍至 4 000 亿元。

蛋糕这么大，传统金融机构为什么吃不到？先来看传统金融机构在这里碰到的问题。

第一个问题是零售业务里面的交易真实性问题。因为二手车的交易是发生在小规模的经销商，甚至是个人和个人之间的交易，其真实性得不到保证。

第二个问题是车辆估价的问题。传统金融机构非常担心骗贷，二手车的价值到底是多少其心里没底。

第三个问题是车辆处置的问题。客户违约后，二手车收回来怎么处置？

就二手车电商来说，上述这些便都不是问题。首先交易真实性不用担心，从平台上销售的车最终都要过户。车的估价依赖于车况检测和历史成交数据，成交的车越多，积累的数据越多，定价越精准。此外，车辆处置正是二手车电商的强项。

解决了这些基础性问题，再来看怎么搞定消费者贷款。相对于新车而言，二手车是个非标准化的产品，“一车一况”“一车一价”增加了风险定价的难度，此外还牵涉消费者的个人信用问题。

将车的征信和人的征信结合起来，在此基础上做纯线上的二手车贷款应该是未来的发展方向。现在的二手车贷款仍然需要提交各种表格和申请信息，线下一对一沟通效率低且放款时间长。

所谓车的征信，是指汽车的保养、维修、出险记录，在欧美国家可以从网上公开查询二手车的各种历史记录。而中国的二手车数据极其分散，又缺乏一个平台来整合这些数据。例如，车辆的出险记录掌握在保险公司手里，保养记录掌握在经销商和4S店手中，维修记录留在维修厂甚至路边店——关于车的征信数据，是互联网汽车金融应用的一个基础工程。

做车险起家的平安集团寄希望于平安好车能够成为车的征信的基础平台，加上整个和消费者个人有关的征信记录，做二手车消费贷款已有先发优势。平安好车推出的"好车贷"主打超低利率和超低首付。

此外，优信二手车推出的"付一半"购买方案也进行了大手笔推广，消费者可以一次性首付车价的50%，在方案期间内无月供，方案结束后，消费者可以选择不付任何尾款归还车辆或者付清尾款（见表9.4）。

表9.4　二手车电商消费贷款对比

| 产品 | 好车贷 | 付一半 | 分期租车 | 融资租赁 |
|---|---|---|---|---|
| 公司 | 平安好车 | 优信 | 车易拍 | 车王 |
| 贷款利率 | 11%~13% | 15%~22% | 15%~25% | 17%左右（按尾款比例递增） |
| 首付比例 | 20% | 45%~55% | 30%（保证金） | 30%~50% |
| 尾款比例 | 80% | 45%~55% | 60% | 50%~70% |
| 贷款年限 | 1~3年 | 2年 | 2年 | 1~2年 |
| 贷后处理 | 缴纳尾款或退还车辆 | 缴纳尾款或退还车辆 | 退还车辆或60%车价回购 | 缴纳尾款 |
| 特点 | 超低利率、超低首付 | 无需月供，实际利率可以通过车价包装 | 月供低，且仅需30%首付 | 首付、尾款比例选择多样 |

二手车融资租赁在国外非常成熟，但国内才刚刚起步。简言之，车辆的所有权属于融资租赁公司，消费者能以零首付或低首付获得车辆使用权，开了两三年之后再把车还给融资租赁公司。

在用车市场，滴滴、优步属于即时租车的类型，神州租车、一嗨租车属于短期租车，而在长期租车领域如果不借助金融解决方案，很难大规模流行——二手车电商在这一领域其实大有可为，零首付或低首付购买二手车，以月供的形式还款，目的还是为了吸引消费者来买车用车。

（3）玩法三：延保服务锁定客户。

二手车的延保在国外是一项保险业务。延保顾名思义是"延长质保"的意思。在欧美国家，购买二手车的同时购买一份额外的保修服务，对消费者来说司空见惯。

二手车延保渗透率在欧洲市场和北美市场均超过60%，在日本市场甚至超过90%，而中国市场的这个数字仅为2%~3%。因此，二手车电商也开始打起了延保的主意。

车易拍、优信拍和平安好车等，在其二手车检测认证的基础上，都推出了二手车延保服务。

对比国外，CARMAX是美国最大的二手车零售商，其年度总利润的24%来自金融和保险业务。根据CARMAX的统计，在二手车交易过程中，没有延保的客户谈判时间是8小时，有延保的客户谈判时间缩短为2.5个小时，延保其实解决的是客户的信任问题，另外延保对经销商利润的改善非常明显。

延保在中国之所以没有发展起来，是因为消费者觉得购买延保又麻烦又不划算。但借助二手车电商平台，将每辆二手车交易都捆绑上延保服务，在不知不觉之中把钱挣了，还可以在延保的几年中锁定客户。

不管是经销商贷款、消费者贷款还是延保服务，都需要相应的资金来源。二手车电商本身不能吸收存款也没有金融资质，因此用于金融业务的钱还得来自于其他渠道。

传统金融机构中，平安银行和民生银行在二手车业务中起步较早，也分别和平安好车、优信二手车等电商平台合作。汽车金融公司和融资租赁公司也在加速进入二手车行业。

2014年，汽车金融公司的信贷资产证券化业务（ABS）发展速度惊人。通俗地说，ABS就是汽车金融公司把一批车贷未来每月的应收款打包作为资产卖给证券公司等，证券公司等以此为基础资产发行债券，卖给投资人。根据中信证券的数据，2014年，与汽车金融相关的信贷资产证券化产品已经发行了10项，存量规模达到200亿元。二手车贷款完全可以成为ABS的基础资产来源。

当然，更有想象空间的，还是P2P成为二手车相关贷款的资金来源。例如，拍拍贷的P2P二手车贷款，月息最低1.33%，还款期限3~12个月相对灵活。

在可以预见的未来，除了个贷、保险、延保，其他汽车金融相关的衍生品在二手车电商的利润占比里，也会越来越高。苦苦寻找盈利模式的二手车电商，似乎看到了一个新的窗口。

问题：对以上二手车互联网金融的“三种玩法”你如何评价？

2. 二手车将成为金融机构未来新“赌局”

汽车金融是目前小微资产中兼顾体量和收益率的资产品类，随着各类细分消费金融资产逐渐饱和，汽车金融资产逐步引起民间资金、非银行金融资金甚至是银行表内资金的关注。

(1) 二手车市场交易量爆发。我国新车进入置换高峰，2016年国内汽车保有量为1.9亿辆，为二手车发展创造了巨大的空间。预计到2020年，新车将保持稳步发展，市场规模由4万亿元增至6万亿元；二手车将获得迅猛增长，市场规模由0.75万亿元增至2万亿元。

也有不同看法，即预计到2020年，全国二手车交易量达2 000万辆，单车平均交易价格在8万元左右相对合理，因此市场总规模应该是1.6万亿元左右，2万亿元的估计略为乐观。如果未来限购限迁政策仍旧存在甚至更加严格，二手车交易总量和交易规模将受到很大的负面影响，市场规模会低于预期。

（2）二手车市场金融渗透率逐步提升。中国消费信贷占整体信贷市场规模的比例不到18%，而美国的这一数据为48%。中国汽车金融渗透率仍为20%，远低于发达国家汽车金融渗透率达80%的水平。大众汽车金融的调查数据显示，2004年，35岁以下的汽车金融消费者比例不到20%；而到2014年，这个占比达到60%，并且18~25岁人群占比逐步提升，消费年轻化趋势明显。

新华信数据显示，汽车金融产品在年轻群体尤其是20岁人群中的渗透率更高，因此年轻群体的崛起将大大提升汽车金融渗透率。单从每年新车购入量及汽车保有量增幅来看，中国二手车市场体量有逐年递增的趋势，二手车市场的金融渗透率也将逐步提升。

（3）二手车政策环境趋于统一、规范。二手车行业是政策依赖度较高的行业之一。2016年，《二手车流通管理办法（修订建议案）》已经起草完毕，二手车市场最大变数的三大政策终于迎来松绑，目前限迁政策已经开始落地。

变化一：多个地区逐渐解除限迁政策，从而起到"推高流转效率，提升车价"的作用。

变化二：将逐渐统一各地二手车税收政策，公平税负，促进公平竞争。

变化三：针对各地产权登记部门统一监管要求，不得违规增设办事条件；推动一站式服务，提档、落户、保险等集中办理。

（4）二手车市场产业结构分析。二手车行业由一条复杂、庞大的汽车产业链构成，当前主要参与者有售车用户、大小二手车经销商、4S店、电商平台、线下交易市场等多方参与主体，共同构成了二手车行业多样化的交易业态。

二手车的交易流程如图9.13所示。

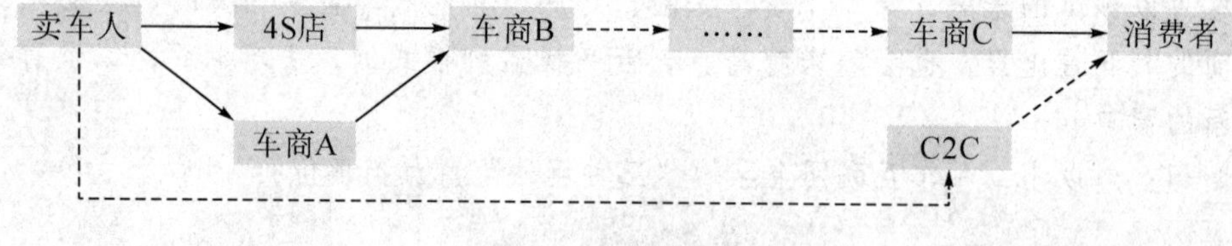


**图9.13 交易流程**

卖车人一般有3种卖车渠道：通过4S店置换新车、直接卖给二手车商、通过C2C交易平台挂牌。二手车车况不同、信息不对称、欺诈风险高等问题造成二手车市场混乱，车辆交易的真实性难以保障，过户流程复杂，评估定价难。二手车市场的主要盈利模式为收取交易服务费和租金。一线城市的市场和二线城市的市场有较大的区别。造成二手车交易市场碎片化、资信较差、市场混乱的情况。二手车交易的特殊性也导致了二手车金融发展的特殊性。对于二手车经销商而言，其整体特征为分布散乱、规模小、不规范、非标准化等，因此融资难度较大。对于二手车消费者而言，二手车的评估体系和风险控制体系的不健全，使其贷款难度远远大于新车。二手车的非标准性使得其难以获得传统金融机构的资源。

(5) 二手车金融产品分析。二手车金融产品主要包括车抵贷、车分期、车库融。

①车抵贷，包括车抵押、车质押。

②车分期，包括车融租-直租、车融租-回租、大额信用卡分期。

③车库融。现在市场上针对经销商库存融资业务模式主要由厂商与第三方银行承兑模式或通过管理库存的类似于流动资金贷款模式来操作。市场上也有很多互联网金融机构在操作此类业务，相对前两类产品，风险略高，并且难以规模化扩张。

(6) 二手车金融市场机构现状。二手车市场是典型的供给驱动型业务，优质供给拉动需求。这是其最核心的一个竞争点。

(7) 二手车金融资金来源。目前传统金融机构、主机厂背景的汽车金融公司、融资租赁公司、新兴二手车金融服务平台、二手车电商平台是二手车金融领域主要的市场竞争者。那么二手车金融的资金来源有哪些呢?

车抵贷主要资金来源如下:

①P2P 资金（总资金年化成本 10%~15%）。

②履约保证保险+银行资金（总资金年化成本 9.6%~12%）。

③银行助贷（总资金年化成本 7.5%~10%）。

车库融主要资金来源如下:

①P2P 资金（总资金年化成本 8%~12%）。

②银行助贷（总资金年化成本 7.5%~10%）。

目前在二手车零售端的金融分析渗透率极低，与市场规模和需求不成比例，主要原因如下:

第一，银行对于二手车业务早期过于宽松导致大量坏账，因此目前大都是“间接”贷款，导致贷款成本、首付比例、审核标准等远严格于新车，造成金融产品对客户吸引力不足。例如，首付不低于评估价值 50% 以及贷款车车龄要求和征信审核特殊条件等。

第二，二手车产品的评估检测定价等一系列标准化服务和全国范围内流通问题仍未能规模化解决，金融公司轻易不敢“放开手脚”，因此目前只是在一些活跃区域经营效果较好。二手车“一车一况”“一城一价”难以实现精准化，因此二手车金融目前都处于经营粗放型发展，规模难以做大。

第三，国家政策导致二手车商品结构变化，大量准新车竞争激烈与新车降价交叉重叠，3~5 年二手车本地化严重，5 年以上车型环保受限、贷款受限。

二手车金融目前开始进入到“战国时代”，二手车成为金融机构未来新“赌局”!

思考题：为什么说二手车将成为金融机构未来新“赌局”?

# 第十章　二手车电商

2016年3月，国务院办公厅提出：推动二手车经销企业品牌化、连锁化经营，提升整备、质保等增值服务能力和水平；积极引导二手车交易企业线上线下融合发展，鼓励发展电子商务、拍卖等交易方式；推动新车销售企业开展二手车经销业务，积极发展二手车置换业务。二手车的发展离不开网络技术的支持，二手车电商正在快速成为二手车大流通的主流模式。随着O2O模式盛行于各个行业，传统二手车行业从业者开始更加重视线上与线下平台的融合发展以应对电商的冲击。未来二手车的发展，必将是传统模式和新技术的融合。

通过对本章的学习，学习者应掌握二手车电商的模式及特征，了解二手车电商的发展状况并分析电子商务对现有二手汽车营销模式的影响和冲击，思考二手车贸易中电子商务模式的系统结构和模型，寻求提高整个二手车市场的资源配置效率和降低交易成本的最新路径。

## 第一节　二手车电商概述

电子商务这种新型的经营模式深刻地改变了传统的经营方式，它正以一种前所未有的速度，改变各行业的经营环境和市场运作模式，汽车行业也不例外。电商在线交易平台突破了二手车交易的地域限制。

### 一、二手车电子商务的概念

电子商务是传统产业面临的新的经济环境、经营战略和运作方式。电子商务的目标是利用互联网技术，优化产品供应链及生产管理，优化用户服务体系，完成传统产业的提升与转化。

二手车电子商务（即二手车电商）是一种创新的交易模式，是指利用计算机、网络、视频等技术将人工交易（服务）系统整合在一起，形成的新型二手车网上交易平台。二手车交易市场、二手车经纪公司、二手车拍卖公司以及二手车销售公司都可以利用自身优势建立各具特色的网络交易平台。二手车网络交易具有信息和交易过程公开、透明，并且能实现远程交易、方便快捷和交易成本低的特点。运用二手车网络交易平台，有利于解决困扰企业经营的二手车来源问题；有利于打破二手车区域限制，实现二手车资源全国范围流通和合理配置；有利于企业发展客户，增强市场运作能力，加强抗风险能力。

## 二、二手车电商的模式

伴随互联网与移动互联网技术的成熟，国内二手车市场近年来涌现出了多种新兴电商模式，其中运用较广的有 B2B 模式、B2C 模式和 C2C 模式。

### （一）B2B 模式

B2B 指电子商务中企业对企业的交易方式，即“Business to Business”，主要是发展企业间的电子商务。这种方式目前多运用于欧洲的公司之间，有由卖方建立市场、由供应商建立市场和内容汇总等几种模式。美国西斯科公司就利用互联网在电子商务市场上与贸易伙伴建立了纵横交错的关系。1997 年，其网上交易额占了总销售额的 40%，并且还借助数字化的销售渠道在一年内节省了 4 亿美元。

作为一个二手车贸易用户交易平台，对其开展 B2B 的电子商务可以将该领域内的买卖双方，包括异地（他国）的企业联系起来，使公司几乎能够实时把二手车供应商和二手车购买商融入其交易过程，极大地促进企业间二手车的推介和交易，推动了二手车贸易。

在二手车电商行业 B2B 市场中，由于发展时间长、交易规模较大、市场较为成熟、参与者稳定，B2B 模式是目前国内二手车电商行业主要的交易模式，占二手车市场成交量的 71.0%。由此可见，车商是目前 B2B 模式最重要的参与者。放眼全球市场，B2B 模式已经十分成熟，如美国的美翰（Manheim）年交易量已突破 800 万辆，而中国市场虽然在整体交易量和发拍量上差距明显，但处于高速增长中。现阶段及未来几年，B2B 模式仍会占据二手车在线发拍量和成交量的多数份额，而对于 B2B 模式的企业来说，保持 B 端车商的培育，等于培育了更为集中的车源市场，对后期向 C 端市场的横向延伸奠定了坚实且良好的基础。

### （二）B2C 模式

B2C 指电子商务中企业对消费者的交易方式，即“Business to Customer”，主要是发展企业对消费者之间的电子商务关系，其在美国的商界中占据主导地位。消费者可以在家里光顾世界各地的网上商店。目前，就世界范围内而言，B2C 的主要产品为图书、光盘、软件、旅游服务、健康和美容、玩具等，另外金融服务也在迅速发展，而汽车，特别是二手车的 B2C 服务尚处于起步阶段，但市场潜力较大。

近几年，我国的个人电脑上网率发展迅速，轿车已进入普通大众家庭。在这么一个大环境下开展二手车网上 B2C 服务，就有一个很好的发展基础。贸易公司为消费者个人推出二手车贸易用户交易平台，可以提高个人购买的成功率，同时降低个人因通信不便等造成的时间、资源的成本，使二手车贸易面向全国，进而走向世界。

### （三）C2C 模式

C2C 指电子商务中消费者对消费者的交易方式，即“Customer to Customer”，是一种个人对个人的网上商务交易方式，也有人称之为“P2P”。消费者可以在网上卖出自己多余或不再使用的商品，也可以在网上买到自己所需要的商品和所喜爱的物品，甚至可以进行物物的直接交换。其中最典型的是在网上拍卖或竞买，开展网上竞价交易，如著名的竞买网站易贝（eBay）已成为世界上最大的拍卖网站。由于这种模式为消费者之间直接交易的开展提供了信息和交易的平台，不仅大大节省了消费者之间交易的时间和成本，也提高了社会效益，受到消费者的喜爱，使得 C2C 电子商务的发展非常迅速。

二手车电子商务的 C2C 平台只是提供信息服务等内容，是纯粹意义上的第三方。二手车 C2C 模式与 C2B 模式相比，在交易效率、成交频率方面明显较低，新用户获取成本较高，但这并不阻碍资本市场对二手车 C2C 模式的青睐。2014 年，我国国内诞生了三家比较有代表性的 C2C 二手车交易平台：人人车、好车无忧、赶集好车。

## 三、二手车电商的业务模式

随着二手车市场的发展，二手车电商业务模式也不断创新发展，主要有网上竞价交易平台、交易服务资讯平台、简单收购、第三方信息服务平台、二手车寄售等多种业务模式。

### （一）网上竞价交易平台

网上竞价交易平台主要是以中介机构为平台，通过为买卖双方提供车况保障、支付保障等中介服务，保障二手车在线交易顺畅实现。其盈利模式主要来自按车收取检测费、交易服务费等。

该模式的操作流程如下：

（1）用户通过网站、微信、电话或门店等途径预约买卖二手车。

（2）第三方检验机构或网上交易平台的工作人员使用标准化检测设备对车辆进行检测评估，实时将数据上传到中央数据库，依照数据库的问题反馈进行查勘，并形成一份完整的车辆评估报告并上传到二手车电商交易平台，供买家了解这款车的真实信息（包括车架损伤、发动机状况等方面的客观描述），帮助人们在不看实车的情况下形成车辆价值判断。

（3）来自全国的买家开始对车辆进行报价。

（4）车辆被出价合适的买家拍下，双方确认成交。

（5）办理过户担保，买家收货。

以上模式流程如图 10.1 所示。

图 10.1　网上竞价交易平台的交易流程图

这种模式的根本特点是实现了在线交易，是真正的在线交易平台。其优点是交易双方能够不受时间和地点的约束完成交易、交易成本低、信息透明、效率高，缺点是看车、取车不方便，需要平台有过硬的检测技术和配套服务，做到信息透明和服务高效。

### （二）交易服务资讯平台

交易服务资讯平台模式也通过为买卖双方提供中介服务，如评估、经纪等获取佣金收入，而不以获取买卖差价为目的。该模式与网上竞拍平台的根本差异是该平台只提供在线信息服务，并不真正实现在线交易，平台本身收取的是加盟用户的信息服务年费。

这种模式的优点在于只提供中介服务，经营风险较小。相对于更为碎片化的中介服务机构，交易服务咨询平台可信度相对较高。其缺点是时间长，对评估师要求高，难以做到标准化，特别是平台本身并不提供统一的信用保障服务，对线下网点要求高，信用风险也因此而不可控。客户在获得服务咨询的基础上，还需要就近实现看车、试车、价格谈判、交易过户，才能完成整个交易过程，这就需要企业提供更多的线下网点支撑服务。

### （三）简单收购

简单收购是指直接买进卖出的模式，即收购模式，利用网络平台对二手车进行收购，然后再利用平台或其他方式转卖给消费者，赚取差价盈利。

简单收购模式是一种重资产模式，对资金的需求规模和周转性要求较高。强大的资金需求为该种模式构筑了资金壁垒。简单收购模式风险较高，规模达到一定程度后，资本运作的风险较高。另外，如何实现交易的跨区域流动也是该模式面临的挑战。

### （四）第三方信息服务平台

第三方信息服务平台模式，即中介服务平台模式，也可以称为信息服务模式。目前，我国绝大多数的网络平台都在消费者和二手车经营主体之间扮演着传达信息的角色，为买卖双方提供信息发布平台，通过广告获取收益。该模式未来可以通过利用积累的信息资源，向二手车市场参与主体提供信息咨询服务。第三方信息服务平台模式还可以通过同经销商、保险公司以及拍卖、评估机构合作的方式，扩大利润渠道。

第三方信息服务平台模式是一种轻资产模式，其对资金的需求量相对较低，但对信息服务的可信度要求较高。目前，有接近85%的国内二手车交易是通过交易商和交易市场完成的，而信任是交易中的关键因素。通过对车源信息的详尽审核和专业的汽车评估师过滤，在这样的基础上提供信息和中介服务，其价值远高于在自发而未经审核的信息的基础上提供信息和中介服务。

### （五）二手车寄售

二手车寄售模式类似于汽车超市，卖方通常将汽车放进线下体验馆中进行寄卖。此类电商平台提供二手车认证、交易及质保服务，一般有线上平台和对应的线下体验店，线上提供信息向线下导流，并以线下服务为主。

这类平台，线上只是一个载体，核心还是通过线下进行检测服务。寄售模式的交易过程如下：

（1）卖车车主先通过线上平台预约卖车。

（2）将车开到线下门店或检测点进行检测。

（3）平台出具检测报告后，终端车商通过平台进行出价竞拍，价高者得。

（4）终端车商直接把车卖给终端用户。

这种模式的缺点是人才素质要求高，线下体验点建设成本较高。

### 四、二手车网络交易系统案例

#### （一）即时拍网络交易系统

即时拍网络交易系统是由北京市旧机动车交易市场有限公司建立的，该系统主要分为两部分：一部分是服务个人客户的即时拍卖；另一部分是和北京祥龙博瑞汽车服务集团旗下的几十家4S店合作，把即时拍引入新车4S店，为置换客户提供二手车拍卖服务。

即时拍给车主提供随到随拍的卖车服务，包括车辆确认、手续检查、底价确定、网络竞价和交易支付等。车主从开车到服务中心再到拍卖结束，一般不会超过1个小时。网上即时拍业务以其方便、快捷、价高的特点，赢得了广大车主和二手车经纪公司的积极参与。通过网络公开竞价的方式，最大程度上让车主得到了实现较高售价的实惠。

#### （二）车易拍网络交易系统

车易拍是北京巅峰科技有限公司建立的一个二手车网上拍卖电子商务平台，位于北京北辰亚运村汽车交易市场内。车易拍有C2B和B2B两种模式。C2B模式是针对个人车主的；B2B模式是针对品牌4S店合作联盟置换车辆的。两种模式的竞价方都是在系统内注册的二手车经营机构。

车易拍实现了远程不看车而看技术检测报告的竞价交易，这是因为企业对所有参加竞拍的车辆都经过"268V"标准化二手车检测系统检测并出具标准化检测报告，所有检测报告都附有诚信车况的赔付承诺。全部过程公开、透明、高效、安全，附带检测质量承诺的检测报告，最大程度上规避了收购方在短时间难以对车况做出准确判断的风险。无需现场看车，互不见面的竞价方式，有效保障了交易价格的客观性和公平性。

车易拍的交易流程是检查车主及车辆的合法手续→车主报预期交易价格→车辆检测，形成检测报告→检测报告等相关信息上传网络交易平台→网上竞价→满足车主心理价位→成交→办理过户或外迁手续。如果竞价结果没有满足车主心理价位，则不成交，不成交不收费；成交则收费300元。由于成交价都是市场价格，因此能实现二手车价值的最大化。

## 第二节 二手车电商发展现状

随着互联网交易流程的完善和消费者对在线交易的信任程度不断加深，二手车电商平台正成为互联网电商的新宠，各种模式的二手车电商也逐渐占据了二手车交易的更多份额。2013年，互联网平台二手车交易约占二手车交易整体市场的4.5%，2014年这一比例上升至10%。预计到2020年，二手车网络平台整体规模的市场占有率在18%左右，而传统渠道的市场占有率将下降到15%。

## 一、我国二手车电商的发展阶段

纵观二手车电商行业的整体发展路程，大致可分为以下五个阶段：

第一，萌芽期，仅有单纯的信息发布；

第二，起步期，企业选取一个环节进入二手车电子商务，开始快速增长；

第三，快速发展期，企业在原有领域继续深耕，并完成新领域的横向拓展；

第四，深度整合期，实现各领域深度整合；

第五，成熟期，市场成熟。

从最初单纯的信息发布阶段开始，到未来逐步走向成熟，并最终拥有自己成熟的商业模式及盈利模式，二手车电商行业每个阶段将会经历一段较长时间的发展过程。

目前，我国二手车电商行业的消费者端市场正处于起步阶段。由于起步较晚，从2015年开始，经过资本和广告市场的大量投入，消费者端市场才真正进入消费者视野，开始快速发展。而企业端市场的主要参与者为企业端车商，其对二手车需求量和接受度明显高于销售端用户，目前处于起步期向快速发展期的过渡阶段。

## 二、当前我国二手车电商发展的特点

### （一）消费者市场的交易规模及企业规模相对较小

2015年是二手车电商消费者端交易平台的爆发元年，多家企业以不同模式进入消费者端市场中。消费者端市场大多数企业目前处于A轮和B轮融资阶段，企业规模对较小，多数企业还处于围绕自身核心优势抢占用户、扩大企业知名度以及交易规模阶段。相比消费者端市场，企业端市场发展时间相对较早，企业端市场多数企业处于C轮和D轮融资阶段，市场规模和发展速度相对比较稳定，同时向新领域进行探索。

### （二）消费者端用户资源成为发展重点

消费者端市场培养初见成效，个人二手车线上交易概念深入人心，消费者端用户对二手车线上交易认知度和接受度明显提升，同时消费者端市场渗透率也有一定提升。消费者端买方市场是二手车交易终端，其市场价值巨大，因此获取消费者端用户资源是目前消费者模式企业的发展重点。

### （三）B2C模式是目前消费者模式市场中主要的交易模式

由于企业端车商的参与，B2C模式在市场规模、车源丰富性、交易效率、服务保障等方面有较为明显的优势。C2C模式市场规模相对较小，但“直销”的模式特征鲜明，符合消费者端用户利益，解决消费者端用户痛点，交易灵活，未来有较大的发展空间，其发展的关键是解决区域限制的问题。

B2C模式企业是消费者市场重要的组成部分，以优信二手车和车猫二手车为代表的B2C企业，目前占据消费者市场80%以上的市场份额，并且在融资金额上明显高于其他消费者模式企业，所以目前消费者市场处于以B2C模式企业为主导，各企业竞争发展的局面。

### （四）消费者模式企业着力拓展增值服务，寻求盈利点

各消费者模式企业特点和优势明显，目前一直处于快速发展的状态，用户数量和

交易规模均有较大增长。绝大多数企业仍处于投入阶段，缺乏突出的盈利点。因此，消费者模式企业在原有业务基础上一直寻求新的盈利点，汽车金融、保险、后市场服务等方面可能成为消费者模式未来主要的盈利方向。

（五）汽车金融服务是二手车电商行业消费者模式发展的重要推动力

消费者端用户对金融服务的需求日益旺盛，二手车金融服务会吸引更多消费者端用户，促进二手车贸易快速发展。

## 三、我国二手车电商的宏观环境分析

二手车行业是政策依赖度较高的行业，目前国家和地方政府相继出台的汽车限购、二手车限迁、二手车经销商税收等政策，一定程度上限制了二手车的流通。同时，国家二手车检测标准、临时产权制度等政策的出台，对规范二手车市场的车况检测、过户规范、简化交易过户流程等方面，有着促进作用。

（一）政策环境分析

2015 年 5 月，国务院发布了关于大力推进电商发展的指导意见，指出要为电商营造宽松的发展环境，鼓励电商领域就业创业，推动传统行业向电商的转型升级，同时加强电商人才培养和基础设施建设。2015 年 11 月，工信部研究制定了《国务院关于积极推进"互联网+"行动的指导意见》的行动计划，鼓励和支持汽车等行业基于互联网协同发展。2016 年 3 月，《关于促进二手车便利交易的若干意见》对二手车电商模式给出了指导性建议，即积极引导二手车交易企业线上线下融合发展，鼓励发展电子商务、拍卖等交易。

国家对互联网的推广应用以及对于电商行业的大力扶持，对于二手车电商的发展十分重要。相关政策对于二手车电商模式的鼓励，将为二手车市场带来更多发展空间，促进二手车电商市场取得更快速的发展。电商与汽车行业的融合能够激发市场活力，丰富市场渠道，为经济发展增加新的动力。

（二）经济环境分析

1. 居民人均收入持续提升，国民购买力增强

中国国家统计局数据显示，近年来，中国农村、城镇居民收入都有大幅度攀升。随着国民生活水平的不断改善，人们对于基本交通出行、自驾游等方面的需求越来越多，必然会促进汽车市场的发展。此外，受到部分政策及可支配资金的影响，二手车已经进入普通家庭的选择范围，并逐步成为重要的组成部分。庞大的人口基数、快速稳定增长的人均收入、强烈的购车需求以及不断加快的更新换代频率，都有助于汽车消费市场的快速增长，同时由此产生的置换需求也进一步促进了二手车消费市场的发展。

2. 汽车金融服务普及

2015 年 7 月，国家多个部门，联合发布互联网金融的指导意见，其中重点提到了互联网消费金融。汽车金融作为消费金融类别，与互联网结合，符合目前众多消费群体的实际需求。二手车金融同样如此，结合了互联网，会产生新的机遇。

2016，中国消费信贷规模达到 20 万亿元的水平（见图 10.2），并且处于快速发展

阶段。这体现出国内金融消费市场的蓬勃发展，居民提前消费意识和消费能力的提升。随着互联网金融业务、信用支付业务等以信用为核心的金融服务出现，未来金融服务将会更加普及。

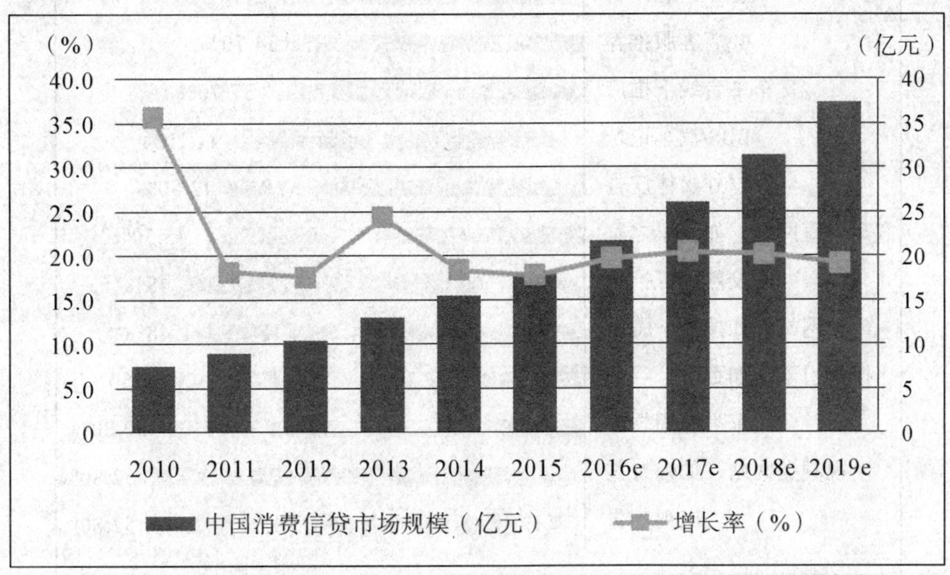


图 10.2 2010—2019 年中国消费信贷余额规模及增长率

随着互联网金融被越来越多的消费者所接受且发展迅速，充分体现了互联网金融的旺盛需求。汽车作为大额消费品，部分消费者更倾向选择金融服务产品去购买汽车，促进汽车消费市场的发展。二手车市场也具有相同的特性，同时二手车市场的特殊性决定了未来二手车金融市场具有其独具特色的发展前景。

(三) 社会环境分析

中国互联网络信息中心数据显示，截至 2015 年 12 月，中国网民规模达 6.88 亿人，全年共计新增网民 3 951 万人，互联网普及率为 50.3%，同时网民个人上网设备进一步向手机端集中。网民规模的不断扩大，互联网开始渗透到日常生活的各个方面，开始推动传统行业的转型。庞大的网民基础和互联网应用习惯，为二手车电子商务发展奠定了基础。二手车电子商务的出现，一定程度上改善了二手车交易环境，完善了二手车交易产业链，对二手车销售量的增长有极大的促进作用。

根据艾瑞汽车研究中心的网上调查，汽车类应用软件、汽车垂直网站等互联网渠道均已成为车辆出售信息的主要途径（见图 10.3）。

互联网的快速发展改变了人们获取信息的方式，依赖互联网获取信息的人群比例越来越高，这为二手车电商发展奠定了重要的用户基础。二手车电商平台集中了海量的二手车信息，并具有“收车”功能，用户可以通过二手车平台快速了解车辆的信息和价值，并高效完成二手车交易。专业化的二手车电商平台未来将会成为用户买车、卖车的重要渠道。

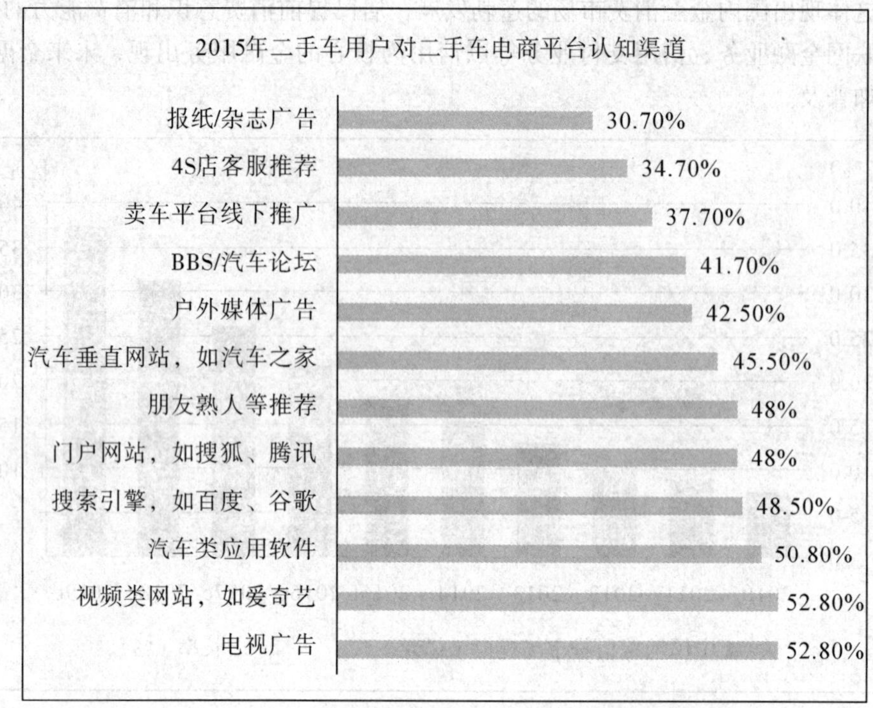


**图 10.3　2015 年二手车用户对二手车电商平台认知渠道**

（四）技术环境分析

1. 二手车检测和评估技术

不同于新车，二手车属于非标准产品，因此二手车行业产品及服务的标准化程度直接影响到行业整体的发展。而二手车检测则是二手车质量鉴别、筛选的重要支撑。检测技术的提升，一方面缩短车辆的检测周期，另一方面提升车辆的检测效果，对于二手车整体质量提升及服务标准化具有十分重要意义。

对二手车的评估是目前二手车交易中的一个重要环节。一套稳定、合理、公平、精确的评估体系能够帮助二手车交易更加高效，对规范市场行为也起到积极作用。目前，第三方二手车评估机构已经获得市场普遍认可，资本也开始进入二手车评估机构。未来建立统一标准的二手车评估体系将会为二手车行业的发展起到极大的推动作用。

实际上，全自动的车辆检测设备，集合车辆识别码（VIN）识别技术、行驶证件识别技术、漆面厚度检测、行车电脑数据分析、全国违章查询、广角度照相功能以及无线传输等智能检测功能于一体，可以有效辅助车辆评估师鉴定车况，加强买方的信任度。

2. 网络支付技术

随着互联网技术的不断成熟，网络支付已经成为人们的主流支付方式。虽然二手车属于高单价商品，但现阶段很多企业已经提供了线上支付的功能，并且不断完善了支付安全系统，线上支付二手车全款及定金的形式已逐渐被人们接受。未来随着厂家的鼓励及推广，网络支付将更加广泛化。

## 四、我国二手车电商存在的主要问题分析

### （一）渗透率不足10%，行业整体不盈利

近年来，铺天盖地的二手车电商广告密集发布。2015年，二手车电商的广告投入总计超过8亿元。调查数据显示，二手车电商的成交量占行业总成交量的比例（即渗透率）仍不足10%，处于发展和探索的初期，二手车电商尚未摆脱不能持续盈利的困境。

### （二）车源不足

不仅是二手车电商，国内整个二手车行业车源不足，车源分布上明显集中在“北上广深”等一线城市。同时，车源碎片化、信息壁垒等导致二手车流通效率低下，以至多数经销商采取“以销定采”策略确定车源。

### （三）流通环节链条较长，操作复杂

国内二手车电商流通链条较长也较为复杂，因而产生了多种模式的二手车平台。目前B2B竞拍类平台由于实现了批量交易，解决了二手车跨区域流通问题。B2B竞拍过程中可以产生比较合理的价格，这也正是C2C平台所欠缺的。本地的买家更愿意用低于二手车市场的价格购买二手车，去中介化带来的价格优势使得C2C平台在本地的竞争中具有一定优势。

由于国内C2C市场还不能根据验车报告直接购车，线下卖场看车比较符合目前个人二手车购买行为，但线下卖场需要车位租金、人工等相应的成本。媒体类二手车信息平台拥有丰富的经销商、4S店合作资源，主要靠广告费、定制服务费获得收益，但目前向二手车交易方向转变仍具有较大难度。

### （四）缺乏完整的车况追踪系统

美国二手车交易市场比中国成熟，很大程度上是有成熟的车况追踪系统，该系统将汽车生产、出厂、出售、行驶里程数、维修、养护等一系列数据系统记录下来，如同银行征信体系。目前国内欠缺类似的车况追踪系统。对于二手车电商而言，如何健全线下服务，包括前期车辆检测及评估、后期售后服务以及如何把控交易信息的真实性，仍是当前亟待解决的问题。

### （五）缺乏诚信

由于信息不对称而导致的交易中间环节不透明、诚信机制无法建立等问题，一直都是我国二手车市发展中的“痛点”，而这些“痛点”在二手车电商模式中并未消失。2015—2016年，已有不少二手车电商平台因数据造假、售卖事故车、售后服务不诚信等问题而被频频曝光。

### （六）限购政策

为从源头上控制城市交通拥堵，目前汽车限购政策在“北上广深”等一些城市实施，限购和摇号控制新车增量用户增长，一定程度上刺激了原有用户旧车置换需求。这样一来形成了一二线城市二手车流向三四线城市消化的现象，对侧重本地交易的二手平台不利。由于三四线城市互联渗透程度不高，直接影响到二手车电商的发展。

# 第三节　二手车电商发展策略

毋庸置疑，二手车电商有着巨大的发展潜力，但其发展尚受到一些限制，二手车电商的发展对策亟须优化。

## 一、加强线下团队建设

二手车电子商务与普通商品电子商务不同，二手车电子商务需要二手车电商企业派出人员扎根线下，收车、验车、过户均需要专业人员，这就需要建立一支专业的线下团队。目前，线下自建专业团队的有 C2B 模式的车易拍和 B2C 模式的优信拍。在最依赖线下团队的 C2C 模式中，瓜子二手车的线下团队超过 4 000 余人，覆盖超过 70 个城市，而与其模式一样的人人车覆盖 30 余个城市，团队人员达 2 000 多人。线下团队建设的重点是加强线下团队的培训和组织管理。不经过培训，则人员不专业。如此大规模的线下团队，缺乏有效的管理手段，使不会实现二手车电商的发展目标。

## 二、注重市场开拓

车易拍和优信二手车因为创建多年，已经完成了城市的布局，在其所在的模式领域稳坐第一。而最近崛起的 C2C 模式中，瓜子二手车与人人车的策略也不尽相同。因为雄厚的资本支持，瓜子二手车采用的是快速扩张策略，尽管比人人车晚创办半年，却在城市覆盖数上是人人车的两倍。因此，没有资本的支持，很难实现快速的城市扩张。然而，需要注意的是，快速的城市扩张仅是二手车电商市场布局初期采取的策略。市场的开拓还需要二手车业务的开展得到客户的认可。二手车电商市场的开拓不应仅依赖资金的支持，还应依靠品牌的优势，综合采取广告等多种方式实施。

## 三、提升品牌运营能力

就二手车电商而言，需要流量运营能力、交易运营效率、品牌运营能力等核心能力的支撑。二手车交易具有高价值、低频次、非标品特征，这些特征决定了用户的消费决策更慎重、决策流程更长，尤其是买方会在买车前进行多平台对比、多渠道咨询。这就要求所有消费者端的二手车交易平台必须具备良好的品牌及高效的品牌传播能力，而不仅仅是砸钱做广告。优质的品牌意味着能够以低成本获取用户。而优质的品牌来自于透明的模式、优质的服务和可靠的售后服务，也来自于高效的运营。

### （一）透明的模式

透明的交易模式可以改善二手车买卖过程中的信息不对称问题，促进信任感的建立，从而产生优质品牌。在二手车电子商务的所有模式中，透明度最高的模式为 C2C 模式。该模式最大的优势之一就是去掉所有中间环节，让买卖双方直接交易、差价小，并且信息公开可查、透明度高，这有助于二手车电商平台建立良好的口碑，产生品牌效应。

（二）优质的服务

1. 建立二手车行业的服务标准

如果服务缺乏必要的标准，则客户满意度难以保证，也难以建立优质品牌。目前，二手车从业人员素质和服务水平还远未能满足客户需求，二手车行业的服务标准也有待建立。

2. 通过线下门店提升客户体验

在二手车交易中，用户的信任度对交易决策效率的影响较大。相对于纯线上的服务，一个实体店面能给用户更多实实在在的信任感，而一个大型的店面更能增强用户对品牌的信任度。

（三）可靠的售后服务

配套的售后质保会大大提升用户的服务体验，强化品牌传播。二手车的售后质保通常有与第三方平台合作、与维修店合作和自营售后三种方式。其中，前两种方式能为二手车电商企业降低管理成本，而自营售后方式会让用户体验到更加便捷、有保障的售后服务，提升用户体验，有助于品牌的提升。

（四）高效的运营

二手车是一个低频行业，复购率低，推荐效率也会比打车、外卖等行业慢，因此提升运营效率成为长期发展的核心。二手车运营能力的提升取决于评估师的验收效率和二手车销售效率的提高。

1. 评估师的验收效率

车况保障是购车者对二手车最为关注的地方。高效、可靠的验收能力决定了可供购买的二手车车源数量及质量，这对于一家大规模的二手车电商企业而言至关重要。通常一个成熟的二手车评估师一天可以检测5~6辆车（每辆车40分钟左右），排除事故车，验收上架3~4辆。随着企业规模的扩张，评估师分布的物理密度增加，浪费在路上的时间进一步被压缩，评估师的验收效率可以得到进一步的提高。

2. 二手车销售效率

销售线索转换效率低是二手车行业存在的普遍问题。由于二手车行业刚需少，消费者习惯于多方询价，导致二手车电商企业花费巨额营销费用买来的销售线索转化率较低。

拓展产业链（横向或纵向）有助于提升销售效率。平安二手车通过增加车险和贷款衍生服务提高销售效率，取得了一定的效果。二手车C2C模式的开创者美国Beepi公司通过30天没有售出则平台收购为卖车速度兜底。国内的好车无忧也沿用这一服务，提出“对于车主在30天没有达成交易的，由平台负责购买，保证不影响车主资金和牌照的使用”。

## 四、加强线下网点的建立

未来二手电商平台的发展趋势将会更多地结合线上+线下模式推广应用，线下连锁化网点的建立将会在车辆流通中发挥关键作用。电商平台建立线上+线下的运营模式，使得消费者可以通过网上电商平台提供的搜索引擎，查询了解车辆信息，体验线上咨询服务，并预订线下网点的试驾，进而购买车辆。

线下网点作为网上预约试驾的实体店，为消费者提供车辆咨询、金融咨询和维修咨询等信息咨询服务，并且可以通过与原品牌4S店合作，将二手车的售后质保和事故维修全权移交给车辆对应的品牌4S店。此外，消费者还可以选择自行前往网点对二手车的信息进行筛选，当场进行汽车试驾，以缩短网上预约试驾到实车试驾的时间，减小车辆交易周期，促进车辆的快速流通。电商平台网络版面对应的所有服务业务，消费者都可以在线下网点进行咨询以及根据自己的需求选择最优质的服务。线下网点根据顾客的选择，为顾客制定配套的车辆服务，并提供一站式服务直至汽车送到顾客手中。

另外，消费者在购买二手车后，有质保、维修保养和零件更换等方面的需求时，可以通过联系平台的线下网点咨询服务，线下网点便会联系就近的原品牌4S店以最快的速度提供对车辆进行维修保养等服务，由4S店全权对线下网点交易出去的二手车进行质保和维修。

## 五、提供第三方认证和评估

建立二手车第三方鉴定评估机构，可以使国家相关部门参与监督管理二手车的鉴定评估过程，为消费者购买二手车提供必要的技术支持，让二手车评估标准变得较为统一，管理更为规范。

### （一）统一标准，规范管理，提升第三方鉴定评估机构的权威性

对于鉴定评估体系、评估报告的科学性以及执行标准等方面做出明确的规定，可以让消费者明确和信任第三方鉴定评估认证机构的权威性。第三方鉴定评估机构通过与原汽车品牌合作，使用车辆车况信息记录数据库，收集车辆的历史维修记录、驾驶里程、使用年限、过户次数等车况信息，作为鉴定评估的基本信息来源，以确保对二手车鉴定评估的真实性和可靠性。

### （二）建立新的二手车鉴定评估标准

目前，许多二手车电商已经在实践中形成了自己的鉴定评估标准，这些评估标准可以推广运用。例如，车易拍的"268V"标准化二手车检测系统，专门针对可能会被私自修改的车辆信息，这些信息包括驾驶里程、维修记录、原装重要零件等。通过对现有电商平台鉴定检测的详细项目、方法和设备不断总结完善，在此基础上，建立新的鉴定评估标准，培养筛选更加专业的二手车鉴定评估师，通过使用专业的仪器、设备对二手车的主要零件、保险杠、外观以及内饰等方面进行专业的鉴定评估，可以得出准确、权威、可信程度高的检测报告。检测报告经国家汽车监管部门审核通过后，以上传网络交易平台的形式对消费者公开，作为购买者购买二手车的重要参考依据。

在当前市场行情下，建立权威的第三方认证和评估机构是必要的。第三方机构应当利用其互联网优势和国家部门监督管理的权威优势，尽可能地开发出人性化服务，完善平台的功能，吸引顾客的关注和使用，促进二手车行业的快速发展。

### 六、整合产业链上下游，打造生态平台

二手车交易平台还可以实施产业链的整合业务，即通过以交易这个环节为切入口，整合整个产业链的上下游，围绕着为车主服务这个中心打造一个完整的汽车和车主的生态平台。在这个生态平台的打造过程当中，可以衍生出很多商业空间，二手车交易平台的商业边际可以不断拓展。例如，可以建立车主的征信体系，这个征信体系可以帮助出行平台确定车主的身份，解决出行市场的安全问题。通过这个生态平台，可以将新车信息与二手车信息相连，将二手车交易与售后服务直至报废回收相连，也可以二手车交易为中心辐射出信息服务、求职就业、汽车俱乐部等多种产业。

## 一、思考题

1. 何谓二手车电商？其业务模式有哪些？
2. 现阶段我国二手车电子商务的发展有哪些特点？
3. 现阶段我国二手车电子商务发展存在哪些问题？
4. 二手车电商企业应当如何提高盈利能力？

## 二、案例分析题

二手车电商亟待盈利模式创新

近年来，二手车电商市场频频发布融资消息。业内预测，受到资本市场青睐的二手车电商行业或将迎来发展的井喷期。然而，二手车电商平台停运、整合等现象也让业内不得不思考寻求成熟有效的创新模式。

2016年3月，对于二手车电商来说，这无疑是个“收获季”。3月30日，瓜子二手车宣布完成2.045亿美元的A轮融资，估值超过10亿美元；同日，人人车宣布获得1.5亿美元左右的D轮融资；3月31日，车猫网战略入股国机汽车旗下真容二手车。实际上，2015年以来，二手车市场就已经进入了融资“火热期”。据不完全统计，2015年至今确认获得融资的二手车电商平台有20家以上。百度、腾讯、阿里巴巴等互联网巨头纷纷瞄准该市场。而在资本的带动下，不少创业企业也选择进入该领域。

然而，资本的青睐掩盖不住一批倒下的企业的身影。据统计，过去不到一年时间里，已有15家二手车电商网站被关闭或即将关闭。此外，车享网于2016年2月进行裁员，58快拍于2016年4月宣布其上门评估“快拍侠”和拍车系统停运。以C2B的模式为切入点的平安好车，发展不到3年，在“烧”完14亿元广告投入后，被整合并入了平安产险。

这些倒闭的企业多为准入门槛较高的B2C模式。相对而言，其启动资金多、扩张速度慢，特别是一些企业前期“烧钱”严重，导致资金跟不上，并逐渐失去资本方的青睐。

自2015年不断被曝出数据造假、销售问题车、车辆信息误导消费者、售后服务不

诚信、疯狂刷单、检测车辆标准不统一等负面消息，到2016年3·15晚会被公开点名，被资本光环笼罩的二手车电商似乎也难逃市场的拷问。

我国二手车电商仍处于初期发展阶段，二手车市场的电商渗透率较低。一系列暴露出来的行业问题实际上都与企业单靠吸引流量、迫切想要扩大销售和吸引融资等因素有关，并且汽车交易对线下场景的高度依赖也使得仅依赖互联网平台的交易较难达成。此外，电商化带来的交易安全问题也受到关注。除了被暴露出的诚信问题，二手车电商其实也存在透明度、用户隐私信息安全等问题。

综上所述，如何引导线下交易转型升级成为电商平台的重要课题。单靠“烧钱”、巨额广告投入的方式很难支撑企业的持续发展。探索二手车交易背后的汽车后市场服务、形成多元化的盈利模式创新才是长久之计。

问题：

（1）如何完善我国二手车电商的市场体系？

（2）当前的二手车电商模式存在哪些弊端？

（3）二手车电商如何寻求有效的盈利模式创新？

# 第十一章　二手车营销

二手车的营销与新车相比较有其自身的营销策略与营销渠道，本章主要介绍我国的二手车营销及二手车营销策略分析，并制定了互联网环境下的二手车营销策略。通过对本章的学习，学习者应了解我国二手车现有营销策略存在的问题与不足，掌握我国二手车“互联网+”营销的对策及建议。

## 第一节　二手车营销概述

二手车作为与新车同种类的商品，拥有新车无法比拟的消费优势。伴随着我国汽车消费市场机制的健全，二手车的消费速度更是增长较快，二手车的营销也受到重视，我国二手车贸易的发达离不开二手车营销的支撑。

### 一、我国二手车营销现状

#### (一) 我国二手车交易现状

2015 年我国二手车交易量为 960 万辆，2016 年我国二手车交易量为 1 068 万辆，预计 2017 年我国二手车交易量有望突破 1 250 万辆，2020 年我国二手车市场的交易总规模有望突破 2 000 万辆。

#### (二) 二手车交易渠道

传统二手车市场为二手车交易的主要渠道，长期以来没有权威的二手车鉴定评估机构。随着 2014 年 6 月 1 日《二手车鉴定评估技术规范》的正式施行，二手车市场逐步走向正规化，东风日产尼桑、一汽大众、一汽丰田以及豪华汽车品牌，如宝马、奔驰等纷纷推出了自己的品牌二手车。随着二手车商逐渐品牌化，二手车交易也不仅仅局限于传统的线下市场内的交易。线下评估车辆，线上买卖车辆，依托互联网平台，扩大二手车交易范围，二手车交易正在走向信息化、平台化的交易模式。

目前，通过线上渠道交易的二手车平台如雨后春笋般地涌现，仅提供线上交易的平台就有车易拍、优信拍、平安好车等数十家之多。

据统计，2014 年二手车行成交额近 5 000 亿元，其中网上交易仅占约 1%，未来二手车电商的发展空间巨大，行业利润空间将十分可观。恰恰是看到了电商模式带给二手车市场的广阔前景，很多大型集团也相继展开了与二手车电商的合作。电商时代的到来让二手车市场受到了前所未有的关注。

二手车交易过程中，车况和价格是消费者最关心的部分。精准评估二手车的真实车况与市场价格是制约二手车线上交易的重要难题。只有解决买卖双方之间的相互信任问题，二手车线上交易规模才能迅速扩大，在市场中占有一席之地。与此同时，对于二手车电商来说，只开展单一的卖车业务已经不能完全满足市场需求，市场要求二手车电商提供类似于汽车店式的全产业服务。

（三）二手车电商发展较快

电商在线交易平台突破了二手车交易的地域限制，互联网环境下符合异地迁入的二手车源信息很快暴露无遗，从而让二手车流通实现地域突围。二手车电商的具体情况详见第十章的介绍。

目前，我国二手车市场处于行业的转折点，未来将有可能实现重大变革，主要表现在以下两个方面：

1. 经营机构趋向规模化

未来二手车行业集中度将更高，某些代表企业的经营规模化将可能颠覆传统的“小作坊”式经营模式，专业化分工将更加清晰。

2. 跨区域流通将成为未来趋势

区域交易平台的建设与发展将成为二手车领域的新亮点。在此期间，第三方服务平台将发挥更多作用。针对二手车业务的金融服务、仓储物流业务将有较大发展。在互联网应用技术的二手车市场，技术和设备的测试也会迅速改变。

## 二、我国二手车营销特点

二手车顾名思义，就是使用过的汽车，因此跟相同质量的新车相比有较大不同。二手车营销有如下特点：

（一）一车一质和一车一价

与同一条生产线下来的新车不同，由于车辆用途、具体使用时间、使用环境、车辆维修状况有别，用户在出售或者购入二手车时即使是相同车型和年限的车辆，其质量状况都不尽相同，无法简单地在同一车型的基础上进行比较。由于存在二手车营销一车一质和一车一价的特点，二手车营销过程中定价就比新车定价复杂得多。影响二手车价格的因素较多，因此二手车经销商首先要具备车辆评估能力，在定价时还要参考市场上同型号、同时期、同地区新旧车辆的交易价格并充分考虑成本、政策、市场供求关系等多种因素确定。

（二）价值递减

虽然新车头两年折旧率比较高，二手车经销商或许能够以较低的价格收购车辆，但是如果不尽快售出的话，放置时间越长贬值越厉害，无法保证合理的利润。价值递减特点要求二手车交易过程要快速处理，经销商收购了二手车之后要在尽可能短的时间内出售。渠道间的信息传递和共享是快速处理二手车的重要方法。由于各地区对二手车的需求不一，如能在区域间形成信息共享，实现资源调配，就能加快二手车的销售速度。

（三）信息不对称

二手车交易普遍存在信息不对称问题，买卖双方互不信任，买方对卖方提供的关于车辆的合法性、真实性、违章及事故记录等存有怀疑，而卖方出于价格和利润考虑也可能会对买方隐瞒某些事实。解决二手车交易中的信息不对称问题，需要建立二手车信息真实记录与查询机制。

（四）营销手段单一

二手车的营销，无论是线上还是线下，与新车营销相比较营销手段单一，营销策略缺乏。二手车营销普遍采用低价策略吸引消费者，这是不够的，需要在二手车流转的各个环节（收购、认证、检测、评估、翻新、销售、售后服务）采取多样而行之有效的营销手段才能促进我国二手车贸易的快速发展。

## 三、我国二手车互联网营销的不足

随着互联网和移动互联网的普及，二手车的互联网营销发展较快，但也存在一些不足。

（一）二手车电商营销发展战略仍然缺乏整体规划

目前，国内二手车电商企业商业模式还处于探索阶段，尚未形成一套成熟的、可操作性强的电商营销体系和操作指南。大多数二手车商对于网络营销并不熟悉，长期以来按照传统方式营销，营销过程中忽视企业客源的培养、经营管理水平的提高、企业竞争优势的培育等。互联网技术在国内二手车营销方面的优势尚未得到充分展现。为此，二手车电商平台将进一步强化二手车认证标准和品牌，积极推动标准化流程，实现二手车拍卖的完全在线化。二手车电商的盈利模式也将呈现多元化发展，越来越多的整车厂商和经销商集团将渗透到二手车贸易中。

（二）品牌二手车电商营销需要继续巩固

品牌管理是营销的高级阶段，成功的网络营销是基于良好商业信誉、完备的服务体系、优质的品牌形成的。目前，我国二手车电商市场供求矛盾凸显，二手车的规模和市场需求不足，加之模式尚未成熟，劳动力成本高，能够获得资本青睐的二手车电商较少。另外，单纯的二手车交易并不能产生较大效益，二手车交易属于典型的低频次、重决策交易，并且交易主要集中在线下，二手车电商在资源方面与一些汽车经销商相比还有较大差距。更为关键的是，目前二手车电商的商业模式尚未有较大突破，二手车电商之间尚处于无序竞争状态。为争夺用户的“烧钱”行为并不能给二手车电商带来持续的盈利，二手车电商的营销手段和策略需要重新审视与深入创新。

（三）电商营销人才缺乏

擅长互联网营销的人才是电商企业发展的推动力。与其他营销模式相比，网络营销对从业人员专业技能的要求更高，如信息的收集、市场调研与分析、管理决策等都需要专业技能的支持。目前，国内二手车电商营销整体上还处于起步阶段，公司内部多半是由汽车从业经验丰富或者懂网络营销的人才队伍组成，兼具汽车及网络营销为一体的复合型人才缺乏。

（四）政府的指导作用需要加强

互联网营销是一个全面的、综合的、复杂的过程，互联网营销跨区域、跨部门、跨所有制经营，要求各方面利益协调、运作规范。二手车电商需要政府的宏观管理与指导，亟须政府建立一个科学的协调机制和相对合理的规范制度。

## 第二节　二手车营销策略分析

营销策略是企业以顾客需要为出发点，根据经验获得顾客需求量以及购买力的信息、商业界的期望值，有计划地组织各项经营活动，即4P策略（产品策略、价格策略、渠道策略和促销策略），为顾客提供满意的商品和服务而实现企业目标的过程。二手车的营销策略主要是指二手车的产品策略、价格策略、渠道策略和促销策略等，是为二手车交易服务的。

### 一、我国二手车营销存在的主要问题

#### （一）缺乏真正意义上的二手车经销商

根据我国现行二手车行业法律、法规及相关政策的规定，我国的二手车交易市场也并不是严格意义上的二手车市场，二手车经销商所能提供的业务也只是单纯的二手车中介服务，受其经营范围限制不可能开展行业内部的其他盈利活动。二手车市场经营主体绝大部分都是二手车经纪公司，根据国家政策法规的规定，二手车经纪公司仅能开展旧机动车行纪、居间、经纪代理等中介服务，不具备开展经营销售服务的资格，严格而言不是真正意义上的二手车经销商。

#### （二）行业诚信缺乏有效监督

第一，卖方的二手车信息远比买方多，买卖双方极度缺乏信任感。

第二，税费政策标准不一，导致各地二手车经销商转变为二手车经纪人，二手车营销与二手车经纪概念混同，没有统一的行业标准也就没有统一的收费，行业诚信无从谈起。

第三，二手车的特殊性，即一车一价和一车一质，加之没有完善的检测评估体系和评估机构，买方很难判断车辆的真实价值，使得一些经销商隐瞒车辆实际状况，车价虚高。

#### （三）售后服务没有跟进

第一，国内二手车行业本身尚不成熟，入行门槛较低，经营主体鱼龙混杂，难以形成统一的售后服务，二手车车辆售后服务与新车相去甚远。

第二，没有新车4S店较成熟的销售、服务体系，即使已有一定规模的二手车经销商，也很难真正执行售后服务的规定。

第三，质量责任难以确定。二手车质量问题有可能是车辆自身原因所致，也有可能是使用不当所致。由于车辆本身的技术复杂性加之二手车自身的特点，很难对质量责任方做出判定。

#### （四）二手车法规需要完善

自我国二手车交易市场建立以来，一直存在法律法规相对滞后和不完善的问题。纵观我国二手车交易市场监管法律法规的发展历程，不难发现行业法规的制定及发展

呈零星发展的态势，规范的范围既重复又不具备系统性，相对比较分散，法律法规的出台远远不能满足市场发展的需要。在互联网经济快速发展的今天，法律法规的缺失已成为制约二手车流通市场发展的重要因素，况且许多政策法规的出台因缺乏有效的实施机制及强有力的监管处罚制度而被束之高阁，实效性严重不足。

（五）交易行为不规范，缺乏相关行业标准

目前，国内二手车交易法规严重滞后，缺乏相关行业标准。各个地方的二手车交易政策差别较大，没有统一的收费标准和交易凭证。此外，二手车交易税费标准不统一。二手车交易税因地区而异，从2%到17%不等，税费问题严重制约了二手车市场的发展。长期以来，由于二手车经营主体结构混乱、规模和影响力较小，导致各地政府采取了简单、粗放的税收模式。

（六）缺乏统一的评估标准，评估体系不健全

目前，国内二手车评估体系不健全，没有统一的评估价格标准，评估人员因其接受的评估方法、个人阅历、评估习惯等差异导致评估结果相差较大。关于对车辆本身的评估受车辆综合保养和维修情况的不同而大相径庭。由于二手车评估准入门槛低，二手车评估从业人员专业素质普遍不高。二手车鉴定评估大都依赖个人经验及市场信息，评估价格并不能真正反映车辆价值。

（七）缺乏完善的二手车交易网络信息系统

第一，就二手车交易市场之类的实体店交易模式分析，消费者关心的车辆真实信息只能在当地公安部门查询。虽然部分地区已实现了与当地车管部门联网，但全国多地的买方较难获得二手车的真实情况。

第二，就日益兴起的互联网二手车交易网站而言，各个网站的普遍模式为以城市划分区域，在各地搜集二手车信息，或者通过网络推广，让注册客户自行推荐车型信息。这种方式的主要问题是信息源分散，数据信息无法完整统计，如二手车实际里程是多少、做了几次保养、维修情况如何、出过多少车险、出现故障记录、驾驶行为习惯、经常行驶区域、汽车磨损情况等这些数据较难获取。

第三，互联网交易模式仍旧免不了实地看车、实物评估等线下交易操作，网站起到的是信息更新共享的功能，线下的交易网站基本起不到作用，更谈不上完善的售后服务。售后的车辆信息随即消失，网站的辅助功能极为有限。

## 二、我国二手车市场营销策略的思考

（一）完善二手车经营机构

二手车市场要发展，就要使二手车回归商品的属性。从“商”的角度讲，应该有一个正常的渠道开展二手车业务；从“品”的角度讲，应该有一个从技术上研究二手车质量规律的体系。目前的二手车市场大多还是一个简单的过户行为。

只有二手车经营公司才能从事二手车交易，即收购和销售二手车。经纪公司只能通过促使他人达成交易或买卖二手车获取佣金。目前的市场情况是二手车经销商同时干着收购、销售和经纪三种业务。传统的经纪和经销概念不分的固有思维需要二手车从业者予以破除，理解经销与行纪、居间的本质区别，需要工商、税务部门的区别

对待。

### （二）建立二手车交易的诚信机制

建立二手车交易的诚信机制主要从以下五个方面着手：

1. 增强二手车经营者的诚信意识

在行业内推行诚信，首先要培养经营者的诚信意识。积极打造一个诚信、和谐、健康、有序的市场环境，确保交易双方主体的诚信经营，维护交易双方合法权益。

2. 建立车辆评估人员的诚信体制

在每辆二手车收购前，专业评估人员参照评估标准对每辆进入流通领域的二手车统一评测，评估人员对评估结果负责，评估机构对评估人员行为负责。一旦评估人员及评估机构有失诚信，对车辆有隐瞒缺陷、虚估价格等情况的，将受到行业处罚。

3. 建立二手车交易过程的诚信体制

在二手车交易过程中，秉承销售合同签署的诚实信用原则，对权属纠纷有瑕疵车辆不予收购，不予销售。出现权属纠纷的买卖事件，二手车经营者应承担相关民事和行政责任。

4. 建立二手车售后服务的诚信体制

针对行业标准及对客户的服务承诺，二手车售后将严格执行售后服务承诺，客户可以对售后服务情况予以评价。有缺失的或者不满意的地方可以向销售者提出异议，经销商应及时解决车辆使用问题。

5. 建立二手车金融的诚信体制

在对二手车提供金融服务前，有关专业人士对二手车的实际价值进行评估，质押借款的借款期限应控制在市场价格波动不大的较短的期限内，应根据借款人的用车习惯和具体经营状况，给予合理的贷款额度定位。

### （三）完善二手车售后服务体系

完善二手车售后服务体系可以考虑出台相应的法规，规定二手车享有一定的售后服务保障，同时鼓励二手车经销商以承诺的方式为二手车提供售后服务，使二手车的售后服务达到新车的水平，甚至超出新车的范围，并不断提升售后服务的水平。

### （四）完善二手车交易的评估机制

第一，评估标准可以不必统一，目前全国认可的评估方法有使用时间计算方法、里程数计算方法、固有公式计算方法。除此三种方法外，车辆的实际情况、使用程度、是否肇事等重要信息也对车辆价值有很大影响。评估师的专业性在关键信息上起到重要作用。

第二，二手车市场日趋庞大，评估师职业化成为趋势。大型二手车市场可以建立专业的二手车评估师机构，对各个经销商的入库车辆及二手车经纪公司的挂单车辆进行评估。法规政策要求每一个投入流通环节的二手车都必须定点进行价值评估。

第三，评估师资质授予机构制定严格的授予条件和授予流程，对评估师的素质进行综合考量，严把质量关。除了资质取得的测试，应有定期复检，规定评估师资质的有效年限。

第四，评估师应遵守职业道德，对评估结果负责。评估师授予机构应设置完善的违规、违法操作的处罚制度，对违规操作行为制定详细的处罚标准。

（五）制定一个二手车交易网络系统

车源车辆信息的开拓需要相关职能部门，包括公安机关车辆管理部门、商务部门等协同合作逐步在全国各个城市开展诸如上海、北京、昆明等地已经开展的联网模式，并逐步将各城市信息资源串联起来，形成大区域、全国性网络。二手车交易的电子商务平台可以通过与交易市场的信息系统的实时对接，更新或者补充信息资源，并将各地主要的二手车交易市场、电商平台的交易信息库逐步完善，增加包括车辆入库管理、库存管理、出库管理、报表、数据传输等功能；建立包括价格发布平台、交易车辆信息、查询系统、安全系统、交易流程控制系统等在内的二手车交易服务信息管理系统。

## 第三节　基于“互联网+”的二手车营销分析

营销策略的起点是客户的切实需要，即以客户需求为中心，通过市场调研，获取相关信息，并最终实现企业发展目标。

### 一、基于“互联网+”的二手车产品策略

二手车交易市场是车辆再次交易流通的场所，集合居间服务和产品经销双重性质。二手车交易市场提供二手车评估、销售、租赁、置换、拍卖、维修检测、美容装饰、配件供应、售后服务以及为客户提供过户、转籍、上牌等服务。近年来，二手车交易市场吸引了互联网企业的进入，典型的代表企业有易车网、平安好车、车易拍、优信拍、人人车、赶集网、汽车之家等。

二手车交易平台展现的车辆信息和商家信息是二手车交易过程中一个非常重要的环节，这些信息涉及车辆照片、性能参数条件以及联系信息等，刺激并引导客户进入下个互动环节。顾客在浏览二手车交易平台展示的信息时，信息展示的效果就成了用户浏览数量变现的重中之重，当用户浏览展示页面时就会对其形成一个大致的印象和评价，之后便依照其实际需求以及网页信息的反馈，筛选出意向范围，进而决定是否进行交易。

作为二手车交易信息中介网络平台，企业提供的是二手车交易过程中涉及的包括信息发布、检验认证、撮合成交、代办过户、售后延保等在内的一整套综合服务，从而收取一定的服务费和带动其他增值服务的营销。二手车交易电商中介平台的核心业务是牵线搭桥、整合资源以及提供车辆交易中介、居间服务。附加业务主要是二手车评估、保修、保险、汽车金融、汽车养护等。若平台能将二手车产业链上的各类服务机构进行资源整合，买二手车就能享受到全套的服务。

### 二、基于“互联网+”的二手车价格策略

中介费用、交易费用、维修费用、过户手续费是二手车交易平台利润来源的主要渠道，收费项目主要集中在平台使用费、代办费、交易费用、鉴定费用等。现阶段，

不少二手车平台重点吸引更多的卖家用户作为基底保障，免费给其设定合理的价格策略。

二手车往往极具针对性，无法提前准确设定好产品的价格。现如今，电子商务发展迅速，传统报价趋势正逐步被新型报价趋势所取代。电子商务技术给买方提供了可随时获取和比较多个经销商价格的便利功能，只需要进行简单的网站搜索便能迅速找到相同或相似产品的价格信息，最终定位满意的产品价格。卖方能够通过网络了解到客户的行为，依照客户的行为需求给予针对性的服务，准确地定位客户对产品的实际需求，向其提供期望价格内的产品。营销方还能使用微信、QQ 等通信方式给客户发送一些打折和优惠信息。互联网平台与传统线下平台获取信息的方式存在较大差距，网络报价不会运用与线下报价一样的策略，原因在于网络平台能够给客户提供诸多同质化的选择，报价相对偏高的产品必然会被埋没在网络市场中。要想在网络交易中获取丰厚的营销回报，就必须针对网络交易特点制定最适合的报价策略。

### 三、基于"互联网+"的二手车渠道策略

消费者主要可以在二手车交易中介平台上直观得到车价、车况的资料以及消费场地的资料。买卖双方都可以通过网络平台更加便捷地获取商品的相关信息，但是买卖双方仍会选择面对面的方式来完成交易并享受相应的服务。因此，二手车经营企业在电子商务平台营销渠道选择拉式策略，在直营门店的营销渠道应用推式策略。拉式策略营销的开展可以通过网络推广，如搜索引擎、网络广告、网络互动、佣金折扣、免费体检、免费增值服务、带动其他服务等方式进行。推式策略营销的开展可以通过针对卖家用户的覆盖区域、上门鉴定评估服务、赠送延保、免费清洗车辆、送一次保养等方式进行。

### 四、基于"互联网+"的二手车促销策略

现阶段，整合营销传播（IMC）这种促销模式被大多数二手车经销机构采用，结合促销与媒体广告及公共关系，构成全方位、高覆盖的传播手段，通过对传播战略的高效统筹，大大提升品牌效应。

二手车交易数据显示，通常情况下，每年 3 月、9 月、10 月和 12 月是二手车交易的旺季。在这些时间段开展有针对性的促销活动将会起到事半功倍的效果。需要注意的是，"互联网+"二手车促销策略的实施需要做到新媒体与传统媒体的结合。事实上，各种传统媒体均有电子化形式，传统媒体电商化已成趋势。此外，通过互联网可以对客户偏好进行数据的分析，通过监测交易数量验证促销的实际效果。

## 一、思考题

1. 二手车经营企业为什么要开展二手车营销？怎么开展二手车营销？
2. 传统的二手车营销策略有哪些？其具有哪些特点？
3. 请结合"互联网+"分析二手车的一个能效策略。

## 二、案例分析题

上了3·15晚会的车易拍，打开了二手车市场

2016年央视3·15晚会点名批评了二手车电商交易网站——车易拍。根据报道，车易拍是一家二手车在线交易平台，通过这个平台，消费者个人可以将车卖给全国的二手车商。在其网站上，车易拍用醒目的粗体字强调着，这里的二手车交易快速、透明、无差价，拍卖流程非常简单。卖车人经过预约、检测就可以进行15分钟的网上竞价。2016年央视3·15晚会上却曝光了车易拍竞价的猫腻。

车易拍网站属于北京巅峰科技有限公司，而易置换正是该公司专门针对二手车交易研发的网络拍卖平台。在易置换的页面，卖家只能看到竞拍次数和价格，看不到任何买家的信息。而在快易拍的页面，买家只能看到车辆详细的检测报告，看不到卖家的任何信息，甚至连车牌号码都经过了处理。

车易拍正是利用了易置换和快易拍两个不同的登录端，截断了卖家与买家之间的信息对称，让买卖双方出现差价，这部分被截留出来的差价以“渠道服务费”的名义留给了4S店。

正是因为给4S店提供了这样的高额差价，与车易拍合作的4S店越来越多，也使得车易拍在这三年里迅速膨胀。2015年，中国二手车电商平台交易规模达到101.2万辆，而车易拍以35.2%的市场占有率再次排名第一。仅仅是2016年2月24日一天的时间，其平台交易量就高达6 000多万元。这其中又有多少本应属于卖车人的利益以差价的形式流入了它们的口袋呢?

正如2016年3月16日车易拍在其官方声明“致亲爱的卖车人”所提到的那样，“3·15晚会报道了车易拍平台买卖双方价格不一致的问题，车易拍没有明确告知卖家，我们的确存在失误，需要及时改正，我们郑重道歉。”

除了官方道歉，车易拍也第一时间拿出了解决方案：“我们已经连夜将车易拍收费明细在网站首页做了公示，收费标准和收费原则也完全公开，以接受广大消费者和媒体的监督。”

至此，这似乎又是一次典型的“3·15案例”：央视曝光、平台认错、主动整改。当然，消费者该骂还是会继续骂。然而，车易拍的案例却又是特殊的，其被曝光的事实缺陷不仅没有在网络上引起一边倒式的跟风痛骂，反而让大家对于二手车行业产生了更大的关注和兴趣。

车易拍称，在平台上一般由买主负担税费、中介费等服务费，而卖家不承担任何费用。因此在车易拍卖车的人看到的是车款，而买车人看到的是车款加服务费，“这是目前二手车电商平台普遍的收费规则”。

车易拍是不幸的，因为恐怕任何一家企业都不希望以被3·15晚会点名曝光的方式出现在大众面前。然而车易拍又是幸运的，事实上，相较于其他无良企业，车易拍暴露的瑕疵反而让消费者更清楚了二手车电商的模式，车易拍第一时间认错并快速行动改善产品的举措，也赢得了不少消费者的好评。

最重要的是，央视这次却意外地给车易拍做了个天大的“免费广告”：绝对黄金档、持续的话题关注…… 央视也认可了车易拍的行业地位，“位居行业第一，市场份额 35.2%”。

收费不透明，这是央视 3 · 15 晚会为如火如荼的二手车电商撕开的第一个口子。在某种程度上，二手车电商已经有了过热的迹象，甚至是“发烧”：一些新入场的“土豪”平台，通过挥金如土的广告宣传和补贴大战来笼络消费者，像车易拍这样的深耕二手车线上线下交易服务的老牌平台，其领先地位正遭受冲击。

事实上，二手车电商的本质，首先是二手车的实体交易和服务，其次才是互联网化。也就是说，靠花钱虽然可以得一时之名，但二手车电商的核心竞争力，比如二手车车况检测、全流程的交易保障服务是金钱买不来的。另外，二手车电商还存在其他一些问题，如某新晋 C2C 电商就不断被曝出售卖事故车、C2C 平台有车商冒充个人买家收车、车检报告与实际车况不符、售后服务差等问题。

二手车电商的一大顽疾是在广告宣传上过分投入，甚至出现虚假宣传之嫌。一些主打“××天无理由退车”的平台，却在实际交易过程收取 10%的折旧费，到最后更是玩起了文字游戏，将“无理由退车”变成“可退”。

车易拍之所以能在强手环伺之下保持领先的二手车交易量，除了依赖其全面的售卖模式（B2B、C2B 等），其优势还在于重视和线下 4S 店的合作。4S 店拥有规模庞大的二手车源，并且能把控二手车源的整体品质。此外，车易拍自建了数量庞大的二手车检测团队，并具备“268V”二手车检测专利技术，这两点是多数竞争者短期内无法比拟的。

问题：

（1）央视 3 · 15 晚会曝光了车易拍二手车交易隐藏的怎样的骗局？

（2）当前，我国二手车电商主要存在哪些问题？

# 参考文献


[1] 陈永革. 二手车贸易 [M]. 北京：机械工业出版社，2006.

[2] 徐杰，孙永科. 二手车鉴定评估 [M]. 重庆：重庆大学出版社，2014.

[3] 肖俊涛. 汽车营销政策与法规研究 [M]. 北京：知识产权出版社，2011.

[4] 陈传灿. 二手车鉴定评估 [M]. 北京：高等教育出版社，2012.

[5] 庞昌乐. 二手车评估与交易实务 [M]. 北京：北京理工大学出版社，2012.

[6] 姜正根. 二手车鉴定评估与交易 [M]. 北京：中国劳动社会保障出版社，2011.

[7] 周兴. 二手车鉴定、评估与交易 [M]. 北京：电子工业出版社，2008.

[8] WILLIAM A COHEN. The Marketing Plan [M]. 北京：北京人民大学出版社，2006.

[9] 刘仲国. 二手车交易与评估 [M]. 北京：机械工业出版社，2008.

[10] 胡艳曦. 汽车贸易理论与实务 [M]. 广州：华南理工大学出版社，2006.

[11] 褚超美. 我国二手车市场经营管理模式的探讨 [J]. 上海汽车，2005 (3)：19-21.

[12] 武秋丽，王潼，张亚萍，等. 国外二手车评估体系对我国的启示 [J]. 汽车工业研究，2013 (4)：11-15.

[13] 许轶群. 二手车业务发展策略研究 [J]. 汽车与配件，2013 (1)：1-2.

[14] 陈俊颖，王慧梅. 我国二手车模式展望 [J]. 企业导报，2011 (1)：1-2.

[15] 张庆初，潘红，等. 二手汽车电商交易平台发展策略 [J]. 合作经济与科技，2016 (3)：22-25.

[16] 肖俊涛. 影响我国二手车交易的制约因素及对策分析 [J]. 湖北汽车工业学院学报，2006 (3)：63-66.

[17] 任林洁. 基于电子商务的二手车网络交易模式研究——以"车易拍"交易平台为例 [J]. 汽车工业研究，2013 (12)：15-18.

[18] 时艳强，韩丹，王旭. 二手车市场的经济学分析 [J]. 现代商业，2010 (10)：142-143.

[19] 张辉，郑安文. 中国二手车现状分析及发展对策 [J]. 汽车工业研究，2012 (7)：90-94.

[20] 武秋丽，王潼，张亚萍. 国外二手车评估体系对我国的启示 [J]. 汽车工业研究，2013 (4)：11-15.

[21] 屠卫星. 服务型市场条件下的二手车营销策略综论 [J]. 江苏商论，2013 (10)：20-22.

[22] 龙艳. 市场营销4P策略在二手车营销中的应用研究［J］. 中国管理信息化，2014（4）：58-59.

[23] 邵晶雯. 二手车电子商务模式成长的有效途径研究［J］. 中国市场，2014（12）：178-179.

[24] 王跃华. 汽车产业背景下二手车互联网+的模式［J］. 时代车网，2015（7）：31-33.

[25] 甄文媛. 二手车的"互联网+"新时代［J］. 汽车纵横，2015（7）：66-70.

[26] 沈荣. 2014—2015中国二手车市场发展分析与展望［J］. 汽车纵横，2015（9）：85-86.

[27] 曹美晨. 二手车电商：产业模式的变革者［J］. 互联网经济，2015（12）：34-39.

[28] Analysys易观智库. 年度盘点和预测：数说汽车互联网市场（上篇）［J］. 汽车与配件，2016（2）：31-35.

[29] 黄煜. 电商时代二手车市场发展思考［J］. 合作经济与贸易，2016（4）：108-109.

[30] 程航. 车易拍B端用户规模大缩水［J］. 中国连锁，2016（8）：102-104.

[31] 黄南芬. "互联网+"模式下汽车4S店二手车发展策略［J］. 现代经济信息，2016（11）：312.

[32] 彭龙. 中国二手车市场发展战略研究［D］. 天津：天津大学，2012.

[33] 关聪. 基于电子商务的二手车营销策略研究［D］. 昆明：云南大学，2015.

[34] 薛俊. 二手车经纪商业模式可行性研究［D］. 成都：电子科技大学，2013.

[35] 刘辉球. 中国二手车市场现状及发展［D］. 长春：吉林大学，2013.

[36] 黄晶. 建发汽车集团二手车业务发展的规划与实施研究［D］. 厦门：厦门大学，2014.

[37] 王镇. 国内二手汽车互联网营销策略研究［D］. 武汉：华中师范大学，2016.

[38] 赵帅. 人人车服务营销策略研究［D］. 合肥：安徽大学，2016.

[39] 杜利明. 电子商务时期下二手车营销策略研究［C］. //第十届沈阳科学学术年会论文集（经济管理与人文科学分册），2013（9）：174-177.

[40] 黄晓天. 专家解析《二手车流通管理办法》怎么改［N］. 中国汽车报，2015-11-09.

[41] 张煦. 流通协会上书建议建立"二手车临时产权登记制度"［N］. 经济观察报，2014-03-03.

[42] 王辉. 优信二手车的"靠谱"理念［N］. 中国质量报，2015-08-18.

[43] 侯继勇. 车+互联网：2C二手车是个大生意［N］. 经济参考报，2016-09-29.

[44] 李清乐. 二手车电商：三大模式与五个软肋［EB/OL］.（2015-05-06）［2017-11-22］. https://www.huxiu.com/artide/114254/1.html.

[45] 夏妍. 电商模式或可解决二手车市场消费痛点. ［EB/OL］.（2015-07-20）［2017-11-22］. http://www.com/cj/2015/07-20/7415447.shtml.

[46] 杰夫. 上了315的车易拍，打开了二手车市场［EB/OL］.（2015-03-17）

[2017-11-22]. http://tech.hexun.com/2016-03-17/182820203.html.

[47] 中国汽车流通协会. 2016 年 9 月全国二手车市场分析 [EB/OL]. (2016-11-20) [2017-11-22]. https://www.cada.cn/Data/info_86_6031.html.

[48] 2015 年中国二手车交易数据报告 [EB/OL]. (2016-01-22) [2017-11-22]. http://auto.qq.com/a/20160122/052375.htm.

[49] 中国汽车流通协会. 2015 年全国二手车市场分析 [EB/OL]. (2016-02-01) [2017-11-22]. http://www.cada.cn/Data/info_86_4978. html.

# 后 记

本书是湖北汽车工业学院经济管理学院市场营销、国际经济与贸易等专业的教师共同努力、合作完成的。本书撰写时间历时一年，期间几易其稿。在此要感谢湖北汽车工业学院的大力支持！感谢湖北汽车工业学院经济管理学院院长杨立君教授、副院长姚丽萍教授、副院长严龙茂教授、副院长钱洁教授的大力支持！感谢西南财经大学出版社李晓嵩编辑的大力支持！感谢市场营销专业和国际经济与贸易专业全体教师的大力支持！

纵观世界各国汽车产业发展历程，可以预测二手车贸易将逐步成为我国汽车产业发展的重要支撑。二手车的交易不同于新车销售，每辆二手车的情况均不相同，其销售价格亦不相同。二手车的交流流程更是涉及收购、检测、认证、评估、整修、销售、售后服务、报废回收等多个环节，每个环节均可以产生价值，每个环节均可以与“互联网+”相融合，利用互联网创造价值已成为当代经济发展的要求与重要特征之一。二手车电商的发展更是将来的主要趋势之一。唯有认清趋势，顺应时代潮流，方可在竞争中站稳脚跟。

二手车贸易无疑为“大众创业、万众创新”提供了平台，希望更多的有志之士加入到二手车贸易中，实现自己的梦想。

2012 年 11 月 29 日，中共中央总书记习近平参观完《复兴之路》展览后发表讲话指出：中华民族的昨天，可以说是“雄关漫道真如铁”。中华民族的今天，正可谓“人间正道是沧桑”。中华民族的明天，可以说是“长风破浪会有时”。一个行业的发展、一个人的一生又何尝不是如此呢？

**肖俊涛**

2017 年 11 月于湖北汽车工业学院